O NOVO AGORA

MARCELO RUBENS PAIVA
O NOVO AGORA

ALFAGUARA

Copyright © 2025 by Marcelo Rubens Paiva

Grafia atualizada segundo o Acordo Ortográfico da Língua Portuguesa de 1990, que entrou em vigor no Brasil em 2009.

Capa
Alceu Chiesorin Nunes

Foto da página 5
Acervo pessoal do autor

Revisão
Jane Pessoa
Luís Eduardo Gonçalves

Dados Internacionais de Catalogação na Publicação (CIP)
(Câmara Brasileira do Livro, SP, Brasil)

Paiva, Marcelo Rubens
 O novo agora / Marcelo Rubens Paiva. — 1ª ed. —
Rio de Janeiro : Alfaguara, 2025.

 ISBN 978-85-5652-267-2

 1. Paiva, Marcelo Rubens, 1959- 2. Paternidade
3. Relatos I. Título.

25-247433   CDD-B869.8

Índice para catálogo sistemático:
 1. Paternidade : Relatos : Literatura brasileira   B869.8
Cibele Maria Dias – Bibliotecária – CRB-8/9427

1ª reimpressão

Todos os direitos desta edição reservados à
EDITORA SCHWARCZ S.A.
Praça Floriano, 19, sala 3001 — Cinelândia
20031-050 — Rio de Janeiro — RJ
Telefone: (21) 3993-7510
www.companhiadasletras.com.br
www.blogdacompanhia.com.br
facebook.com/editora.alfaguara
instagram.com/editora_alfaguara
x.com/alfaguara_br

*A definição destrói. Além disso,
nada é definitivo neste mundo.*

Bob Dylan

PARTE I

É assim que me lembro. Para quem mora com uma grávida de nove meses no oitavo andar de um condomínio num bairro arborizado de São Paulo, o maior receio é uma tempestade de verão e sua mais provável consequência: uma árvore cair, um galho despencar na fiação, uma pomba morrer eletrocutada no transformador e a luz acabar. Comparado aos medos da futura mãe, esse era uma baforada na neblina. Ela passaria por um procedimento que poderia durar horas ou dias, e nunca nos disseram que poderia ser comparado a uma operação de resgate de um bebê nas ruínas de um terremoto. Meu papel era transmitir calma, mas eu não estava nada calmo. Meus olhos pareciam os de um soldado na trincheira, esperando pelo apito do comando para avançar rumo ao desconhecido. Ela, sim, parecia calma, surpreendentemente calma, lindamente calma, calma até demais. Linda e orgulhosa da sua barriga, que exibia e protegia como a parte mais preciosa da sua (nossa) existência.

Sexta-feira, 14 de janeiro de 2014. Quadragésima semana. Cólicas sem intervalos, nada de alarme. Apenas cólicas. Estávamos razoavelmente instruídos. Pela manhã, ela teve consulta com a obstetra, que checou que o tampão estava firme. Nenhum sinal ainda. Nasceria na semana seguinte, garantia a doutora do parto humanizado, que custava uma desumana fatura não reembolsável pelo plano de saúde.

Tivemos uma gravidez pacata. Ela desenvolveu uma barriga

tão tocante que dava vontade de deitar ao lado dela e ficar o dia todo olhando, tamborilando com os dedos, trocando calor sem encostar. Viajamos com ela grávida. Fomos a trabalho a um festival literário num antigo cassino de águas termais em Minas, com lagos e piscinas, fomos a um congresso em Salvador, na Bahia, ou colóquio, que é assim que filósofos chamam seminários, fomos a trabalho a uma ilha paradisíaca, saímos com amigos, fomos a bares como um casal exemplar, boêmio, e aliás nos conhecemos num bar da Vila Madalena, que eu chamava de A Merça, e ela, O Merça, divisão de gênero que fazia sentido, pois minha geração ia beber numa mercearia, que com o tempo aumentou a freguesia por conta de uma geração mais jovem que a adotou e passou a se programar para beber no balcão do Bar Mercearia São Pedro, que ficava abarrotado de universitários às quartas e quintas, afastando os antigos, que preferiam o sossego nostálgico e frequentavam horários alternativos como segunda, terça e almoços.

Chamá-la de "ela", e depois, "a mãe", é poético. É sereno. É solene.

Quatro anos antes, numa segunda-feira fria, tinha apenas duas mesas ocupadas na (ou no) Merça. Uma com meus amigos de sempre, jornalistas desempregados, escritores, sonhadores, poetas, músicos e pessoas de teatro, que sabem diferenciar uísque de bourbon, cerveja com milho ou cevada. Na outra, estudantes da pós-graduação da USP festejavam uma tese de doutorado bem-sucedida bebendo vinho tinto. Foi onde conheci a mãe, figurinista que tinha decidido fazer pós em filosofia, num sedutor papo sobre Aristóteles e o animal político, naquela simbólica lúcida e socrática noite de bar (ou mercearia). Comentei:

— Meu sonho era ser filósofo, única matéria em que eu sempre tirava dez. Gosto de Heráclito, Platão, filosofia moderna, existencialista, até de Nietzsche.

— E Aristóteles?

— Estudei a *Poética* num curso de dramaturgia, achei que precisava. Mas estudei lógica aristotélica no colégio, não gostava, achava o cara simplório, um chato. O que você estuda?

— Aristóteles.

Um silêncio se fez, daqueles em que se planeja o que dizer em seguida.

— Gosto dos seus livros — ela me surpreendeu.

Me contou que leu todo o Proust num verão. Admiro pessoas que leem todo o Proust numa tacada. Apesar de eu detestar Proust, o que nunca lhe foi revelado. Falamos também de Dostoiévski e Hemingway. E, claro, Clarice. Então, deu liga. Literatura foi a primeira coisa que nos conectou.

Naquela noite nos beijamos numa bicota rápida e tímida, quando a levei até seu carro na escura transversal. Trocamos celulares. Só que eu mandava mensagem, ela nada; eu mandava, ela nada. Nunca mandaria? Um mês depois, reclamei: E aí, vai ficar por isso mesmo? Ela retornou no mesmo dia, veio em casa, se perdeu no meu condomínio, pegou o elevador errado e chegou pela porta da cozinha, dormimos juntos e começamos a namorar. Nos casamos, juntamos trapos, juntamos os discos, juntamos os livros e descobrimos que metade deles os dois tínhamos, em edições e traduções diferentes, de Machado a Walter Benjamin, de Jorge Amado a Sylvia Plath.

Quatro anos depois, durante o verão no bairro arborizado paulistano, caiu a tempestade, nenhuma pomba encostou os pés em fios desencapados, não explodiu o transformador da rua, a luz não acabou, bateu a preguiça e decidimos ficar em casa. Víamos o inacreditavelmente entediante assexuado apolítico apolíneo filme *Her*, com Scarlett Johansson, que já foi classificado como um dos piores do cinema independente, enquanto a prevista tempestade de derrubar árvores fazia no máximo a luz do apartamento piscar.

Meu nível de precaução me levava a checar de hora em hora a previsão do tempo, como fazem os noivos que marcam o casamento ao ar livre. Ela, atordoada com o peso que carregava, com as sensações novas no corpo, dores e enjoos, sem contar as intolerâncias adquiridas, como a sorvetes à base de leite, e com as que, durante a jornada dos nove meses, foram se acumulando (caqui, cheiros particulares, barulho, café, cigarro fumado a três quilômetros de distância, óleo de girassol...), não tinha tempo de sofrer do mal da precaução.

Naquele mês, cheguei a mecânica da van adaptada diversas vezes. Subia e abria a plataforma elétrica acessível para cadeira de rodas, instalei uma bateria nova, o tanque estava sempre cheio. Meu medo era ela pifar quando deveria dar tudo certo, mais certo do que a perfeição. Dar à luz.

— Não precisam sair correndo, demora para nascer — a doula nos disse uma semana antes do parto, quase por acaso, quando já estávamos nos despedindo no hall do elevador. Para a nossa sorte, era o aviso mais importante, e foi registrado, catalogado como urgente e nunca esquecido. Luz à luz. Mas, céus, que não acabe a luz. A família de antigamente, que tinha o hábito e a obrigação de passar dicas e dados a uma parente grávida, terceirizou o serviço para uma doula, que ensina massagens, respirações, dá instruções sobre alimentação, amamentação, mamadeira, fraldas, cuidados e receios e, sobretudo, o que para a sociedade moderna parece um transtorno, o parto.

Enquanto víamos *Her*, eu precisava dar pausas repetidas no filme, porque ela ia e voltava ao banheiro. Decidi ligar o cronômetro sem avisar e, na quinta pausa depois da tempestade em que não acabou a luz, chequei. Estavam vindo exatamente de vinte em vinte minutos. Que baixaram para quinze. Intervalos regulares entre cólicas têm um significado:
— Amor, você está em trabalho de parto — avisei.
— Jura?
— O cronômetro está acionado.
— Hoje mesmo a obstetra disse que seria na semana que vem.
— Estamos em trabalho de parto.
Quando o intervalo chegasse a cinco em cinco minutos, hospital! Cada cólica era um urro de dor que parecia perfurar o teto, uma pontada que levava um tempo para passar, algo que só ela viveria, que teria que suportar, a dor de dar à luz, sobre o que muito pouco eu podia fazer. Tirou a roupa e ligou o chuveiro quente. De quinze em quinze minutos, foi para dez em dez, para oito, precisamente. Ela entrava e saía do chuveiro. Urrava em intervalos menores. Fiz a massagem que aprendi com a doula, não adiantava muito. Nessas horas, é a dor da mãe no controle, ela é quem comanda, é o alarme. Também fui orientado a relevar os ataques de ódio que podem surgir, incluindo xingamentos e gritos: não é pessoal, são os instintos dominando o amor parindo.
— Vou ligar para a médica.

Foi o que nos disseram para fazer quando o intervalo chegasse nos oito minutos. Sete em sete, cinco em cinco... Avisei a obstetra, que avisou a enfermeira, que avisou o hospital.

— Não tem pressa — repetimos juntos.

Apoiei-a para se vestir. Ajudei no que deu. Veio se segurando, reclamando de dor. Peguei a mala feita há dias. Enquanto esperávamos o elevador, corri até a cozinha e voltei com uma banana. Comecei a descascar. Ela ficou furiosa quando dei uma mordida.

— Você ainda come uma banana?

— Quer também?

Como o elevador não chegava, e eu imaginava passar horas acordado, me lembrei do tenista Guga, que comia bananas durante as partidas para se enriquecer de potássio.

— Como você pode comer uma banana?

Entramos no elevador com toda a calma, checando documentos, chaves.

— O cara ainda come uma banana...

Descemos no elevador em silêncio. Comia a banana escondido. Caminhamos a passos de tartaruga pela garagem do condomínio, operei o equipamento da van. Tudo funcionou. Ela entrou no carro como se fosse explodir.

— Engole a banana!

Dei a partida. Até hoje se queixa e conta a todos que tive a pachorra de comer uma banana enquanto ela entrava em trabalho de parto. Nem me liguei em contar que banana reduz o estresse, fortalece o sistema imunológico, evita cãibras e reduz a pressão arterial. Ela deveria ter comido também. Eram onze da noite, seria uma longa madrugada. Dirigi a vinte quilômetros por hora.

— Anda mais devagar!
Fomos a dez.
— Mais devagar!
— Não dá.
— Cuidado!
— Era a lombada.
— Evita a lombada!
— Vem mais uma.
— Filho da...
Parou de me poupar da ira repentina do trabalho de parto.
— Xinga, põe pra fora.
— Para de falar!
— Isso, capricha, diz "Para de falar escroto de merda filho da puta do caralho!".
Ela respirou fundo e pediu com toda a calma:
— Fica quieto um pouco...
Fiquei em silêncio, algo que não é do meu costume em momentos de tensão. Costumo falar sem parar, ser incomodamente sarcástico, já até me chamaram a atenção por causa disso, falaram que preciso controlar. As ruas estavam desertas, um ar abafado de fevereiro. Abri as janelas. À frente, os restos e detritos de uma ventania daquelas tomavam as ruas do Sumaré, Pinheiros, Jardim Paulista. Botei uma música.
— Tira a música!
Tirei.
— *Je voudrais la péridurale...* — eu disse, com voz de desesperado.
— Não me faz rir — ela pediu.
Je voudrais la péridurale era nosso lema no pré-parto. Tínhamos lido juntos o livro *Crianças francesas não fazem manha*, de uma jornalista americana que se mudou para Paris e notou que as crianças de lá eram mais calmas e educadas do

que as americanas, que infernizam nas refeições, interrompem adultos, fazem da casa uma cidade bombardeada, não comem frutas nem legumes, brigam com os irmãos ou reclamam das regras. Ela tentou entender como as crianças francesas obedecem, seguem regras (que hoje se chamam combinados), dormem cedo e durante a noite toda, comem salada, evitam refrigerantes. O livro mostra uma sociedade que não deixa os filhos tiranizarem pais e mães. A autora planejou um parto humanizado, porém, treinou bem em francês, para o caso de a dor apertar, como pedir uma anestesia peridural. E não deu outra. Na hora H, implorou:

— *Je voudrais la péridurale.*

Minha maior felicidade naquele instante, a caminho do parto humanizado, foi materialista: a bateria não arriou, o carro deu partida, a rua estava deserta e estávamos ainda nos cinco em cinco minutos. Cada palmo, quadra vencida, cada farol aberto, lombada ultrapassada, parecia uma conquista, como a dos Aliados no Dia D, se arrastando pelas areias da Normandia. Me senti um bom marido. Enfim, chegamos. Ala designada, cancela ultrapassada, entrada à vista. Muitas luzes e placas, tudo bem sinalizado. Bem vivo. Estacionamento com valet. Era quase meia-noite.

— Parto, parto! — apressei a primeira pessoa que apareceu, que deduzi ser o manobrista, que me olhou com o tédio de quem já deve ter escutado "Enfarte, enfarte!", "Facada, facada!", "AVC, AVC!". Ele entrou com toda a calma na recepção. Imaginei uma operação de guerra sendo montada, atendentes e socorristas pulando para fora, saindo das trincheiras, saltando obstáculos, seguranças rolando pelas vagas, médicos equipados de estetoscópios, microscópios, aparelhos ultramodernos que fazem bipes e desenham gráficos holográficos, macas, oxigênio, soros...

Que vazio... que tédio de uma rotina hospitalar, cujas emoções estavam reservadas à ala de Pronto Atendimento, que em hospitais maternidade como aquele não chegam a ser animadas e histéricas como as de hospitais públicos.

Não havia vivalma na recepção. Era uma tranquila noite de sexta para sábado, em que ninguém se interna numa maternidade. Mas não para nós, pai e mãe de primeira viagem. Fui saindo do carro. Ela veio apoiada. Nenhum atendimento. Eu mesmo peguei uma cadeira de rodas que estava à disposição ao lado da porta de entrada, a única coisa que se movia além da porta de vidro que abria e fechava sozinha. Esperamos. O manobrista voltou com toda a calma e se virou para mim como se eu fosse invisível. Tirou o tíquete do estacionamento com mais calma ainda e me entregou. Conferi.

— Precisa carimbar?
— Paga na saída.
— Que caro! — exclamei ao ver a tabela pendurada num totem.

Ela me olhou furiosa.
— Mas é um roubo! — continuei.

Ela revirou os olhos, impaciente.
— Isso é desumano — pensei em voz alta. Imaginei que ficaríamos horas, dias, que dependendo do tempo sairia mais caro que o próprio parto humanizado. Será que deixo na rua? A porta de vidro abria e fechava, já que estávamos ao alcance do sensor. Fiquei de propósito naquela posição, exigindo que alguma coisa se mexesse e tivesse vida naquela entrada, nem que fosse uma robótica porta de vidro. Finalmente apareceu alguém de branco, também com toda a calma, que checou a mãe, constatou a barriga quase explodindo e a conduziu na

cadeira de rodas. Antes que eu pudesse barganhar com o responsável pelo estacionamento, ou até dar a carteirada "Portador de deficiência paga meia", sumiram com o carro. Me conduziram à recepção para dar entrada na internação, resolver a burocracia. A mãe desapareceu pelos corredores, tragada pelo hospital. Fui encaminhado à ala administrativa. Toda a documentação estava numa pasta há meses organizada com pedidos médicos e exames. Analisaram cada documento com a precisão de um decifrador de código secreto. Ler e assinar tudo o que me davam era um parto. A médica tinha telefonado, a enfermeira estava a caminho. Demos entrada à meia-noite e pouco. Madrugada. Quando o silêncio da cidade causa um ruído na alma.

Já fugi do hospital duas vezes. Sou o paciente mais impaciente de todos. Tenho trauma, tenho repulsa. Fugi, arrancando cabos e soros. Precisa assinar um termo de responsabilidade. Se morrer, problema seu. Não morri. E não garanto que não fugirei outras vezes. Porém, lá estava eu, num elevador cheirando a éter, com outros visitantes e alguns pacientes, todos tentando adivinhar qual problema teria aquele sujeito que apertou o botão 8, do andar da cardiologia, torcendo para que não entrasse uma maca, ou um moribundo, ou um cadáver, ou que meu botão não estivesse sido apertado por alguém com algo contagioso. Aquele era o tipo de hospital que se vangloria de ter uma hospedagem no nível de hotelaria. Mas era um hotel cheirando a éter, formol, dor, morte, com uma Kopenhagen vinte e quatro horas e quiosques com salgados do Viena, alfajores da Havana, e às manhãs e ao entardecer, um pianista tocando um jazz suave, acompanhado de um contrabaixista, ganhando um cachê honesto. Os aromas que o ser humano sente em geral são perfumados: amadeirado, frutado, químico, de menta, doce, de pipoca, cítrico. Identificamos cerca de cento e quarenta aromas. O de um hospital é dos mais acres. Lá estava eu, dessa vez, pela vida, enquanto a mãe, filha de médicos, sobrinha de médico, irmã de médico, estava à vontade: nasceu e cresceu correndo de pega-pega ou esconde-esconde com o irmão entre macas, cadeiras de rodas, almoçando em hospitais, brincando com jalecos e estetoscópios.

Anos depois, quando o avô Roberto, o materno, gozador, um cara cheio de ideias diferentes, poucos anos mais velho do que eu, vinha visitar meus filhos (seus netos) em São Paulo, os levava para tomar um brunch num hospital do bairro, e eles adoravam, achavam chique, diferente, se sentiam importantes. Hospital era a área da família dela. E era o meu pesadelo.

Subi pelo elevador até o andar que indicava a maternidade. Entrei no quarto e imaginei que encontraria uma equipe, mas nada. Ela, filósofa, estava deitada de lado na maca, sozinha, sem filosofar: dor, dor e dor... Só se filosofa na serenidade. Eu, por minha vez, me perguntava se seria um bom pai, e se esse pensamento não seria uma demonstração do meu egocentrismo. O certo seria me perguntar se a criança seria feliz, realizada, boa e justa. Não existe um ser do planeta que se considere plenamente feliz, realizado, bom e justo. Diria Aristóteles: um personagem vive no equilíbrio entre defeitos e virtudes. Mas então não me colocaria nenhum desafio? Sim: torcer (ou fazer) para que meu filho crescesse num mundo bom, justo e feliz.

Enfim chegou a enfermeira da obstetra. Examinou, mediu a dilatação. Nenhuma. Não daria à luz?

— Vai ser só amanhã — ela disse, sem se dar conta de que já estávamos no amanhã.

Olhei para a nova mãe. Vai ser de dia. Será uma longa noite.

— *Péridurale?*
— Ainda dá pra aguentar.
— Quer que avise seus pais?
— Ainda não.

A enfermeira então sugeriu uma manobra que nenhum manual tinha ensinado: rebolar no chuveiro quente, de pé, apoiada nas barras. Eu incentivava e ela rebolava. O problema é que, depois de seguirmos nessa manobra há um bom tempo, a dor não passava.

— *Péridurale?*
— *Non.*
— Quer que avise seus pais?
— *Oui.*

Avisei a família dela, do interior. Estavam a uma hora e quarenta minutos de São Paulo, e de plantão: primeiro neto, excitação redobrada. Precisariam pegar a estrada. Falei que não tinha pressa. Uma atendente me trouxe cobertor, travesseiro e me ensinou a esticar a poltrona-cama. Era como se confirmasse: vai demorar. Me deitei. A enfermeira tomou as rédeas e ficava com a mãe indo e voltando do banheiro, e lá, chuveiro com barras de apoio, piso antiderrapante, água quente, rebolado. Uma admiração imensa nasceu por aquela profissional... Sabia detalhes da rotina de um parto, sentia o que a mãe sentia, o que não sentia, intuía até o que eu sentia e sentirei. Parecia uma enciclopédia viva, uma universidade de dar à luz. Imaginei que o marido dela seria a pessoa mais sossegada entre todos os pais. Aprendi há muito a confiar no timing de enfermeiros. Eles têm o conhecimento empírico que falta nos manuais. São sensíveis e, diferente de muitos médicos, têm empatia pelo paciente. São os heróis e heroínas do pior momento de nossas vidas.

Não dormi nem cochilei. Amanhecemos nessa: eu no sofá, diante daquele sofrimento, um contraste com meu conforto. Meu conforto era uma afronta ao seu desconforto. A dor era tanta que ela não emitia uma queixa. O pai é um burocrata nessa guerra pelo nascimento. Na retaguarda, nem sente o temor do que ela passava pela primeira vez na vida. Tudo parece cor-de-rosa ou azulzinho numa maternidade. Do sangue e da dor, do medo e do desespero, da placenta que escorrega para um balde, nada se fala. Minha irmã mais velha ficou três dias em trabalho de parto naquele mesmo hospital. Não está no seu currículo e logo foi esquecido. Mas não por ela.

Ao amanhecer, chegou, enfim, toda a equipe médica: anestesista, instrumentador e a grande estrela, a obstetra, com uma assistente. Alguma dilatação apareceu. De zero a dez, foi para um. Ainda é cedo, nada de sala de parto. O anestesista explicou o procedimento. Acho louvável que hoje em dia eles detalhem tudo: vou dar este remédio, vou fazer um curativo assim, passarei uma sonda desse jeito. No meu tempo de internações e UTIs, eu não tinha ideia do que faziam com o meu corpo, ou do que me injetavam. Só soube que me entupiram de morfina dois meses depois, quando eu estava viciado e tentaram tirar. Protestei aos gritos na primeira noite, numa crise de abstinência da qual só tempos depois detectei o motivo.

Instalaram aparelhos de ausculta na barriga dela e ouvíamos o que estava rolando lá dentro. Pelo tato, o bebê parecia virado. A obstetra e a assistente, numa manobra externa, foram pacientemente movendo a cabeça do bebê para baixo. Por isso não dilatava. Fiquei perplexo. Era como preparar massa de pão. Com toda a tecnologia disponível, ainda são as mãos que "enxergam" um bebê e o preparam para nascer. Viravam o garoto por cima da pele da mãe, como um mágico levita uma assistente de palco.

— *Péridurale?*
— *Non!* Chamou meus pais?
— *Oui.*

Demorou uns dez minutos para colocarem o bebê na posição correta. Caso contrário, desumanamente fariam uma cesárea. Mas não tinham pressa, e parte da equipe estava ocupada. Era sábado de manhã, dia em que a grande maioria das mulheres brasileiras marca cesariana, assim dá tempo para as famílias estarem presentes e os amigos visitarem no domingo. Aquele era o horário do rush de uma maternidade. Futuras mamães e papais se internavam na hora marcada, como em uma viagem programada.

O quarto tinha uma porta para a maternidade e outra para um corredor externo, onde começavam a se acumular parentes e visitas de outras mães. Até um burburinho aumentar. Rolava uma festa no quarto ao lado. Umas trinta pessoas se acumulavam no corredor para um parto agendado. A mãe da futura mãe, que passaria a ser avó, segurava uma cesta de amêndoas azuis e brancas. Amo isso. Minha avó amava isso, sempre tinha na casa dela. Pedi algumas. Me fizeram entrar no quarto da parceira de maternidade, me apresentaram toda a família, enquanto a garota, estourando de grávida, parecia assustada. "Não estou confortável com toda essa gente aqui!" Tinha música, comida, fartura. Levei amêndoas para a minha grávida, sozinha no quarto. A essa altura, ela desmaiara de dor, dormia sem dormir. Fui e voltei algumas vezes em busca de amêndoas. Tiravam fotos e me abraçavam, de tão felizes. Uma melodia com influência árabe ou persa tocava. Cada vez mais, a angústia da futura mãe aumentava e mais gente chegava. O motivo da decoração com predominância do azul me levou a desconfiar que o bebê era menino e a família seguia a divisão de cores por gênero, como a maioria. Um menino grego? A mãe sofria com aquele tumulto e ninguém dava bola, dançavam, cantavam e comiam amêndoas. Pelo Google descobri que as amêndoas estão entre as melhores oleaginosas para o parto e para as grávidas amamentarem, pois fornecem uma quantidade de gordura boa, magnésio e zinco, fortalecem defesas do organismo e promovem saúde óssea. Mas era a família que se empanturrava de amêndoas, não a futura mãe. E eu apostando numa planta herbácea acaule mais conhecida como banana...

Num tour pelo corredor, reparei que nosso quarto era o único que não tinha enfeites, balões ou um boneco com o uniforme do time de futebol escolhido de antemão. Me senti um pai pária. Me dei a desculpa: Deixarei escolher livremente. Até parece... A primeira camisa do Palmeiras que apareceu lá em casa, presente do lado de lá da família, a materna, foi para o fundo do armário da família do lado de cá, corintiana.

Trouxeram uma bandeja com um frugal café da manhã para mim, o acompanhante. A tortura da mãe continuava: deveria ficar em jejum. A dor da mãe solitária que teria um menino de ascendência italiana certamente corintiano foi aumentando.

— *Péridurale?*
— *Oui!*

Corri até a enfermaria, mastigando torrada com geleia.
— Ela quer peridural, ela quer peridural!

Era como se tivesse dito *Mayday, mayday*, terra à vista, iceberg a bombordo. Imediatamente, informaram o anestesista, que, como todos os anestesistas, tem cara de doido e está sempre bem-humorado (ou dopado). É uma troca difícil, mas justa: com anestesia peridural, sem dor, a mãe não se guia pelas contrações, mas elas estarão lá. Toda a equipe médica reapareceu. Fizeram uma punção na lombar. O anestésico entra pelo cateter, opioides que bloqueiam os nervos que transmitem a sensação de dor. Assim, depois de horas acordada e com dor, idas e vindas ao chuveiro quente rebolando em pé, ela relaxou e desmaiou. Já eu estava mais alerta do que antes, entupido de amêndoas açucaradas, café e luz da manhã.

Estávamos há mais de nove horas em trabalho de parto, e existia a possibilidade de se prolongar. Eram umas 8h15, algum equipamento apitou, porque veio a equipe toda, examinaram a mãe, ou gestante, ou paciente, não ficou claro o que aconteceu, mas o alerta foi geral e a grande chefe deu a ordem:

— Para a sala!

Sala, deduzi: sala de parto! Vamos desembarcar na Normandia! Para a cabeça de praia! Avante, tropa! Me vestiram touca, avental, protetor de pé (o que é absurdamente ridículo para um cadeirante, mas sempre fazem isso em hospitais, doutrinados pelo protocolo). Fomos à sala de cirurgia, que em nada se diferenciava de uma sala em uma ala cirúrgica qualquer. Poderiam fazer ali tanto um parto como um transplante. Da maca, a transferiram para a mesa de parto. Estava sem dor, e não saberia empurrar nas contrações. Abriram um espaço para mim bem de frente para o parto, entre a médica e sua assistente. Falei que preferia ficar ao lado dela, cuidando, olhando para ela, estar em seu campo de visão, transmitindo confiança, serenidade. Por um tempo, fui até mais útil ali, pois pediam para eu incentivá-la. E eu insistia, vai, força, você consegue, vai sair, força, empurra! Então, surpreendentemente, todos pararam e puseram as mãos juntas, como numa oração. A obstetra era impressionante. Poderia ser uma rainha, uma comandante, uma ganhadora do Nobel, uma professora das poucas que marcam uma geração, envergava a estatura de uma estadista, era do tipo em que se confia a vida. O que aquela mulher já viu, viveu, fez nascer, experimentou, nos deixava confiantes. Ela fez um discurso emocionado:

— Vamos desejar a esta criança que vem tudo de bom, que tenha um futuro brilhante, que ilumine a todos nós. Fará bondade, será justa com os outros, trará amor. Em quem ela pode se inspirar? Vamos desejar que venha iluminada.

Por alguma razão, pensei no meu pai. Era seu neto. Roubaram a vida dele cedo. E cá estamos nós, dando à luz, concentrados. Posso ser um pai desastrado. Certamente, serei. Mesmo assim, poderia nascer ali um altruísta, solidário, sobretudo empático. Poderia nascer um motorista de caminhão (como o bisavô materno, que depois virou contador), um açougueiro (como o tataravô por parte de pai), um plantador de algodão (como o tataravô do lado da mãe), uma contadora (como a bisavó paterna), um técnico da Seleção Brasileira de Futebol campeão mundial (como o irmão do bisavô materno), imigrantes num Brasil longe de ser o país do futuro. Mas que fizesse o bem. Todos passaram por aquele milagre. Nasceram. Imigraram. Tiveram filhos, netos, bisnetos, tataraneto. Vinha um menininho com nossos genes e uma combinação infinita de informações de uma árvore genealógica que abraçava o planeta.

Minha mãe uma vez me perguntou se eu era religioso. Eu dizia que era um niilista anarquista pós-punk. Ela disse então que eu não precisava ser necessariamente católico ou religioso, mas que prestasse atenção no ideal cristão. Minha mãe tinha uma visão libertária de Jesus, admirava os mandamentos da Teologia da Libertação e citava as frases que todo cidadão e cidadã deveria seguir: "A verdade vos libertará"; "De que serve ao homem conquistar o mundo inteiro se perder a alma?"; "Ame seus inimigos, faça o bem para aqueles que te odeiam, abençoe aqueles que te amaldiçoam, reze por aqueles que te maltratam, e se alguém te bater no rosto, ofereça a outra face"; "Tudo quanto, pois, quereis que os homens vos façam, assim fazei-o vós também a eles"; "Quem quiser ser líder deve ser primeiro servo, se você quiser liderar, deve servir". Que meu filho herde o que há de melhor em nós. Se possível.

O parto parecia uma operação para desatolar um tanque de guerra:

— Força! Empurra! Vai, força!

Toda a delicadeza ganhou um tom industrial, como desobstruir uma mina, derrubar uma árvore. Eu percebia que o pai tinha um papel importante no processo. Antes o homem era barrado e ficava na sala de espera, com um charuto apagado na boca e sem nenhuma notícia. Agora era eu quem precisava chamar a atenção dela e incentivar. Ela me olhava no fundo dos olhos, tinha uma confiança que me comovia. Era amor. Ela suava. Sofria, e não tirava os olhos encharcados de lágrimas e medo. Eu não consigo fazer nada, amor, só você, força, empurra, se eu pudesse claro que ajudava a tirar ele daí de dentro. Nessa missão, você está solitária. O bebê não saía. Ela não sentia. Voltávamos todos a juntar as mãos e ao mantra. Parados, concentrados. Logo depois, porém, vinha a tropa:

— Força! Empurra! Vai, força!

Uma enfermeira ergueu as costas da mãe. O anestesista passou por mim e segredou:

— Você vai perder a chance de ver o momento mais especial da vida?

Achei que invadia meu combinado com a mãe, quebrava nosso pacto, se metia onde não era chamado. Mas calma lá. Quem sou eu para questionar algo que nunca vivi, frente a um time que fazia aquilo várias vezes por semana? Baixei a guarda. Ele tinha razão. Mudei de lugar. Fui para o espaço designado ao pai, entre as obstetras. Fiquei de frente para a mãe, com o balde de alumínio aos meus pés. Via o que supus ser a cabecinha. Precisava me concentrar, como se o trouxesse à vida com a força dos meus pensamentos.

— Força, vai, está quase, vai! Você consegue!

A cabecinha parecia entalada. Todos incentivamos. Ela deu um urro definitivo e longo. Foi saindo, nascendo. Percebi o cordão umbilical ao redor do pescoço. Uma olhou para a outra:
— Você viu?

Giraram o bebê no ar, o dedo de uma delicadamente desfez o laço do pescoço. A placenta caiu no balde. Ali estava a mais nova e exausta mãe do planeta. Ali estava o meu primeiro filho. Ali estava uma mãe das mais felizes da galáxia. Ali estava o pai mais feliz da galáxia. Começaram a cair lágrimas. Mas eu não chorava. Me escorreram lágrimas, rios de lágrimas, e eu nem chorava. Me escorreram lágrimas, e meus olhos estavam abertos. Ela ria e chorava. Fui com ele até um canto com apetrechos de limpeza, desentupir o nariz. Colocaram a pulseira. Me mostraram. A mãe estava exausta, mas numa felicidade que não caberia no estádio do Morumbi. Na maca, ela teve forças para abrir os braços e um largo sorriso. O puseram em cima dela. Ele se arrastou, como um animalzinho na caverna, tateou, sentiu o cheiro e buscou uma teta. Nasceu de olhos abertos. Duas lanternas azul-claras brilhando no escuro. Careca, careca.

A mãe, ela, é soberana. Uma entidade. Nove meses com náuseas e vômitos, enjoos matinais, cansaço e falta de energia, o corpo trabalhando para a célula virar uma semente, crescer raiz, caule, galhos, dois corpos se alterando, do feto, ou parasita, que precisa florescer e dos nutrientes da mãe, e o da mãe, que ganha peso, inchaços, dores nas costas, pélvis, pernas, pescoço, dificuldade pra dormir, pra relaxar, pra encontrar uma posição, queimação no estômago, constipação com a pressão do útero, o tsunami emocional, oscilações de humor, do olfato, irritabilidade, ansiedade ou tristeza, medos relacionados ao futuro, ao parto, à saúde do bebê, à adaptação, ao hospital, à maternidade, vulnerabilidade emocional, pressão social, julgamentos, insegurança, adaptar a rotina, suas atividades e carreiras, se sentir sozinha, incompreendida, preocupações com a grana, com tensões com o parceiro ou outros familiares, alteração no desejo sexual, na percepção do próprio corpo, se olhar no espelho e não se reconhecer, não ser reconhecida, o medo da depressão, esse elemento orgânico, existente e vivo, como descreveu Sylvia Plath. Terá recompensa tamanho esforço?

Minha mãe não pôde reclamar da maternidade. Nem ela, nem as amigas. Não tinham nem com quem reclamar. Naquela época, havia dois caminhos: ser mãe e do lar, ou sofrer todo tipo de preconceito por não ter sido mãe, nem ter se casado. Era a diferença da minha avó Olga e sua irmã, tia Lara, ambas italianas, que vieram crianças para o Brasil e foram criadas por um pai progressista, ex-anarquista. Minha avó se casou, teve quatro filhas, até se formou numa faculdade de contabilidade, uma raridade na época, ajudou no livro-caixa do meu avô, cerealista do Brás, mas só trabalhou quando ficou viúva, numa obra assistencial. Tia Lara nunca se casou, nem teve filhos, e todos se perguntavam o que tinha de estranho nela, e como conseguia suportar a infelicidade de viver num vazio social. Chegava sozinha nos encontros festivos, falava pouco e ia embora sozinha. Se bobear, ria por dentro, numa felicidade que poucas mulheres da sua geração conheceram, fingindo-se solitária. Se bobear, ela sim conhecia a plenitude existencial.

Vovó Olga virou vovó, com cara de vovó, roupa de vovó, teve treze netos, de quem cuidava quando adoeciam, como cuidou de mim, quando sofri o acidente que me deixou paraplégico. Tia Lara sempre foi tia. E nunca teve cara de vovó.

Filho, aninharam você no colo dela, deu para ela ver a sua carinha iluminada (branco como um papel, careca, mas ruivo, com duas lanternas turquesa radiantes, os olhos). Depois, nos levaram para outra sala, eu e você. Precisavam cuidar da mãe que tinha sofrido por horas. Deu tudo certo. Uma enfermeira com muita prática te mediu e pesou numa cesta aquecida por uma lâmpada maior que você. E nos deixaram a sós. Fiquei com você nos seus primeiros minutos de vida. Sozinho. Eu tinha tanto a dizer. Contar da sua família, desde o seu bisavô, que veio do sul da Itália. Ou da sua bisavó, fugindo do norte da Itália porque o pai era anarquista procurado. Se conheceram em São Paulo. Comecei a conversar. Falei bastante com você. Você ficou de olhos abertos, via tudo e tentava alcançar a lâmpada com as mãos. Desde o primeiro dia, já era atento e curioso. Parecia encaixado naquele mundo. Não reclamava. De olhos bem abertos, amassado ainda, bem-disposto e alerta, tentava alcançar a luz. Olhos azul-claros, como os do meu pai.

Os avós maternos chegaram. Apesar de médicos, pareciam mais assustados do que nós. Tiraram uma foto minha de avental e touca, com ele ainda no colo. Eu não estava apenas feliz, mas deslumbrado, como se tivesse nascido de novo. Mandei a foto para o grupo de amigos. A Verô, que trabalhava num site hospedado no UOL, publicou a foto na capa do portal. Ela deu a nota. Uma multidão começou a me ligar. Pedi para tirar. Ela disse:

— Quando ele crescer, vai adorar saber que foi capa do UOL.

Eu era um jornalista virando notícia. O primeiro filho! Amigos apareceram no hospital. Precisei ser cuidadoso ao explicar que tínhamos um pacto de não receber visitas, que a mãe precisava descansar. Ninguém sabia do parto. Não queríamos um show midiático. Não queríamos nada, a não ser viver aquele momento que muda a vida para sempre. E não é que a Verô tinha razão? Aos nove anos, ele me disse todo orgulhoso que deu um Google e apareceu sua foto recém-nascido no meu colo, e foi irônico:

— Apareci com a cara toda amassada, bebezinho molenga.

Ela ficou com a mãe pediatra. Quando o bebê chegou no quarto, vi a avó erguer as mangas e encharcar as mãos de álcool. Segurou o recém-nascido como se demonstrasse o jeito certo. O corpo no antebraço, a cabeça no bíceps. A mão firme agarrava o ventre da criança. Eu não saberia fazer aquilo, precisava observar e treinar com uma almofada. A mãe exausta sorriu sem forças. As duas tinham informações a trocar. O sogro, o novo vovô, também assumiu seu posto. Eu já estava acordado há mais de trinta horas, fui para casa tentar dormir. Nem reclamei da conta do estacionamento.

Quando jantei com meu editor para falar do projeto de escrever um livro de ficção, ele me perguntou por que não escrevia um sobre paternidade. Na hora, fiquei sem reação. Mas então... Meu primeiro livro também foi sugestão de um editor, o Caio Graco, que disse o mesmo, por que você não escreve sobre o que está te acontecendo? Claro, por que não? Um jovem músico, surfista, estudante da Unicamp, ficar paraplégico. Agora, décadas depois, um cadeirante, escritor, casado, ser pai depois dos cinquenta anos, virar sem saber um dos inimigos do governo, e ser, sem saber, desafeto pessoal do então presidente, cuja biografia afirma que eu o humilhava na infância, cruzar com um (quase) golpe de Estado, me separar, cuidar por um tempo sozinho de dois moleques durante uma pandemia com isolamento social, quando a mãe foi morar meses no sertão da Paraíba, me sugeriam que mais uma vez eu poderia ser o narrador, mesmo preferindo não ser; assim como na época em que publiquei meu primeiro livro, preferia que nada daquilo tivesse acontecido e viver a serenidade dos surfistas, dos violonistas. Poderia ter me fechado como a maioria. Não. Eu precisava publicar, fosse para ser aceito socialmente, fosse como uma missão. Tinha que me expor, expor outros e outras. Exatamente como faço agora.

O escritor é pretensioso. Por que acha que a sua (minha) história merece ser contada, que pode (posso) gastar papel? Porque considera interessante o que aconteceu, e a maneira como lidou com os problemas merece ser contada. Mesmo que reinvente um pouco, para dar mais dramaticidade.

Penso nos antepassados. Dizem na família Paiva que herdamos um carma ruim. Meu avô paterno, Jaime Paiva, teria construído uma casa num cemitério indígena no Vale do Ribeira. Aprendeu inglês sozinho com os marinheiros do porto. Foi trabalhar num banco inglês, depois numa firma de despachantes, até montar a sua: a Paiva Companhia. Comprou uma fazenda rústica em Eldorado Paulista, cidade fundada por garimpeiros às margens do rio Ribeira. No começo, para se chegar lá, só de canoa. Seguiam de trem até o Vale do Ribeira.

Lá, subiam o rio num barco que mais parecia uma balsa chata, daquelas que cruzavam o rio Mississippi. Minha avó, com seis filhos pequenos, carioca que vivia em Santos, se casou aos dezesseis anos e não se conformava com o risco que corriam cercados pela Mata Atlântica para subir aquele rio com correnteza. Mesmo assim, meu avô teimou: era uma região primitiva, de florestas intactas, montanhas e rios limpos, plantações de banana e pouco povoada. Meu pai e seus cinco irmãos e irmãs passaram as férias da infância e adolescência lá. Pouco a pouco, o progresso chegou. Asfaltaram a BR-116 até Curitiba. Para chegar na fazenda de carro, pegávamos uma estrada de terra em Jacupiranga, que hoje está asfaltada. A modesta casa de pau a pique cresceu. Virou um casarão com muitos quartos, em estilo bávaro. Ganhou uma piscina e um lago represado barrento, onde vivia um jacaré, dizia-se. Era para que as crianças não se arriscassem muito e não nadassem até a margem oposta. O problema era que fugir do jacaré mitológico passou a ser uma espécie de batismo e desafio dos primos, entre eles eu. Os mais velhos cuidavam dos mais novos, que cuidavam dos novinhos. Eu era da geração intermediária. Juntando primos, agregados, noivos e noivas, mais de trinta jovens e crianças circulavam pela casa, lago, piscina, curral. Cruzávamos o lago temendo o pior, chegávamos à outra margem e voltávamos a jato, com medo de sermos mordidos nos pés, apenas para provarmos quão fortes e corajosos éramos. Ao todo, dávamos vinte e três netos, com pouca diferença de idade, nos quais me incluo. A maioria foi batizada na pequena capela construída em anexo. Nesse paraíso distante, passei a infância, como meu pai. Não tinha telefone, TV. O fogão era a lenha. As tias se revezavam na cozinha com a Silvéria, uma baiana brava e de mão-cheia. Serviam o café da manhã, o chá da tarde. De dia, a criançada se entretinha na piscina, no lago, nas areias da praia do rio gelado e de águas transparentes, andava a cavalo pelas matas intactas, tocava a boiada com os vaqueiros. Ficávamos soltos. Volta e meia, alguém rolava cachoeira abaixo. Só então um adulto era requisitado, para levar o ferido ao hospital mais perto: em Iguape, a oitenta quilômetros de distância.

Às noites, os adultos iam para a sala de estar, com poltronas de couro, tapetes chineses, lareira. Só maiores de catorze anos tinham permissão para entrar. Quando os netos começaram a fazer catorze anos, a regra mudou. Só maiores de dezoito teriam então o privilégio de testemunhar a noitada dos adultos. Nos restava o terraço de jogos. Lá, as brincadeiras de salão eram organizadas pelas tias e primos mais criativos. Fazíamos coral, com músicas da Jovem Guarda, peças de teatro em que representávamos histórias e lendas da família, jogos de adivinhação, pingue-pongue, sinuca, carteado e cedo íamos para a cama; o plano era, antes de o sol nascer, bebermos leite direto da vaca na cocheira ao lado.

A cidade de Eldorado ficava a dois quilômetros dali. Quando estávamos animados, percorríamos o trajeto a pé, todos os primos, cantando, para um rolê pela praça central, visitar amigos, comprar varas de pescar e quem sabe arriscar uma sessão no único cinema da região, que passava filmes variados, de Mazzaropi a *Hércules*, bangue-bangue, ou spaghetti western. Procissões em feriados religiosos, não perdíamos uma. Sabíamos de cor as músicas e a entonação das canções. A mais popular assume tons trágicos, quando cantada com o sofrido lamento e sotaque do povo de lá:

Senhor, vos ofertamos em súplice oblação.
O cálice com vinho e na patena o pão.
O pão vai converter-se na carne de Jesus.

E o vinho será o sangue que derramou na cruz.
Senhor, vos damos tudo, nosso pesar e gozo.
Nossa alegria e dores, trabalhos e repouso.
Amigos e parentes, os vivos e defuntos.
Em torno a vossa mesa, estamos sempre juntos.

Era a rotina dos três meses de férias de verão, que ganhávamos de presente. Nem todos os pais ficavam conosco. O meu raramente ia. A molecada lá vivia sob o comando da minha avó, sempre a mais animada e brincalhona, e outros pais apareciam no Natal. Então, a grande festa era organizada. Apenas no Natal era permitida a entrada de toda a criançada na misteriosa e imponente sala de estar. Contávamos os dias com ansiedade. Vestíamos a melhor roupa. Abriam-se as portas. E, solenes, entrávamos, enfim, naquele templo sagrado, onde os adultos passavam as noites debatendo os mistérios dos negócios e da vida. Num piano de cauda, se revezavam: uma valsa, marchinhas de Carnaval, choros. Bossa nova? Não, ousado demais. Só minhas primas mais velhas tocavam no violão, que aprendiam nas férias com o professor e único músico de Eldorado. Cada um exibia o seu dote. E, claro, rolava o *Bife*, música infantil coletiva, que todos sabiam tocar. Muitas mãozinhas apertavam juntas as teclas. Alternavam-se. Batucavam. O grande momento era, enfim, abrirmos os presentes. Embrulhados e secretos, ao redor de um pinheiro plantado na própria fazenda. Brinquedos chineses, alemães, caros, sofisticados, contrabandeados. Cada tio (alguns também trabalhavam no porto com meu avô) trazia muitos presentes. Cada neto ganhava um presente pensado e escolhido apenas para ele. Não se repetiam os mimos. No meu caso, como havia dez primos da mesma idade, os brinquedos eram semelhantes, mas cada um personalizado. Made in Taiwan ou China. Privilégios de quem trabalhava em despacho (importação e exportação) no maior porto do Brasil.

Para mim, toda criança tinha direito a uma vida como aquela. Não sei como alguém é capaz de aprender, sobreviver e trocar experiências, gerar filhos, sentir paz espiritual, se não vivenciou uma rotina no campo com muitos primos e primas, abraçado pela família, sem cruzar a névoa matinal de um vale, sem contar estrelas cadentes, sem sentir na pele as águas geladas de um rio ou os pelos de um cavalo entre as pernas.

Basear uma história em fatos reais é uma redundância. Afinal, se são fatos, supostamente são reais. Mas a palavra "baseado" é o grande truque. Diferente de "inspirado em fatos reais", "baseado" parece querer tornar os "fatos narrados" mais próximos do real. Todo escritor sabe que escrever sobre si é escrever sobre como desejamos que nos vejam. Ou, pior, como acreditamos que nos veem. Ou, pior ainda, como acreditamos que somos. Mesmo assim, ainda rolam sugestivos ou propositais esquecimentos ou alterações. Escrever tudo o que nos atravessa sem deturpar é exatamente a mesma coisa que observar nossa respiração sem alterá-la, ou seja, impossível, como disse Emmanuel Carrère, que faz da sua vida literatura, ou melhor, autoficção.

PARTE II

2009. Ao entrar nos temidos cinquenta anos, eu achava que minha vida se resumiria a um hedonismo até o fim dos tempos: beber, fumar, frequentar bares e teatros da praça Roosevelt e da rua Augusta, festas, baladas, acumular relações sem compromisso e amanhecer no Baixo Augusta sem me lembrar do que fiz na noite anterior. Vivi os extremos, o que era a regra desde a década de 1980. Fumante, eu tinha certeza de que morreria de câncer na garganta. Qualquer dor, inflamação, eu me dava a extrema-unção.

Todo tipo de gente frequentava os teatros da Roosevelt, as casas com shows de striptease, esbarrava com michês e garotas de programa que circundam restaurantes, bares, teatros, cinemas e baladas tradicionais do bairro. Aquele bairro fascinava, os neons nas fachadas brilhavam como suas pistas. Era a minha praia. Passei a década por lá bebendo, debatendo, atuando, dirigindo peças, assistindo às dos amigos, produzindo, jantando...

Um grande público frequentava o notório Love Story, duas quadras abaixo, "A casa de todas as casas", que abria às três da manhã e virou marco turístico, onde garotos e garotas de programa se divertiam e relaxavam depois do batente. Ganhei mesa cativa graças a um motivo peculiar: em 2001, o então editor da Ilustrada, Sérgio Dávila, me pautou para cobrir a festa de dez anos da casa. Eu era então colunista e repórter especial da *Folha de S.Paulo*, um escritor que errava quando fazia jornalismo e acertava quando escrevia crônicas.

Fui com o fotógrafo da redação, que tinha entrado numa disputa na editoria para pegar aquela pauta. Chegamos cedo, conhecemos todos os cantos claros e escuros, à vista e secretos, entrevistamos seguranças e o dono, o lendário Tio João. Esperamos conversando com garçons e seguranças, que não entregavam muitos segredos (ou como se diz hoje em dia, os bastidores). Começou a encher depois das três da manhã, e foi longe, lotou, amanhecemos e estava abarrotada. Seria a primeira vez que a casa sairia não nas páginas policiais, mas em destaque no caderno cultural. Quando foi publicado, Tio João ampliou o artigo, enquadrou e colocou com um holofote no corredor da entrada. Me ligou agradecido e disse que eu seria sempre bem-vindo. Comprovei. Bastava eu encostar na porta da boate na avenida Ipiranga para os seguranças me tirarem da fila, abrirem uma passagem lateral, me escoltarem até uma mesa e deixarem um balde de cerveja de graça. Um segurança engravatado se instalava atrás de mim. Intimidava. Aonde eu ia, era escoltado. Eu tinha mais privilégios do que o delegado da 4ª DP. Por conta da minha boa relação com os seguranças, passei a ser bem-vindo em outras casas, como o Kilt, ao lado do Teatro Cultura Artística. Sempre que passava em frente, praticamente me obrigavam a entrar. Então era convidado para ir ao Lov.e, inferninho em frente ao Cultura Artística. Amigos e principalmente amigas baladeiras souberam. Insistiam que as levassem.

No meu aniversário de cinquenta anos, em 2009, eu daria a última festa, a festa de todas as festas, a festa do fim da vida hedonista, que já não cabia mais num corpo empapado por excessos das décadas anteriores. Eu trocaria o uísque pelo vinho, o cigarro pelo oxigênio, a noite por um mergulho de volta à rotina caseira com natação, musculação e alimentação saudável. Um jovem talentoso, ator da praça Roosevelt, que fazia aniversário no mesmo dia, me sugeriu organizarmos uma festa na boate de programas do pai, na Mooca. Amigas surpreendentemente amaram a ideia da festa num "pulgueiro". Falaram que iriam caracterizadas. Eu não conhecia nem o lugar, nem a vizinhança. Mas marcamos, e convidei uma penca. Na chegada, reparei que as profissionais da casa circulavam de biquíni. Eram umas quinze. Perguntaram se tudo bem, se amigos e amigas teriam interesse, se elas deveriam cobrar o preço de costume. Eu não tinha ideia de como meus convidados e convidadas se comportariam, nem do preço de costume e o de não costume. No ambiente tão livre, maduro, libertário e sem preconceitos do da literatura, classe teatral e audiovisual, nada surpreende. Perguntaram se eu queria striptease. Fiquem à vontade. Perguntaram se eu queria uma exibição com um casal. Melhor não...

Cada boate tem seu figurino, exigido pela gerência. Em algumas, elas têm que ir com elegância e não podem perturbar o ou a cliente. Só se forem chamadas. Em outras, vestem um uniforme costumaz: tubinho justo de lycra, com as pernas pra fora, e podem passar em frente aos interessados e olhar, mas não tomar a iniciativa. Nessa da Mooca, elas andavam de biquíni.

Abarrotou. Amigos casados levaram esposas. Namoradas foram com namorados. Amigas e ex-namoradas apareceram. Uma colunista social pilhada decidiu fazer topless. A classe compareceu em peso e incentivou performances de striptease sob luz estroboscópica e gelo seco. Noite de êxtase em abundância, de uma classe que vive dopada pela celebração à vida. Mário Bortolotto, o Marião, discotecava clássicos do rock. Depois entraria Carcará. Todos dançando. Prometia ser a festa do ano. Até um caminhão perder a direção na avenida em frente, bater no poste, derrubá-lo, e acabar a luz do bairro. Na escuridão, acharam que era hora "dos parabéns", me cercaram e começaram a cantar e bater palmas. Entrei na onda. Eu não sabia do blecaute. Como a luz não voltava, cantaram de novo. "Parabéns pra você, nessa data querida..."

Nada de luz, som. O ar-condicionado tinha parado. Um calorão começou a nos afetar. Saímos para a calçada. Foi aí que descobrimos que o bairro estava às escuras, e a energia não tinha previsão para voltar. Sem problemas. Continuamos ali mesmo na calçada. A bebida esquentou. Fomos desistindo. Quem quis namorar, foi. Quem quis continuar, fez acordos. Fomos para o último refúgio, os bares da Roosevelt, e continuamos por lá até o amanhecer.

Em outra noite, eu estava com Marião jantando no Planetas, restaurante da rua Augusta, aonde sempre íamos porque nos dava permuta. Às terças e quartas, no chamado horário alternativo, ele fazia uma peça que escrevi e dirigi, *A noite mais fria do ano*, justamente ao lado, no teatro dos Parlapatões. Jantamos, fomos ao bar do teatro, diante da praça Roosevelt, fiz uma horinha com os amigos e amigas, ali na calçada, mas por começar a chover, passei por Carcará, artista plástico, que cuidava do cenário, cartazes e toda a programação visual, decidi entrar no estacionamento coberto e me mandar.

Eu estava em casa, e o telefone não parava de tocar na madrugada. Atendi sonado na cama. Raulzão, dos Parlapatões, me perguntou se eu estava bem, se tinha visto tudo. Tudo o quê? Me falou na lata e me mandou ir pra Santa Casa. Marião e Carcará tinham sido baleados. Justamente no bar dos Parlapas.

As notícias eram alarmantes: num assalto, Marião levou três tiros no peito (depois soubemos que foram quatro), e Carcará, três na perna. Marião lutava contra a morte; uma artéria tinha se rompido. Carcará estava melhor, não atingiram nenhum órgão vital. Os amigos estavam bebendo, com a porta do bar abaixada, quando entraram assaltantes para roubar o dinheiro da bilheteria e o bar do teatro. Ameaçaram, deram coronhadas, Marião foi tirar satisfações, viu que dava pra se agarrar ao armado, enquanto outros assaltantes subiram para o cofre com o segurança. Calculou, se aproximou e se jogou sobre o cara, caiu no chão com um bandido armado, Carcará veio ajudar o amigo, mas o sujeito não largava a arma e conseguiu disparar três tiros em cada. Os assaltantes fugiram. E, como se não bastasse, um deles voltou e deu o tiro de misericórdia na cara do Marião. Mas a bala raspou seu pescoço.

Esperaram o resgate. Marião sangrava sem parar. Na rua, pararam uma viatura da polícia, mas os policiais se recusaram a levar a vítima. Forçaram, imploravam. Enfim, jogaram Marião na caçamba e foram para a Santa Casa, o hospital mais perto. Carcará foi colocado num carro e levado para o Sírio. Corri até a Santa Casa. Ele estava sendo operado por uma junta e dava para ver por uma janelinha. Sangue jorrava para tudo quanto era lado. O desafio era costurar a artéria rompida. Vamos torcer, rezar, qualquer coisa. O estado era gravíssimo. Amanhecia e mais gente aparecia. A sensação era de que tínhamos perdido um amigo. Carcará estava fora de perigo. Mário tinha pouquíssima chance de sobreviver. Foram dias de pânico. Perder um amigo assim...

Estamos jogando com a vida, andando com um fio desencapado. Aqueles eram dias para repensarmos tudo. A notícia boa é que a pressão arterial do Marião se normalizou. Poderia sobreviver. A piada é que estavam tão bêbados que o álcool do sangue impediria uma infecção mortal. A cada dia, uma melhora. Com o tempo, recobrou a consciência e pôde receber visitas. Fui vê-lo. Seu rosto era de espanto, ou estava muito dopado ou não entendia o que tinha acontecido. Uma bala tinha rasgado o peito de ponta a ponta. A do pescoço foi de raspão. E reclamou que seu inseparável coturno sem cadarço tinha sumido.

Anos se passaram. Ele tem sete vidas. Está mais forte do que nunca, mais atuante, canta como se tivesse vinte anos, escreve, dirige, faz tudo, comprou um novo coturno e novos óculos escuros. Carcará também retomou a vida, continua pintando, e mais, virou um dos atores mais disputados do meio. A vida recomeçava. Mas tudo isso nos afetou. Não tinha como não afetar. Na velocidade em que estávamos, íamos acabar capotando. Não festejarei mais nada, só doença, ressaca, decadência física e cognitiva, ser obsoleto, sentir o mundo em volta estranho, as pessoas esquisitas, controladoras, enlouquecendo. Eu andava com uma amnésia inédita. Talvez efeito dos excessos com uísque, minha bebida de então, somado à idade. Chegava em casa e não sabia como. Não me lembrava do nome de pessoas, de peças e filmes a que já tinha assistido. A memória, a capacidade de observação e o repertório, para um escritor, são as maiores ferramentas do processo criativo. Uma década ou alguns anos da minha vida passaram em branco. Se encontro alguém que menciona algo daquela época, já aviso que eu bebia muito e lembrava pouco. Eu tinha que parar com aquela vida de garoto. Meus excessos deveriam ter ficado nos anos 1970, 80, 90. Passei no teste: nenhuma doença infecciosa, hepática, renal, nenhum câncer, acidente de carro, facada ou tiro. Nem assaltado fui. Passei por um acidente que me deixou tetraplégico aos vinte anos. Deveria ter bastado para me encorajar a sobriedade. Anos se passaram. O Kilt foi demolido, o Love Story fechou, mudou de dono, o Lov.e fechou, as boates da rua Augusta foram demolidas e viraram prédios gentrificados, o público da Roosevelt mudou, o centro de São Paulo ficou moderninho, com gente moderna, ganhou restaurantes modernos, bacanas, bons e sempre lotados. E a Merça foi demolida. Virou um prédio. Mais um.

2010. O verso do poema de Jorge de Lima que servia de tema à edição da Bienal de Artes de SP daquele ano: "Há sempre um copo de mar para um homem navegar". A prioridade daquela Bienal era o projeto educativo de obras de cunho político. Uma curadoria destinou cerca de quatrocentas atividades a seis espaços conceituais intitulados Terreiros. A polêmica da vez ficou por conta da instalação *Bandeira branca*, de Nuno Ramos. Urubus voavam numa gaiola imensa no vão central do pavilhão, ao som do cancioneiro nacional. Absolutamente genial. Dias depois de protestos de organizações protetoras dos animais, tiraram os bichos. Não rolou protesto de conservadores, evangélicos, nada.
Foi o primeiro grande passeio com a namorada filósofa. Estávamos ficando, com pinta de virar namoro. Ela foi carinhosamente apelidada por meus amigos, que achavam lindo eu namorar uma densa, mas divertida e baladeira figurinista filósofa, de Filofigo. Então, morava sozinha em Santa Cecília, num apartamento cuidadosamente mobiliado, com uma cama deliciosa, de colcha colorida. Detalhe que me chamou a atenção: tinha uma vaga de cadeirante na porta do prédio. Logo na entrada, uma estante, e de cara via-se que, apesar da diferença de idade, a semelhança pelo gosto literário era espantosa. Fui logo aceito pelos amigos e amigas dela, uma mistura de figurinistas e filósofos, jovens de uma geração mais aberta, menos preconceituosa, que abraçava as diferenças e negava a intolerância.

Fomos mais de uma vez nessa Bienal dos urubus. Eu a fotografava interagindo com obras polêmicas, ela me fotografava. Tinha umas instalações gigantes em madeira compensada e pigmentos. Eram formas que lembravam membros do corpo, abdômen e órgãos sexuais. Pedia a interferência do público. Entrávamos num túnel, percorríamos uma caverna de madeira e saíamos do outro lado, por uma passagem curvilínea. Só fora da escultura, percebia-se: o túnel era um útero, uma vagina, a saída, o órgão sexual feminino. Pais levavam os filhos, e as crianças faziam o percurso e corriam em torno da obra. Não se via malícia. Representava o nascer. Nascíamos. Nos davam à luz. Repercussão zero. Traumas nenhum. Não se viram pais ou líderes religiosos conservadores protestando na entrada. Estávamos ainda em 2010, e o tsunami conservador começaria anos depois. Estávamos num ambiente de provocação, verticalidade do pensamento, interpretação da realidade. Quem se mobilizou e levou a família ao Ibirapuera sabia que iria sair de lá instigado.

Uma vez por mês, íamos para o Rio. Chegamos a passar três meses lá, enquanto eu dirigia a peça *Deus é um DJ*. Enquanto eu ia aos ensaios, ela escrevia sua tese, dava um rolê pelo Rio, visitava amigas, redescobria a cidade. À noite, uma lista de peças de teatro para assistir, bares para conhecer, amigos com quem jantar. Brincamos de casados, e foi a prova de fogo. Me casaria pela segunda vez? Na volta, nos juntamos. Eu queria fazer todos os programas com ela, ir a todos os cinemas, bares, shows, viajar, namorar, dançar (ela dançava de um jeito tão peculiar e sensual, sorridente e feliz, girando o braço na minha direção, sem tirar os olhos dos meus). Nos juntamos porque eu estava apaixonado. Estava amando.

* * *

E virei porta-bandeira do Bloco do Baixo Augusta. Aventaram meu nome numa reunião, mas ninguém tinha coragem de me ligar. Um amigo telefonou, e eu disse sim na hora. Entendi a provocação. Viva a diversidade. Fui aceito por aclamação. O grupo era variado, tinha franceses, cariocas, paulistas, fotógrafas, figurinistas, artistas, donos de baladas, cabeleireiros, arquitetos e arquitetas, publicitários, especialmente quem aproveitava a noite no bairro da diversidade, amigos da noite, de amanhecer na calçada, curando a ressaca em padocas ou no Sujinho, conhecido como Bar das Putas. Porém, todos pais de família. Tinha limites na maluquice.

A iniciativa de começar a fazer Carnaval de rua em São Paulo foi inspirada na Banda do Redondo, bloco do lendário dramaturgo e ator Plínio Marcos, no centro da cidade, que se concentrava no Baixo Augusta, em frente ao Teatro de Arena, e desfilava até o Teatro Municipal. Nossa proposta não poderia ser outra: um bloco em defesa da cultura e diversidade. Um porta-bandeira tinha que ser um cadeirante ligado à boemia.

Saímos clandestinamente em 2010 com o tema *Apavora mas não assusta*, num domingo anterior ao Carnaval. Ainda hoje é o lema do bloco, está no hino, nas bandeiras. Rolou um boca a boca, nada de divulgação na imprensa. Na época, rede social engatinhava. Amigos se reuniram numa balada na Bela Cintra, o Sonique. Uma bandinha modesta no chão puxaria o som, num carrinho emprestado por um fabricante de energéticos. Encaixaram o estandarte na minha cadeira de rodas motorizada, e lá fomos nós. Tudo improvisado, espontâneo, verdadeiro, raiz. Eu girava a cadeira, a bandeira tremulava, amigos me davam suporte. Talvez tivesse umas quinhentas pessoas.

O público foi aumentando a cada quadra. Estava um sol de rachar. Logo chegamos a umas duas mil. Com muito calor, tirei a camisa. Descemos a rua, pegamos um atalho na rua Costa, uma ladeira íngreme de uma quadra, uma referência aos carnavais de Olinda, paramos o trânsito e ocupamos a Augusta na marra. Descemos até a Roosevelt. Clássicas marchinhas eram acompanhadas por clássicos do rock, como Nirvana e Titãs, em ritmo de samba. A festa no Studio SP atravessou a noite. Saí de lá e me dei conta de que tinha perdido a chave do carro. Estava pendurada no pescoço por um colar. Desconfiei que foi quando tirei a camisa. Uma vizinha mais bêbada do que nunca pediu carona. Subimos a pé toda a Bela Cintra, desviando de carros, eu olhando para todos os cantos do asfalto e para ver se ela não era atropelada, cambaleando na calçada esburacada. E não é que encontrei a chave exatamente onde tirei a camisa, amassada no chão? Voltamos juntos para casa. Consegui encaminhá-la até a porta do bloco dela. O carro já vendi, mas essa chave está comigo até hoje.

O Carnaval de rua nascia e se expandia em São Paulo, mas a prefeitura não o apoiava. No Carnaval de 2011, nos proibiram a rua Augusta. Fomos obrigados a descer uma das avenidas artérias de São Paulo, a Consolação, com dez faixas para carros e ônibus. Ocupamos apenas duas faixas, cercados por um cordão de isolamento feito por policiais e bombeiros. Chovia. Era absurdo. Não fecharam a avenida. Perigosíssimo. Se um carro desgovernado derrapasse, atropelaria centenas de pessoas. Claro que a dispersão foi à base de cacetada e bombas de gás, o que virou rotina nos nossos Carnavais. No ano seguinte, novos debates entre autoridades e blocos. A essa altura, tinha uma associação, outros blocos saíam, a proposta era aceita pela população, que aderia e começou a lotar todos os bairros. A prefeitura fazia sugestões descabidas: desfilar no autódromo de Interlagos; na rua 25 de Março. O bloco se chama Baixo Augusta. Não o abandonaríamos. Fomos então empurrados para um estacionamento na Augusta, apertados e cercados. A chuva fez do piso uma lama. Ninguém conseguia se divertir. O tema não podia ser outro: *Eu quero botar meu bloco na rua*. Cerca de quatrocentos blocos espalhados pela cidade, a maioria clandestina, percorreram as ruas. Estrelas de outras cidades começaram a aparecer. Em 2013, tinha bloco de tudo quanto é tipo, como o que só tocava David Bowie, Caetano, Rita Lee, punks dos anos 70. Carnaval pela cidade toda. Ganhamos patrocínios de cervejarias, amigos cariocas e gringos vinham passar o Carnaval em São Paulo, os hotéis lotavam. A diversidade e a multiculturalidade eram a marca, a novidade, a cara de SP. O que começou com carrinho com caixa de som puxado por amigos virou empreendimento.

Em 2013, saiu o prefeito e entrou um novo que oficializou o Carnaval. Tirou os carros das ruas. Fez ciclovias. E mais: ele próprio foi visto na pipoca durante a passagem dos blocos, buscando se divertir como todo folião.

Atravessamos 2013 com uma gravidez tranquila e feliz. Fomos ao Festival Literário Internacional de Araxá organizado pelo amigo Afonso Borges, um grande curador e mecenas da literatura, realizado num hotel que já foi cassino, o Grande Hotel. Um hotel como deve ser: corredores enormes, vazios, ausência de funcionários e comida de sobra. Uma piscina beirava um lago com pedalinhos e bosques, com jardins projetados por Burle Marx; era um lugar da década de 1940.

Chegamos uma semana antes para aproveitarmos umas férias num hotel projetado para se passar dias, e não bate-voltas em viagens de negócios. A barriga da mãe começou a aparecer. Andávamos orgulhosos, como o casal mais completo da Terra. Ali se hospedavam as pessoas mais solitárias e tristes que já conheci: muita gente saudosista, que parecia ter saído de um filme de terror. Não tem muito o que fazer, a não ser piscina e comer, e o rango era surpreendentemente ousado, variado, com o sabor da comida mineira e, óbvio, doces e mais doces, muito mais doces do que os que costumávamos comer.

O hotel tem fama de mal-assombrado. É, na verdade, uma estância hidromineral, com banhos diversos: de lama a água sulfúrica. Ela, grávida, achou arriscado entrar naquelas banheiras, especialmente a piscina de água radioativa aquecida a 37ºC, indicada para estimular o metabolismo e a circulação energética, e a Ducha Escocesa, de jatos de água a 37ºC, com pressão em movimentos que massageiam todo o corpo. Eu fiquei com preguiça. Sou inquieto demais (síndrome de cadeirante) para ficar parado uma hora numa água vulcânica que acelera o processo de cicatrização de espinhas, e na lama negra que previne o aparecimento de novas infecções e age como anti-inflamatório, antiestresse, adstringente, desintoxicante, rejuvenescedor e revigorante. Preferia nadar numa piscina sob o sol. No mais, a lama negra tem silicatos de alumínio e outros metais, como ferro, potássio, sódio, magnésio, cálcio. Nada recomendável para uma grávida e um desconfiado.

Depois de uma semana ali, passamos a cumprimentar e conversar com os outros hóspedes. Contavam suas vidas trágicas: câncer curado, viuvez, saudades do parceiro, filhos que somem. Uma viúva muito distinta ia religiosamente todos os anos e se hospedava no mesmo quarto da lua de mel. A tristeza dava lugar à compaixão. Mas tudo mudou no fim de semana do festival. Outros escritores com suas famílias se hospedaram lá, frequentávamos uns as mesas dos outros, noites de autógrafos, entrevistas, fotos, restaurantes lotados, e comecei a sentir saudades dos solitários estranhos de antes. Na volta para São Paulo, tive um choque ao olhar um álbum de família. Meus avós estiveram lá nos anos 1940. E tiraram uma foto no mesmo lugar em que tiramos. Quatro gerações, num mesmo cenário, diante de um mesmo fundo: a fachada imponente do Grande Hotel.

No começo da gravidez, tudo ainda era desfocado. Começam os exames periódicos para checar se está tudo bem. Começa a sedução da indústria da fofura organizada e eficiente, que produz os chás de bebê, de fralda, as fotos no parque com o casal de branco, os presentinhos, o parto e seus diversos rituais. Uma doula organiza a vida dos novos pais. Parentes dão palpites demais. Já nos alertavam:

— Todo mundo vai dizer que você faz tudo errado.

Quando eu tentava retrucar, ouvia:

— Você precisa fazer terapia.

Ou:

— Você não dá conta, precisa de ajudantes.

Me sugeriram enfermeiras, babás, florais, remédios mágicos, até pedagogas. É uma luta ser pai e ter alguma autoridade.

Tinha também os ultrassons periódicos. O primeiro, o ultrapotente moderno de última geração, é feito no segundo mês de gravidez. É o ultrassom morfológico, ou USG morfológico, que permite visualizar o bebê dentro do útero, facilitando a identificação de algumas doenças e malformações como Down, espinha bífida, cardiopatias, até o sexo do bebê.

— É uma menina. Está vendo aqui? Quando é menino, tem uma sombra — nos disse a médica responsável, durante o exame.

Uma menina! Que emoção. Ela se chamaria Carlota, já estava definido. Todos os nomes dos filhos quem deu foi a mãe. Nomes fortes, portugueses, de reis e rainhas. Esse primeiro exame é uma sofisticada tortura tecnológica. Mostra-se a curva de síndromes que aumenta com a idade da mãe numa progressão geométrica. E não são poucas. Aos trinta anos, ela estava num nível baixo de risco. A primeira síndrome a ser pesquisada é Down. Tivemos contato tanto com histórias de pais que descobriram antes do parto um feto com Down e recusaram o bebê (podiam até pela lei abortar) como de pais que aceitaram, se prepararam para a chegada do filho especial, e nasceu um sem a síndrome.

— Vejamos aqui — dizia a técnica, como uma personagem de programa sensacionalista. — Se tiver espaço entre a coluna lombar e o corpinho, é Down. Vejamos, vejamos...

Passava o leitor óptico na região apontada, fazia suspense, prendíamos a respiração.

— Não tem.

Sorríamos aliviados.

— Agora, o dedinho do pé esquerdo, se não tiver osso...

Se não tiver osso o quê?! Movia o mouse, fazia suspense...

— Tem osso. Bom, não tem.

Que bom, que alívio, podemos ir embora tranquilos? Carlota não tem síndromes.

— Agora, vejamos...

A doutora fez suspense de imagem em imagem, nos torturando na meia hora do exame. Foi tão traumático que quase faltei aos outros exames e aos do segundo filho.

Aliás, Carlota coisa nenhuma. No ultrassom de três meses, feito por outra médica, descobriu-se:

— É menino.

Tinha uma sombra ereta. Carlota virou um menino bochechudo, que nasceu careca, ruivo, depois loiro, muito loiro.

Recebemos alta da maternidade do Morumbi quatro dias depois do parto. Nada mais surpreendente do que duas pessoas entrarem num hospital e, em quatro dias, saírem três. Fluxo de euforia, a vida fica diferente, parece que chegamos a outro planeta. Tem-se vontade de erguer o bebê conforto e gritar para a cidade, diante do vale do Morumbi:

— Conheçam meu filho!

E quem se importaria? Entramos na van eu, a mãe e o pequeno novo paulistano. Estranho como a cidade estava igual, apesar de um bebê agora fazer parte dela. Eu sabia: na verdade, ela fazia parte dele, porque bebê é assim, acha que os pais, o teto, o lustre, o berço, o Sol, o helicóptero que passa, o gato, as vidas ao redor são dele, parte dele, que ainda não sabe se separar do que tem em torno, do que vê. Tudo é uma coisa integrada, uma coisa só, e há tanta beleza nessa concepção pura de vida, tanta simplicidade e inocência, que imagino se a frustração de saber que pai e mãe não são ele, mas seres à parte, se um trauma dessa ruptura de laços, em que ele não é o mundo, nem o mundo é ele, se torna algo permanente.

Que deleite chegar em casa com mais um morador cadastrado no condomínio, com um berço montado, um quarto cheiroso de cores neutras, com tudo delicado, móbile e um gaveteiro pronto: panos, fraldas, lencinhos, loções, creminhos, muitas novidades no diminutivo. Não cheguei ao exagero de gravar músicas relaxantes para bebê nem tiramos da caixa a babá eletrônica americana indicada por amigos. Vida normal. Vida que segue.

Normal? Nada de excessos, não seremos pais escravizados por bebês. Cada mamífero no seu galho. Sou da época em que crianças não entravam em salas de adultos. Por sorte, a mãe pensava como eu. Aprenderíamos juntos a ser pai e mãe. Aliás, como todos e todas. Cada um à sua maneira. Os filhos que curem em suas análises ou relações amorosas futuras os traumas que deixaremos. Ou você conhece alguém que diz:

— Papai e mamãe foram perfeitos comigo.

Parênteses. Meu segundo filho, quando muito bebê, dormia apenas quando eu colocava o disco *Araçá azul* no iPhone. O disco mais alternativo do Caetano, que não saía do toca-discos da minha república estudantil dos anos 1970, um fracasso de vendas, era o ansiolítico do meu caçula. O que fiz com meu filho ao repetir *Araçá azul* sem parar? Saberei no futuro. Ou saberei jamais. O futuro não existe.

Parênteses dois. Certa vez, eu saía de um avião e, apressado, cruzei com Nando Reis, que embarcava. Falei:
— Nando Reis! Preciso te contar, preciso te contar.
— O quê?
— Estava louco para te encontrar.
— Fala.
— É uma coisa importante.
— O quê, o quê?!
Me deu um branco. A fila atrás dele e de mim cresceu.
— Me esqueci.

Só no saguão me lembrei. Cantávamos uma música dele sem parar, a preferida dos meus filhos. Como posso ter me esquecido de informação tão preciosa? *O mundo é bão...*

Parênteses três. Finalmente, fui ao show Titãs Encontro, em 2023, com a banda da primeira formação, com meus dois filhos, um com nove, e o outro com sete. Numa mágica, o mais novo cantava todas as músicas, se chacoalhava de braço engessado (tinha quebrado dias antes). A preferida dele? "Porrada".

Medalhinhas para o presidente
Condecorações aos veteranos
Bonificações para os bancários
Congratulações para os banqueiros
Porrada (porrada)
Nos caras que não fazem nada
Porrada (porrada)
Nos caras que não fazem nada

Conseguimos ir ao camarim. Fomos falar com o Grandecasa. Explico. Eu fazia o programa de rádio *Rock Bola* num estúdio da avenida Paulista. Começava às 20h. Íamos a família toda. Os dois moleques subiam para pegar Halls com o Branco Mello, o Grandecasa. Quem deu esse apelido foi o Loirinho, pois na bancada ficava Casagrande na minha esquerda, eu no meio, e Branco na direita, que virou Grandecasa.

Na saída dos camarins do show dos Titãs, encontramos Arnaldo Antunes. Falei para os moleques:

— Esse é a voz grossa de "O sol e a lua", que vocês cantam.

Na época, os dois cantavam no Pequeno Cidadão. Ele então começou a cantar para os dois, no corredor, a música "Pequeno cidadão", composta por ele, com aquela voz única:

Agora pode tomar banho, agora pode sentar pra comer.
Agora pode escovar os dentes, agora pega o livro, pode ler.

Os dois, hipnotizados. Era dele aquela voz grave. Enfim, chegou Nando, e pude revelar:
— Nando Reis! Este é Moreno, que canta sua música sem parar.
E meu caçula cantou:
— *O mundo é bão, Morenão...*

Em 2014, o tema do Acadêmicos do Baixo Augusta foi *Flower power*. Pacífico. Utópico. Depois de meses de batalha campal, ódio nas redes sociais, polarização política, moral e violência nas ruas em 2013, propúnhamos paz e amor. O desfile rolou logo depois do Paivinha nascer. A mãe, blindada pela família de médicos, me liberou. Queria paz.
Cheguei atordoado e dopado de felicidade na concentração, sem dormir. Eu, o porta-estandarte, fui cumprimentado por todos. O pai do ano, diziam. No começo do desfile, na rua Augusta, uma surpresa: três das melhores amigas da mãe traziam cartazes VIVA O NOVO PAIVINHA. Eu as abraçava e chorava à toa.
Descemos escoltados a Augusta até a praça Roosevelt.
Eu tinha convidado a Alessandra Negrini para ser a rainha do bloco. Ela era baladeira, moradora da cidade, frequentadora do Baixo Augusta. Aceitou no ato. Sua escolha foi por aclamação. Pouco a pouco, a presença foi ganhando destaque.

Tínhamos então em 2014 um trio elétrico razoavelmente potente, que vinha direto de Salvador. Eu e Negrini éramos dois aprendendo o ofício na marra. Desconfio que a rainha, por ser uma das maiores atrizes brasileiras, incorporava todas as musas das escolas de samba ao mesmo tempo. Fazia poses calculadas ao meu lado, erguia a perna, apoiava na cadeira de rodas, sempre montada num figurino planejado, dávamos as mãos, saudávamos a bandeira, as pessoas, a imprensa. Ela me chama de Bad, de *badboy*, garoto mau, eu a chamo de Tough, de *tough girl*, garota durona. Há anos nos chamamos assim. Enquanto a multidão delirava, falávamos como ventríloquos.

— Você trouxe cigarros, Bad?
— Parei de fumar.
— Também preciso parar, como você fez?
— Ansiolítico e tags.
— Será que vai chover?
— Tomara que não, todo ano chove!
— A corda parece boa.
— São profissionais.
— Quer cerveja?
— Tá gelada?
— E o filho?
— É lindo. E os seus?
— Crescendo.
— Está gostando de morar em São Paulo?
— Amando. Moro aqui perto.
— Me falaram. Não é barulhento?
— Sabe que não? É meio poluído.
— Eu sei, morei aqui, fica numa baixada e venta pouco, a poluição fica parada.
— Baixada Augusta.
Rimos.

— Gostei do seu cabelo, Bad.
— Vamos tirar uma foto com o povo, Tough.

E a levava até a corda, para perto dos foliões, que a amam e amam selfies com ela. Eu sempre ficava no chão, com seguranças levando a "corda", misturado à diretoria do bloco, imprensa, bombeiros, amigos íntimos. Ela ia ao carro de som, subia, acenava e voltava, ia e voltava, era a pessoa mais fotografada do Carnaval de São Paulo, e sempre, podia apostar, era a capa do jornal do dia seguinte. Ela me explicou que não existiam porta-bandeira e rainha de trio elétrico, juntos no chão desfilando, em frente a blocos de Carnaval, que nós inventamos isso. Ela criou a personagem a ser imitada. Musa!

O moleque era tudo em minha vida. Saía com ele pelas ruas, algumas pessoas do bairro gritavam, ou a pé, ou de carro:
— Fala, Paivinha!

Ele não dava muita bola. Na padoca, farmácia, café, lanchonete, muitos sabiam seu nome. Eu morava no mesmo bairro há anos, e muitos conheciam as minhas muitas fases, do boêmio a casado, a então supreendentemente pai cinquentão. Fomos com ele no bebê conforto a bares, mostrar para amigos. É comum ver em busão da Europa carrinho de bebê espetado entre os passageiros. É comum em Nova York que jovens pais, sem o luxo de ter uma babá ou baby-sitter ou rede familiar de apoio, vivam com o bebê dentro de suas rotinas, fora de redomas, inclusive na vida noturna. Absolutamente normal cruzarmos com carrinhos de bebês pela noite europeia e americana em parques, até em locais de trabalho. Anormal é o Brasil com a anomalia do emprego doméstico, em que velhos e bebês são afastados do convívio social. No resto do mundo, estão incorporados. Planejei absorver o hábito europeu sem parcimônia. Mesmo que as calçadas daqui não sejam como as de lá, muito menos a segurança. A sorte é que a mãe e muitos pais jovens que se tornaram parceiros de passeios insistiam como nós: nunca ser escravizado por um bebê!

Paivinha ficava ao meu lado, no meu escritório, sorrindo e babando, enfiado no que chamamos de "espetão". Curtimos juntos muitas músicas. Seu gosto musical era parecido com o meu. Curtia as bandas que ouvíamos desde quando já estava na barriga da mãe. Conseguia se balançar sozinho, sorria bastante, pulava como uma mola, encaixado naquela estrutura. Ou será que gostaria e balançaria em qualquer ritmo que eu colocasse, de Mozart a lambada? Deixa eu me gabar e imaginar que temos o mesmo gosto musical. Deixa eu me enganar e imaginar que somos parecidos, que você era a cara do meu pai, tinha meu pé, minha mão, meu humor, sobretudo meu mau humor, meu gosto musical. Apesar dos seus poucos meses, já saquei a sua extroversão, a risada. Demorei para sacar a sua timidez. Porque no meu narcisismo, acreditava que você era sociável e festeiro, como eu. Foi a mãe quem me alertou:

— Ele não que ir porque é tímido.

Estupidamente, eu a acusava de estar fazendo transferência.

— Você é teimoso...

— Você que não gosta de sair, e ele te imita.

Ela lamentava minha cegueira e virava as costas. Precisei ouvir de outras pessoas que ele era tímido para admitir que sou teimoso e autocentrado. Seu filho não é você! Se liga! De fato. Ele é na dele, gosta de ficar sozinho, socializa com poucos. Sei que adora viver. Acorda sorrindo e, como eu, detesta dormir cedo. É comigo que fica às manhãs, quando trabalho no computador. E é comigo que fica às noites. Minha função é fazer você acordar e dormir. Você é teimoso, cara. Ah, nisso me puxou. Geralmente, quando bebê, ia até meia-noite no meu colo, resmungando de olhos abertos, protestando. Assistimos a clipes, a séries de muitas temporadas (*Família Soprano*, *Breaking Bad*, *Mad Men*, *The Wire*, *Treme*), enrolava, ficava quietinho no meu colo, nem olhava a tela. Mas dormia. Enfim, dormia. Era a melhor coisa do mundo vê-lo dormir. Dava uma suspirada, sinal de desistência, fechava os olhos e dormia. E roncava! Sentia o suor do seu pescocinho umedecer meu antebraço; era das melhores coisas da vida. Eu aproveitava para trabalhar, e então trocava de plantão com a mãe. Ia dormir, e se o bebê acordasse, ela iria acudir. Durante o dia, como eu trabalhava em casa, era comigo.

Fazer uma criança dormir é uma luta. O choro de fome eu já sabia distinguir do choro de cansaço. Mas nem sempre cansaço se traduzia em sono. E bastava ver um berço para o moleque ficar alerta, me olhar fixo, numa expressão que eu traduzia como "segura a onda, porque a vida é uma só e ainda quero ouvir e ver o mundo por mais umas duas horas". E aí começaram os grandes enigmas da minha vida. Como convencê-lo do contrário? Criança não é um brinquedo com botão on e off. É o papo habitual entre pais de bebês, como ele ou ela dorme. Precisamos de dicas, incentivos, paciência. E cada criança tem seu modo, seu método, é de um jeito, ou dorme tarde ou cedo, Paivinha tem dificuldades para dormir, Moreno dorme no segundo parágrafo de um livro e acorda antes do que todos, antes do despertador, às vezes antes do sol. Paivinha não sabe dormir, acorda muitas vezes na noite. Moreno dorme pesado a noite toda. Sabe dormir e acordar, faz seu café da manhã sozinho desde pequeno, não nos acorda, vive sua vidinha solitária de madrugador na maior tranquilidade. Prefere dormir sozinho, com uma luzinha fraca. Ele me confessou aos dez anos que não sabia dormir, que tinha insônia, e em muitas noites pulava para a minha cama. Só então dormia pesado. Podia colocar Beethoven no talo, ele não acordava. Aprendemos então que cada criança é única, que cada ser é único, que o começo de tudo tem indícios de seus humores. E aprendemos que crianças são extremamente adaptáveis. Quando passaram a estudar de manhã, acordavam na madruga, às vezes antes do despertador. E aprendemos que crianças mudam. Depois dos sete anos, o mais novo passou a ter dificuldades para acordar, e o mais velho acordava cedo. O caçula passou a ter dificuldades para dormir, e pulava para a minha cama no meio da noite. Às vezes, trazia um saco de dormir e dormia ao lado, no chão. E aprendemos que existem as fases dos dois, quatro, cinco, sete, dez anos, e por aí vai, doze, catorze, dezoito... Sei que em dois, quatro, seis, oito, dez anos eles serão crianças diferentes, cada vez mais diferentes, cada ano mais diferentes, diferentes adolescentes, jovens, adultos. Narro sobre duas pessoas que não são mais como narro. Isso é literatura: capto com meu olhar um momento, um corte no espaço-tempo, não a eternidade.

Recentemente, Paivinha loirinho admitiu, sorridente, quando reclamei que ele não descia mais para brincar com os amigos, que crianças de dez anos têm que brincar:
— É que ando meio caseiro mesmo.

A vida do país mudou em 2013, especialmente em 2014. Como um reservista da batalha pelo fim da ditadura, fui convocado. Só que agora era pai, tinha uma família para curtir e aprender. Mas um Rubens Paiva tem uma missão e uma luta. Cinquenta anos do golpe de 64: ano da entrega do relatório da Comissão da Verdade. Pela primeira vez me convidaram para a Flip. O curador Paulo Werneck, ao me ligar, estava surpreso por eu nunca ter sido chamado antes. De fato, nunca tinha sido convidado, isso me incomodava um pouco, mas não muito, eu temia a notória falta de acessibilidade para cadeirantes da cidade. E, nesse período, eu estava também focado em teatro. Ser convidado para o Festival de Teatro de Curitiba, o mais importante do país, era naquela época para mim mais relevante.

— Paraty é péssimo para cadeirantes — respondi a Werneck.

— Mas um dos nossos principais patrocinadores é cadeirante. E onde rola a Flip é tudo adaptado. É do outro lado do rio.

As tendas eram na parte nova de Paraty. No sábado ao meio-dia eu participaria da mesa "Memórias do cárcere: 50 anos do golpe". E, no domingo, participaria de um segundo evento, às 16h — "Livros de cabeceira", onde convidados leem e comentam trechos de seus autores favoritos. De cara, escolhi *O grande Gatsby*, de Fitzgerald. Depois bateu a dúvida: um americano? A curadoria incentivou. Passei dias entrando no Google Street tentando adivinhar se era possível circular pelas ruas de pedras desiguais da cidade velha. Todos diziam que não. Mas minha cadeira motorizada tem rodas largas, um motor com um torque fabuloso. É das cadeiras mais potentes do mercado, anda em grama, terra, neve, areia (contanto que não seja muito fofa). Passeava virtualmente pelas câmeras do Google e acreditava que dava, sim, que era preconceito precipitado achar que um cadeirante bom de manobras e olhos de águia não circularia por lá.

Certa vez em Lake Tahoe, Califórnia, onde passei um Réveillon com minha primeira mulher, Adriana, entrei sozinho por engano num bondinho suspenso que subiu a montanha nevada com esquiadores. Ao chegar, vi a cagada, tentei pegar o bondinho de descida, mas acabei entrando em outro menor, que me levou para o alto da montanha. Neve e neblina por todos os lados. Saí para pedir help. Não tinha alma viva para me orientar. Esquiadores passavam com capacetes, velozmente, não me escutavam.

Na montanha nevada de Tahoe, onde a *famiglia* Corleone, de *O poderoso chefão*, morou, observei o mecanismo dos bondinhos. Se eles subiam, desceriam, e logicamente eu teria a chance de descer. Mas cheguei a cogitar descer pela pista de esqui. Se eu tentasse, ninguém impediria. Depois de testar andar na neve, naquela montanha alta, examinar a rota, calcular os possíveis danos, numa época em que não tinha celular, e Adriana devia estar me procurando, acabei voltando pelo bondinho em que subi. Mas andei bons trechos na neve. E sei de cadeirantes que praticam esqui, fazem alpinismo, nadam com tubarões, velejam, andam de caiaque. Sou um cadeirante bem bunda-mole comparado a eles. Acabei concluindo: dava para circular em Paraty, depois de estudar com lupa fotos, guias e andar virtualmente por suas ruas.

Deixamos Loirinho, bebê, com os avós, e fomos eu e a mãe num carro do festival. Só no caminho, ela falou, metida, que era a segunda Flip dela. Tinha ido anos antes com um namorado filósofo, que por sinal tinha coluna no jornal concorrente do meu. Fiz campanha contra ele na família cheia de acadêmicos, e todos passaram a achar ele um acadêmico fraco. Não se brinca com *uno nipote di italiani*, eu dizia. Afinal, podemos ser da máfia. Na verdade, o cara é megamidiático, famoso, e como pode ela ter se relacionado antes de mim com um cara que já tinha ido à Flip?

Em Paraty, ficamos com os convidados oficiais, na Pousada Literária, que tinha a porta principal para o centro histórico, com suas ruas de pedras, mas o fundo para a nova Paraty, de rua asfaltada, com calçadas, uma pequena cidade como qualquer outra. O pesadelo tinha acabado. Daria para eu circular até a Flip, do outro lado do rio. Pelas notórias ruas de pedras desiguais, que examinei cem vezes pelo Google Maps, tentei dar um rolê. Na primeira noite, a prova: não dava. Na verdade, impossível! Mais fácil descer uma montanha com neve. Depois de cinquenta metros, minhas costas quase se deslocaram, e a cadeira de rodas poderia desmontar. Pular por sobre dez centímetros seria como subir e descer um degrau. Pedras pontudas esbarravam nos chassis. Obstáculos impediam a movimentação, eu voltava, ia, pulava, não dava.

Mas a maioria dos jantares rolava no restaurante da própria pousada. Lá, jantei com outros palestrantes. Ao sermos apresentados, um intelectual americano disse que claro que sabia quem eu era, o que me deixou comovido e desconfiado, já que não tinha por que ele, especialista em depressão, Andrew Solomon, conhecer um escritor do cafundó do mundo. Foi apenas gentil. Pensei em começar a usar essa estratégia de angariar simpatia e dizer a todos que me apresentassem:

— Sim, claro que sei quem é.

Exatamente como reajo quando me perguntam:

— Lembra de mim?

— Claro — respondo sem ter a menor ideia de onde.

Ou:

— Um amigo, Vicente, estudou com você, lembra dele?

— Claro, grande Vini, como ele anda?

Eu, aos cinquenta e cinco anos, que me achava um escritor aposentado, obsoleto, perdido nos cantos de bares pés-sujos e muquifos, fazendo teatro alternativo, tirando do bolso para pagar dívidas de bilheterias fracassadas, de repente virei o centro das atenções. Muita gente veio se sentar comigo. A pousada era luxuosa e simples ao mesmo tempo, de muito bom gosto. Me lembrei do baixista e cantor Clemente, fundador do punk brasileiro, da banda Inocentes. Na primeira viagem paga que fez, convidado para tocar no Circo Voador, do Rio, foi instalado num hotel com armários e cabides. Ele não tinha bagagem. Só de pirraça, pendurou o que dava: sua jaqueta de couro com tachas. E de Mário Bortolotto, o Marião, quando protagonizou uma peça minha. Tivemos o apoio cultural do Hotel Marina. Ele não sabia o que fazer numa cama com tantos travesseiros, se sentiu sufocado. Jogou todos no chão e passava a noite bebendo no terraço do prédio, olhando a vista inacreditável.

Fui convidado para um jantar e uma festa badalada. A festa seria numa casa no centro histórico. O jantar, em outra casa menos acessível. Eu teria que encarar aquelas pedras irregulares. Me contaram que elas eram perfeitas, encaixadas por escravizados, e que tinha um sistema de drenagem com o mar que, na maré alta, lavava as ruas, até a prefeitura tirá-las para passar uma rede de esgoto e nunca mais encaixar na posição correta, sendo que muitas foram também roubadas.

Dei um rolê pela parte asfaltada da cidade. Vi um carroceiro. Pensei em contratá-lo. Ele me levaria pela cidade, eu na carroça, com largos pneus. Mas na volta vi o carro do festival descarregar livros. Era uma Saveiro pickup, que tinha permissão para circular pelo centro histórico. Falei com a organização. Solidária comigo, deixou o carro à minha disposição durante o festival.

A primeira noite, a festa. O carro nos pegou no estacionamento do hotel. Arrumamos umas tábuas. Em qualquer parte do mundo se encontram tábuas jogadas. Com elas, fizemos uma rampa improvisada. Me colocaram na caçamba e ela foi dentro com o motorista. Dois caras vieram atrás comigo. Eram locais. Demos a volta pela cidade nova, até entrarmos na antiga. Andávamos a cinco por hora pelas ruas, enquanto iam me mostrando Paraty. Que privilégio... Passaram em frente à casa do príncipe d. João Henrique de Orleans e Bragança, na rua Fresca. E gritei:

— Viva o príncipe brasileiro! Viva alteza! Salve a rainha!

Eu sabia que ali estava o príncipe gente boa, herdeiro do trono, fotógrafo com preocupações ecológicas, amante das artes, mecenas, e Stella Cristina, a princesa. D. João é chamado de O Príncipe Republicano. E é bonito como num conto de fadas.

Na famosa festa da editora, fiquei na rua, do lado de fora. Sentei-me num bar ao lado. Alguns amigos ficaram comigo. A festa parecia animada, casa pequena, apertada, cheia, música alta, todos dançando. Fiquei numa mesa de um bar em frente, observando o movimento. Eu estava tão emocionado de ficar ali, pelas ruas de Paraty. Andava eufórico com a paternidade, eufórico pela vida ter ganho um outro combustível. Por ter planos, responsabilidades, pelo dever de permanecer sereno, sóbrio, sensato. Eu só falava disso, só lia sobre isso, e perguntava a todos os amigos: Tem filho? Como ele dorme? Qual escola? Que carrinho de bebê? Que bebê conforto? Que fralda? Que pediatra?

Varei com amigos num papo sem fim e acabei não entrando na festa. A rotatividade de gente querendo respirar, dar um tempo, ficar fora dela era imensa. Muita gente para fumar, ou tragar a brisa da baía. Na volta, sobre o carro:

— Te saúdo, alteza! Te amo, príncipe! Viva o Rei! Deus salve a rainha!

O carro com aquele cadeirante gritando em cima e acenando como um destaque de escola de samba, ou um duque pé-rapado, chamava a atenção. Muitos me acenavam de volta. Durante os quatro dias que fiquei em Paraty, assim foi, pra cima e pra baixo, fumando baseado com locais, saudando os súditos.

Enfim, no dia do debate, Werneck me pediu permissão para, de surpresa, antes de começarmos, passar uma gravação de áudio do meu pai, feita no dia do golpe de 1964, em que clamava a população a resistir. Ela tinha se perdido nos arquivos da Rádio Nacional e foi encontrada e revelada naquele ano de 2014. Era um atestado de que o governo Jango, derrubado, não era comunista. Achei emocionante e falei que tudo bem. Meu pai, jovem deputado, no dia do golpe militar, tinha sido encarregado de montar a Rede da Legalidade. Na Rádio Nacional, gravou um discurso, convidando outras rádios a aderirem ao movimento de resistência aos militares. Mas as organizações dos trabalhadores marcaram uma greve geral contra o golpe. Militares contrários ao golpe mudaram de lado. Jango foi abandonado por todos. Tomaram o poder rapidamente, Jango fugiu, e meu pai, com sua turma, pediu asilo.

No 2 de agosto, o dia da minha mesa, tinha muita novidade mais atraente. A Flip monta um casting sem parâmetros, mesmo sem pagar cachê, dado o prestígio da feira. Achei que ninguém se interessaria por mim ou em debater sobre a ditadura. Ao entrar, vi um auditório lotado. Mais de duas mil pessoas. Na primeira fileira, editores, patrocinadores, jornalistas, até Fernanda Montenegro. Intimidador. Mas eu estava calmo. Surpreendentemente, soltaram sem nenhum aviso o áudio do meu pai. Fiquei quarenta e três anos sem ouvir a sua voz. Era ele ali, ao vivo, meu pai:

> Me dirijo especialmente a todos os trabalhadores, todos os estudantes e a todo o povo de São Paulo tão infelicitado por este governo fascista e golpista que neste momento vem traindo seu mandato e se pondo ao lado das forças da reação...

Me deu um nó na garganta.

> Está lançado inteiramente para todo o país o desafio: de um lado, a maioria do povo brasileiro desejando as reformas e desejando que a riqueza se distribua; os outros são os golpistas, que devem ser repelidos, e, desta vez, definitivamente, para que o nosso país veja realmente o momento da sua libertação raiar.

Silêncio. Eu passaria então a ler o livro ainda sem nome que tinha começado a escrever meses antes, sobre minha mãe e meu país. Texto inédito. Mas a voz não saiu. O papel tremia na mão. Comecei a chorar. Chorar de pena do meu pai, da minha mãe, de tanta dor causada por conta de uma estúpida ditadura que, sob a desculpa de que vivíamos uma ameaça comunista, deu um golpe sangrento, matou e torturou, censurou, vinte e quatro anos de terror, e que tinha gente agora defendendo o seu retorno. Meu pai não era comunista. Ele fora designado para montar uma reação e a resistir. Mas perdeu.

Sua geração perdeu. O projeto de vida de uma turma que reconstruía a democracia brasileira perdeu. O Brasil da era de ouro, bossa nova, cinema novo, arquitetura, Pelé e Garrincha, futebol campeão do mundo, Maria Esther Bueno, perdeu. Eu tinha que ler meu manuscrito. Perdi completamente a concentração. Secou a garganta. Fiz um esforço tremendo para começar a ler. Um enorme silêncio no auditório. Me informaram que tinha milhares de pessoas acompanhando do lado de fora por um telão. Não consegui e comecei a chorar. Eu não queria chorar. Mas não parava. As pessoas começaram a aplaudir. Aplaudiram e se levantaram. Aplaudiram de pé. Nada daquilo foi previsto. Respirei. Fechei os olhos. Eu não queria chorar, não costumava chorar. Eu mal sabia chorar. Tomei uma água. Comecei a ler, parando aos poucos de chorar, como se fosse o único antídoto contra aquela tristeza que me doeu como um choque elétrico:

Vinte e três de fevereiro de 1996. Centro velho de São Paulo. Calor. Caminhamos até o cartório de Registro Civil das Pessoas Naturais — 1º Subdistrito da Sé. Os funcionários estavam assustados com a quantidade de fotógrafos e cinegrafistas. Mal sabiam que se fazia história naquela repartição abafada. Um cordão da imprensa respeitou a nossa passagem. A escrevente nos entregou com as mãos trêmulas e um sorriso forçado o atestado: Certifico que, em 23 de fevereiro de 1996, foi feito o registro de óbito de Rubens Beyrodt Paiva. Ela ergueu o atestado de óbito para a imprensa, como um troféu. Minha mãe esteve na capa de todos os jornais no dia seguinte. Com o atestado de óbito erguido, alegre. Ela nunca faria uma cara triste. Bem que tentaram. Por anos, fotógrafos nos queriam tristes nas fotos. Éramos "A família vítima da ditadura". Apesar de preferirmos a legenda "Uma das muitas famílias vítimas de muitas ditaduras". Não faríamos o papelão de sairmos tristes nas fotos. Nosso inimigo não iria nos derrubar. Família Rubens Paiva não chora na frente das câmeras, não faz cara de coitada, não se faz de vítima e não é revanchista.

Dei uma pausa e ri. Riram comigo. Foi uma ironia que eu não calculara. Li o ainda cru trecho do livro *Ainda estou aqui*, até o final, sem prestar atenção no que lia. Meus olhos viam palavras, meu cérebro mandava eu dizê-las, mas minha mente estava perdida num maremoto de emoções. Fui até o final, cumprindo ordem como um soldado sob fogo cruzado, querendo fugir, com uma missão a cumprir.

Atordoado, nem sei se fui aplaudido. Vivia na névoa da tristeza, mágoa, ódio. Não me lembro do que me foi perguntado, nem do que falei, nem do que os outros falaram. Eu estava chocado com a minha reação. Um filho tinha nascido, e era a cara do meu pai. Meu pai não o conheceria. Minha mãe o conheceu, já com Alzheimer. Reconheceu nele o rosto de um Paiva, se alegrou com ele, ficou feliz por mim, mas eram já seus últimos momentos de lucidez, e pouco se comunicava. Conheceu o Paivinha Moreno dois anos e meio depois, que trepava na cadeira de rodas dela, como o Loirinho fizera. Reagia ainda mais anestesiada pela demência. Eu não consegui trocar ideias com ela sobre o novo casamento, suas crises, e menos ainda sobre a paternidade. Mas ela ainda estava ali. Era a minha mãe.

Em Paraty, vieram falar comigo, mas eu não ouvia. Me levaram para fora, onde muita gente queria livros autografados e fotos. O dia estava ensolarado. A vista era espetacular. O canal, o mar. Estava com muita vergonha. Via em sites a grande notícia, eu chorara no palco. Fotos mostravam um rosto empapado de lágrimas.

No domingo, lá ia eu de volta à mesma tenda, 16h, para o "Livros de cabeceira", meu segundo evento da Flip. Eu tinha a cópia do *Gatsby* que, aliás, pertencera ao meu pai. Eu estava mais calmo, mais centrado. Li:

Quando eu era mais jovem e mais vulnerável, meu pai me deu um conselho que muitas vezes volta à minha mente. Sempre que você tiver vontade de criticar alguém — disse-me ele —, lembre-se de que criatura alguma neste mundo teve as vantagens de que você desfrutou.

Li parte do primeiro capítulo. Aplaudiram. Saí do palco aliviado. Não me engasguei nem pisquei. Fernanda Montenegro veio falar comigo na saída, com a filha, Fernanda Torres. Anos depois, coincidentemente, as duas fariam a minha mãe no filme baseado no *Ainda estou aqui*, dirigido por Walter Salles. Fernandinha, minha mãe aos quarenta anos, presa no DOI-Codi com minha irmã e meu pai e, depois, na luta contra a tortura, o desaparecimento político e reconhecimento da morte. E a Fernandona faria minha mãe na luta contra o Alzheimer. Nem tinha projeto de filme ainda. Nem tinha livro ainda. Dez anos depois, ele estrearia no Festival de Veneza.

À noite, num encontro, uma mesa de escritores e editores tentava desvendar a charada: o que aconteceu para as pessoas estarem nas ruas pedindo a volta dos militares? Eu era o mais indignado: o que estão ensinando nas nossas escolas?

Em 2014, começaram a minimizar o golpe de 64, o regime militar. Alguns diziam que eu tinha inventado o desaparecimento do meu pai. O então deputado Jair Bolsonaro tinha discursado no Congresso dizendo que ele fora morto por uma organização de esquerda, a VPR. A era da pós-verdade, da "minha opinião é a minha verdade", nascia. Provas científicas eram contestadas com um argumento infantil: "Não acredito". O mundo atolava na estupidez. Nelson Rodrigues escreveu que os idiotas vão dominar o mundo não pela capacidade, mas pela quantidade.

Num jantar na pousada, fizemos um pacto. Precisamos alertar o brasileiro sobre o que foi a ditadura. Vamos reeditar livros, fazer material didático, apoiar a construção de museus e memoriais. Comecei a escrever em blogs, colunas no *Estadão*. Terminei e lancei em 2015 o livro *Ainda estou aqui*. Apesar de ter uma coluna semanal num caderno cultural, até então eu tinha me dedicado à cultura, crônicas, contos, relações, neuroses, vida urbana. A partir daquele momento, me debrucei sobre a política brasileira e o fenômeno da nova direita, que brotava de uma insatisfação com os rumos da democracia.

Em todas as noites em que estava na rua, ficava ansioso para voltar e colocar o moleque para dormir, enfrentar a sua resistência ao sono, usando minha técnica infalível (andar com ele no colo entre o claro e o escuro da casa, conversando baixinho, cada vez mais baixinho). Ele não sabia a frustração que era chegar em casa e o encontrar dormindo. Me sentia traído. Você não me esperou? Antes, a gente o amarrava em mim, e ele dormia babando no meu pescoço. Depois, preferi ele no colo. Nossos cheiros se misturavam. Cheirava a pureza. Cheiro de fralda é cheirinho de casa. Dava muita paz.

Quando ele nasceu, alguém disse, sobre ter filhos:

— É o filé-mignon da vida.

Quanto mais o tempo passava, mais caótica ela ficava. Dizem que só melhora. O que será melhorar? Talvez nos acostumemos. Minha rotina com um bebê em casa:

1) Amanhece. Passo a viver com meu duplo: o eu e um outro, o eu e o papai. Ele não acordou. Nem dou a descarga. Não escovo os dentes. Ando pela casa lentamente, em silêncio. Dizem que audição é o sentido mais aprimorado de um bebê. Me acostumei a me mover como um gato, sem esbarrar em nada. Telefones no mudo. Computadores com alto-falantes em 0%. Pressa. É a chance de tomarmos o café da manhã sem precisarmos reparti-lo com o pequeno e curioso sujeitinho que vive conosco e, se dermos sorte, lermos as notícias de cabo a rabo. Artigos longos ficariam para "quem sabe...".

2) O pequeno cidadão sente o deslocamento de ar da casa e acorda. Não posso reclamar. Dorme antes dos pais e acorda depois, começa a falar sozinho no berço, a cantar. Torço para continuar se entretendo. Dizem que melhora a concentração. Então escuto:

— Pá?

A primeira coisa que disse, por culpa minha, que sussurrava direto no seu ouvido, torcendo para ser a primeira palavra a aprender (e não deu outra):

— Papá?

Interessante como a forma de me chamar é uma pergunta: "Pá pá?". Porque quer saber se estou pela redondeza. E se sofisticou:

— Pai?

Até virar:

— Papaiiii?

Eu deveria ter ensinado: "Mamãiiii". Calma, um segundo.

3) Corro pela casa. Xícaras, pratos, talheres, copos, telefones, mouses e teclados no fundo das mesas. Celular fora do campo de visão. Controles remotos na gaveta. Portas da cozinha e de banheiros fechadas. Eu não sabia que bebês gostam de molhar a mão em privadas. Todas elas agora têm lacre. Todas as gavetas têm lacre. Checar se tudo está lacrado.

— Papaiii!?

Já vai. Checar protetores nas tomadas, carregadores, espuma nas portas. Guardar pilhas e moedas. A paciência se esgota. Então tá... Abro a porta: bom dia.

4) O quarto escurinho tem aquele cheiro de leite com pomada e sabonete neutro. Ele, em pé no berço, fica felicíssimo. Me mostra seu brinquedo, um boneco Piu-Piu gigante que foi da sua mãe. Dorme sempre com ele, e de manhã tenho de cumprimentar. Abro a cortina blecaute. A luz nos cega. Sinto aquele bafo matinal. Como uma pequena criatura pode ter um bafo tão poderoso? Tem remela, cabelos amassados, olhos inchados. Acorda como qualquer adulto. A diferença é que acorda sempre num colossal bom humor, como se a vida fosse a melhor coisa do mundo, uma eterna brincadeira, uma descoberta incessante. Bom, naquela época, depois...

5) Acender, apagar a luz e ligar um ventilador dão a sensação de êxtase pelo poder e controle de forças invisíveis. Mamadeira, aponta. Comer é crucial. Estou lendo jornal. Você aparece ao meu lado, arranca-o numa velocidade incrível e volta à mamadeira. Peço meu jornal de volta. É uma negociação educada. Você devolve e some.

Estar quieto demais não é salvação, é problema. Alguém vai logo checar. O que ele está aprontando? Está bebendo xampu, desenrolando papel higiênico, tirando livros da estante ou esvaziando a lixeira.

— Não pode!

Chora. Estou no teclado, reaparece, aperta o enter, some meu texto da tela. Volta a mamar e some. Toca o telefone. Atendo. Reaparece, puxa o telefone, que cai no chão.

— Não pode!

Caiu a linha. Ele cai no chão. Bate a cabeça. Chora. É uma média de quatro tombos por dia. Fala pela casa. Faz variações de palavras. Inventa uma nova língua. Então vem:

— Papai te? Papa i Uh, dei ber ti... Umaba tuiu.

— Sei — respondo, enquanto trabalho.

Começa a série de repetições. Respondo: "Jura?" "Sério?" "Nossa...". Gargalha. E passa a empurrar coisas pela casa. Me bloqueia com móveis: uma barricada. Tento tomar um café. Ninguém se lembra onde está a bandeja com as cápsulas de café, várias vezes derrubada por ele. Meu celular, bobeei, sumiu. Estava carregando. Descobriu minha carteira, desmonta e espalha os cartões de crédito pela casa. Como descobriu que aquilo é tão importante para mim? Claro. Viu papaiiii sacá-la várias vezes e comprar coisas com aqueles cartões. Se é importante para o papaiii, é para ele. Bacana é brincar com as coisas importantes do papai. Sumiu com meu mouse. Bobeei. Fico sem trabalhar até encontrá-lo. Outro dia, o encontraram na cesta de roupa suja.

6) Vai para a escola e sinto saudades. Esbarro em brinquedos que começam a tocar sozinhos. Tem um que faz "Uiii!". Tomo um baita susto e vejo um troço amarelo piscando no formato de um miniandador que ri de mim. Sem querer, atropelo um ursinho que diz "Barriga", "Você é meu amigo", e pede "Me dá um abraço". Na pia, tem uma zebra, uma girafa e um leão, todos de plástico do mesmo tamanho e vesgos.

Ele de volta, animado:

— Êeeeeeeee.

E cai no chão. Bate a cabeça. Chora. Momento do "cadê, achô, cadê, achô", que dura uns dez minutos. Pelo corredor, costuma correr e gritar:

— Êeeeeeeee.

Às vezes vou junto gritando o "Ê". Hora do banho. Vem peladinho se mostrar. Faz xixi no chão. Só nós achamos graça. A mãe se irrita, se preocupa em ele se machucar. Dança sobre o xixi. Só nós rimos. Mostramos o umbigo um para o outro, o barrigão, batemos no barrigão. Ele escorrega no xixi, cai e chora. A mãe vem e diz que sujeira, ele se machucou.

7) Anoitece. Tentamos ver telejornais. Ele desliga a TV, ligamos, desliga, ligamos, tira da tomada, desistimos. Há meses não vemos telejornais. Começa a coçar os olhinhos. Vamos nanar? Faz não com a cabeça. Levo para o berço. Fico ao seu lado no escuro. Você sussurra:

— Pá-pá... pá-pá...

Deita, fala um pouquinho, canta baixinho e sussurra:

— Pá-pá...

Amanhã tem mais. Não é apenas o filé-mignon. Passo a noite com saudades. Na manhã seguinte, fico esperando acordar, para recomeçarmos a viver. Bebê exerce muito fascínio. Numa roda de adultos, basta entrar um bebê, todos param de falar. Olham para o bebê, que os olha de volta com aquele ar curioso e abobalhado, mas totalmente dono de si. Logo alguém diz para ele:

— Oi?

Ele não responde. Oi, o quê? Nem te conheço. Todos se perguntam como é, como reage, como será, se é a cara do pai ou da mãe. Todos esperam a grande santidade bebê dar o próximo lance: pode correr, chorar, gritar, se sentar. Na maioria das vezes, perde o interesse logo e vai andar por um corredor, onde uma tomada chama atenção, ou uma bola, ou um bicho. Ele ou ela não tem cara da mãe ou do pai. Ele ou ela tem cara dele ou dela. É um universo de descobertas e ideias em construção, que vai dar em um ser exclusivo, com suas próprias manias.

Como as crianças vão cedo para a escola hoje em dia. Como num filme de ficção científica, parece saírem de uma placenta para o ambiente doutrinador e insalubre de outros bebês, para repartirem viroses, lambidas, mordidas, conviverem com crianças cujos pais não vacinam, trocar risadas, abraços, fofuras e piolhos. Ele tinha menos de um ano e já estava no tanque de areia da escola do bairro, rolando. Nem andava ainda. Das primeiras vezes que foi, ficava cavando a areia, se enfiando nela, magnetizado. Só tinha três mais novos que ele. Era uma classe megafofa. Bem, imagino que todas sejam. A impressão que se tem é que serão amigos pela vida toda.

Que magia tinha essa escola, a Alecrim, de fazer com que pais e filhos e filhas se dessem tão bem? Sua idealizadora, Silvia Chiarelli, tinha vinte e oito anos quando resolveu abrir uma escola de educação infantil, num sobrado no Sumaré. Seu lema era "Sem alegria, criança não aprende". Dizia que educação é tarefa coletiva, e a sua não seria como as outras escolas que conhecia. Dizia que famílias, educadores, educadoras e crianças aprenderiam juntos a como fazer uma escola. A Alecrim cresceu, ganhou outra unidade em Pinheiros, a poucas quadras. Ela dava banho nas crianças em noites do pijama. Acompanhava turmas em estudos de meio ambiente pelo rio Tietê, ilha do Cardoso, além de ir a quilombos, aldeias indígenas e cidades históricas de Minas. E em acantonamentos. Era a mais fantasiada e agitada nas festas juninas e no bloco de Carnaval, que parava as ruas ao redor. O bloco Ano Passado

Eu Morri Mas Esse Ano Eu Não Morro nasceu de pais, mães e ex-estudantes, e ela estava entre seus componentes. Nunca deixou de receber pais e mães pessoalmente no fim das aulas, às vezes com o pé na areia do parquinho, para nos ouvir, nos acolher, tirar dúvidas. "Sou pouco modesta com as expectativas que tenho com meus alunos e minhas alunas. Eles têm que escrever bem, têm que ser bons pensadores em matemática e em ciências, conhecer a história, pensar o mundo e, claro, poder se divertir", definiu. Morreu de forma surpreendente em 2024. Deixou um imenso vazio.

Há décadas, um cavalo feito de fibra de vidro era uma das atrações preferidas das crianças, no pátio da escola. Foi presente de um cenógrafo, depois de ter sido usado num desfile de Carnaval. Finca pé no pátio de areia, montado quase em tempo integral pelas crianças. Muitos se assustam ao ver bebês sobre o cavalo, mas nunca ninguém se machucou. Fazia parte da didática: respeitar o medo, ter cuidado e não fugir de dilemas, descobrir. Me lembro de treinar decorar o nome de cada criança, pois todos logo sabiam o meu, o pai do Paivinha, o pai de cadeira de rodas que anda sozinha, que tem luzinhas indicando a bateria, que vem pegar ele numa van gigante com elevador. Todas as crianças me faziam perguntas do porquê da cadeira de rodas. E entravam na minha van sem eu perceber. Sempre fui didático.

— Fui dar um mergulho num lago, não estiquei o braço, pulei de cabeça e quebrei a vértebra do pescoço. Lesionei a medula.

A segunda pergunta era sempre a mesma:
— Doeu?
— Nada.
A terceira pergunta também era sempre a mesma:
— Sangrou?

— Um pouco, olha aqui.

E mostrava debaixo da cabeleira uma pequena cicatriz, e depois uma no pescoço, gigante, de duas operações para reconstrução da quinta cervical. Com o tempo, eram meus filhos que davam as explicações, com os mesmos detalhes. Por vezes, meus filhos me davam bronca:

— Por que teve que cair no lago e bater a cabeça?

Ironizo o bullying que sofro. Mas talvez, sim, exista uma frustração de eu não ser um pai como os outros. E sempre digo:

— Ninguém é igual. E sou o mais rápido.

Quando reclamaram que sou o pai mais velho da classe, replico:

— E com mais prêmios.

Mentira. Fui corrigido por uma mãe.

— Tenho mais.

Eu sabia que ela, mãe do Dani, era atriz, mas não conhecia seu currículo. Chegando em casa, dei um Google. Eu tinha dois prêmios teatrais. Ela tinha muito mais. Trabalhou com os maiores diretores do país. Meu filho me viu googlar. Me gozou. Corrigi.

— Tenho prêmios de teatro, literatura e cinema, ela só de teatro.

— Tá, mas ela tem mais.

Enfim, me zoam por ser velho, e respondo:

— Mas tenho mais livros publicados.

Segurar o Paivinha loirinho nos primeiros meses me dava pavor. Eu sabia, pelo ativismo e por frequentar congressos e encontros de deficientes físicos, que a deficiência auditiva pode vir de um tombo do berço. Parece história que só acontece com os outros. Eu mesmo, mais novo, caí numa piscina e fui salvo por um primo mais velho. Histórias de quedas e acidentes domésticos que matam e trazem sequelas são inúmeras, pavorosas, nos tiram o sono, nos deixam alertas. Se já atropelei com minha cadeira motorizada (de setenta e cinco quilos) gatos, cachorros, bêbados em baladas, desatentos, imagine um bebê no chão. O conjunto, eu e a cadeira, pesava em torno de cento e cinquenta quilos. Ou se eu, sozinho, o derrubasse, e não conseguisse puxar de volta. Só com muito treinamento e técnica comecei a me relacionar, me sentir seguro e proteger meu bebê. Meus bebês, já que o caçula, o Paivinha moreno, conheceu um pai mais calejado.

Em 12 de setembro de 2014 no *Estadão*:

Duas filhas do ex-deputado Rubens Paiva, assassinado em 1971 no antigo DOI-Codi (Departamento de Operações de Informações — Centro de Operações de Defesa Interna) da Barão de Mesquita, na Tijuca, zona norte do Rio, defenderam nesta sexta-feira, 12, a transformação do quartel em centro de memória, durante a inauguração de um busto de bronze do pai. A homenagem, que reuniu cerca de 100 pessoas, ocorreu na praça Lamartine Babo, que fica em frente ao 1º Batalhão de Polícia do Exército, onde funcionou o principal centro de torturas no Estado durante a ditadura militar […].

No início da cerimônia, com o busto ainda coberto, a voz de Rubens Paiva, reproduzida em alto-falantes, podia ser ouvida até mesmo dentro do quartel […]. Sentada na plateia improvisada, Eliana Paiva, uma das filhas, abraçou a tia Maria Lúcia Paiva de Mesquita e chorou. "Agora, é como se tivéssemos finalmente um lugar para homenageá-lo", discursou Vera Paiva.

A filha falou sobre a dificuldade de encerrar o ciclo de luto, porque até hoje o corpo de Rubens Paiva nunca apareceu. "O desaparecimento é uma forma de tortura também, assumida pelo aparato militar, que continua acontecendo até hoje", discursou. [...]

Idealizada pelo aposentado Lao Tsen, a homenagem foi uma iniciativa do Sindicato dos Engenheiros no Estado do Rio — Rubens Paiva era engenheiro. Inicialmente, o busto ficaria de frente para o quartel, mas acabou sendo chumbado de costas para os militares. "Eu até prefiro, porque parece que ele está saindo. Ficaria mais aflita se tivesse ao contrário", disse a filha Eliana.

Rio de Janeiro. No final do ano, sob quarenta graus, fomos de táxi com o bebê Loirinho conhecer o busto do vovô Rubens, na Tijuca, em frente ao prédio do Exército em que ele, minha mãe e minha irmã foram presos. Elas foram soltas; ele tinha morrido no segundo dia de tortura. Seu corpo saiu num caminhão camuflado para ser enterrado na região militar da restinga da Marambaia. Na redemocratização, foi desenterrado, embarcado numa lancha, esquartejado e seus restos espalhados pelo Atlântico, no mar em que me ensinou a nadar.

Eu olhava o busto, emocionado. Com Loirinho no colo, mostrei seu avô. Ele o apontou. E olhava o prédio do Exército. Que momento difícil. À esquerda, a construção seca sem estilo do maior centro de tortura do Rio de Janeiro. O inominável DOI-Codi. Rio quarenta graus. Tentava ali me entender com as emoções: ódio, dor, tristeza. A pergunta que me fiz a vida toda reverberava: por quê? Precisava? Loirinho ali, um bebê sob o sol abrasador do verão carioca, seu pai, sua mãe, seu avô... O busto do meu pai estava de costas para sua prisão. Imaginei que a estivesse encarando. Para dar a sensação de que saíra vivo de lá. E saíra. A prova é um loirinho de olho azul como ele no meu colo.

O mundo infantil invade a vida de jovens pais. Filmes, livros, roupas, programas de TV, brinquedos, de preferência os educativos e sem pilhas. É preciso checar aquilo que pode ser engolido, um dos maiores pavores, além de arrumar berço, carrinho, babá eletrônica, remédios, pomadas, fraldas, chupeta e mamadeira. Por outro lado, a jovem mãe via as amigas no Insta, todas solteiras sem filhos, e sentia que perdia algo na vida.

A mãe, nos seus trinta anos, perdia festas, shows, churrascos, quase não dormia, não conseguia se concentrar, escrever seu doutorado, fazer planos, ter um sossego para cuidar do corpo, da pele, do cabelo. Se antes fomos ao Lollapalooza, festivais de jazz, shows de amigos e todas as estreias, depois de dois filhos mal saíamos. Quando conseguíamos, era para ver peças e filmes infantis, e shows do Palavra Cantada e Pequeno Cidadão, o que no início agradavam mais ao pai do que aos filhos.

Palavra Cantada é uma grande sacada. É ser inteligente com a criança e dialogar sobre seu universo. Já o Pequeno Cidadão… Longa história. A banda foi fundada por uma grande amiga e parceira, Taciana, lenda do rock brasileiro, com quem compus músicas e escrevi um livro infantil, cujo personagem principal, não por caso, se chama Loirinho. Taciana tinha a intenção de levar rock pra molecada e ao mesmo tempo sugerir o ideal do bom cidadão. Suas músicas não paravam de tocar em casa. Íamos a todos os eventos. Num show num Sesc, ela pegou meu pequeno bebê no colo e cantou para ele no palco. Ver meu filho num palco com sua musa me derreteu. Ele a olhava hipnotizado. Sim, era ela que cantava aquelas músicas que ele ouvia em casa e adorava.

Parênteses. O Loirinho e o Moreno, com nove e seis anos, passaram a fazer parte da banda, a cantar e tocar, deram shows em Sescs, inclusive no Anhangabaú, ao vivo, sem timidez, sem errarem, num palco gigante, como dois profissionais. Claro que então foram matriculados em aulas de música. Claro que a música passou a fazer parte do nosso todo. Por um tempo, os dois viraram parte da grande e unida família Pequeno Cidadão.
Outros parênteses. Nunca consegui chamar meus filhos pelo nome. Sempre os apelidava. Numa época, eram Curintia. Todos em casa eram Curintia. Eu chamava "vamo curintias!", eles vinham. "Vai curintia!", e iam. Era uma sutil forma de eu escolher o time por eles. Uma sugestão. Uma doutrinação. Colou. Viraram Curintia!
Mais parênteses. O saudoso Washington Olivetto me ensinou que em todo grito de gol eu deveria dizer "gol do Curintia!", mesmo nos gols dos rivais, da Seleção Brasileira, até da Argentina. Foi o que fiz. Colou também.

PARTE III

Vivi num outro Brasil. Comecei a andar a cavalo aos seis anos. Caçava sacis em pastos, apostava corrida com os vaqueiros e os filhos deles, qualquer pangaré era pura alegria e companhia. Morava à beira de praias e rios limpos. As casas não tinham portões elétricos nem cercas eletrificadas. Surfei na adolescência em praias desertas de Ubatuba, a três horas de São Paulo. Íamos de busão pela Tamoios, com as pranchas no porão. Acampávamos em praias desertas como Félix, Domingas Dias, praia Vermelha. Tomávamos banho nas cachoeiras da Mata Atlântica. Comíamos feijoadas em lata, muito sanduíche com queijo e salsicha, feitos na fogueira na beira do mar. Surfávamos o dia todo, líamos e tocávamos violão à noite. Por vezes, surfávamos pelados. Dormi em Búzios numa casa sem luz elétrica, o lampião a querosene era rotina. Dormi em montanhas geladas, em barracas, num saco de dormir azul. Me aqueci em fogueiras com pessoas desconhecidas. Pegávamos ônibus urbanos para as noitadas na cidade de Ubatuba, que ia pela Rio-Santos. Tinha uma boate em que iam surfistas paulistas e cariocas, uma palhoça de madeira, Le Bateau. Tocava Led Zeppelin. Dançávamos Led Zeppelin. Dá pra dançar Led Zeppelin, Hendrix, Bob Dylan. Uma onda de euforia atravessava a geração abertura política. A ditadura ia cair, vai cair, tem que cair!

 Não tinha internet, celular, poucos tinham telefone fixo, tinha apenas cinco canais de televisão, quatro montadoras de carro, três marcas de tênis, havia uma pureza na sociedade de consumo, apenas para primeiras necessidades. Usávamos sandálias e botas que hippies confeccionavam, jaquetas de couro usadas, roupas de pais e tios, vestíamos qualquer coisa, a moda era amadora, éramos contra estar na moda, cada um usava o que quisesse, era parte de uma ilusória sociedade alternativa, que preservava a vida saudável, as relações de amizade e a liberdade. Mas o mundo mudava.

Toda tragédia tem mais de dois atos. No segundo, a cortina se abre e começa a trama da tragédia dos Paiva, como no mantra *Mahabharata*: se o mundo funcionasse apenas pelo destino, seria neutralizado. Meu pai, dois tios mais velhos e meu avô morreram entre 1971 e 1973. Eram os quatro grandes líderes da família. Um terremoto abriu uma fenda entre nossos pés, e o sentido de tudo se modificou. Perguntamos o que poderia ter alimentado uma vingança calculada e cruel dos fatos, o que tinha feito as velas da felicidade se voltarem contra nós. Uma prima morreu de doença autoimune. Um primo mais novo morreu ao cair da moto. Dois tios, irmãos do meu pai, se separaram. Minha avó, sozinha, desenvolveu uma demência não diagnosticada. Os herdeiros não souberam gerir os negócios, a família entrou em crise financeira e os bens começaram a ser vendidos. A grama deixou de ser aparada, o gado morreu doente. O rio ficou poluído, e a areia das suas praias foram vendidas para a construção do progresso. Por fim, ousaram vender aquela fazenda tão fundamental para a vida de cada um. Intrusos viveram nela. Modificaram o seu cerne e as cores das paredes. Hoje a casa está abandonada. No entanto, o céu é o mesmo. As montanhas ainda estão cobertas pela mata densa. E a memória fica, não existe força do

Universo que a elimine. Memória como a alma: pura, transparente e imortal. Não se apaga.

Uma colunista de um site (que eu adorava) me tachou de esquerdomacho, e fui chamado em coro de "machista!" numa praça em Paraty. Antes, haters me chamavam de drogado e comunista. Os leitores mais conservadores das minhas colunas em jornais sempre mandavam essa, quando discordavam de mim: "Já fumou sua maconhinha hoje?". Eu me lamentava por eles, ainda mais quando criticavam meus argumentos com "Bateu a cabeça no fundo do lago e afetou seu raciocínio". O ódio que se viu nas redes sociais já era comum no dia a dia das redações de jornais, especialmente contra os colunistas. Chegava por cartas, depois e-mails e, depois, internet. Um sujeito certa vez queria me agredir e escreveu: "Correu muito hoje?".

Eu não dava bola, até recebi uma ameaça tola: "Tomara que aconteça com você o que aconteceu com seu pai". Por fim, a gota d'água: "O que aconteceu com você foi pouco". Decidi fechar a coluna para comentários. Eu mesmo tinha como configurá-la. Acionei a chefia. Não colocaram obstáculos. Anunciei aos leitores que minhas colunas seriam fechadas, e os comentários, proibidos, expliquei por quê. Me chamaram de antidemocrático, comunista, ser contra o debate, e depois não me chamaram de mais nada, pois bloqueei. Deu um alívio. E adiantou? Anos depois, a maldade não escondia o rosto, e muitos perfis falsos e verdadeiros passaram a me ofender nas redes sociais, até os chamados jornalistas rottweiler da extrema direita, desbocados e estúpidos, que causaram em busca de autopromoção. Alguns foram bem-sucedidos e foram contratados por televisões, rádios, sites e grandes jornais.

* * *

Em 2015 voltaram a me convidar para a Flip, dessa vez para eventos paralelos. Me colocaram numa pousada mais modesta, do outro lado do rio, sem os pedregulhos irregulares da cidade histórica, o que facilitava e muito a minha locomoção, mas sem wi-fi e com uma cama que, se eu virasse, caía (tenho 1,86 metro); sim, cadeirante se vira durante a noite. Aliás, eu nem precisaria entrar na cidade. O primeiro evento era numa casa toda adaptada do Itaú Cultural, sobre literatura infantil, bem na entrada da parte histórica. Foi então que minha arrogância emergiu em simbiose com o sucesso dos livros novos. Pai há um ano e meio, me meti a teorizar sobre literatura infantil. Eu já me considerava precocemente um especialista nisso.

Na mesa estava Adriana Carranca, que escreveu *Malala, a menina que queria ir para a escola*. Fiz a bobagem de falar do anacronismo dos clássicos da literatura infantil, que não existe lobo mau nas nossas florestas, que três porquinhos não constroem casas, nem ursos cozinham tortas saborosas, que não comemos tortas de coelho, e que muitas histórias de príncipe e princesa estão desatualizadas e são machistas, sem contar o racismo, sexismo, intolerância nas entrelinhas. Fui espinafrado, quase vaiado. Algumas pessoas se indignaram. Falaram da importância do simbolismo dos clássicos, arquétipos que sobrevivem há séculos. Tinha ali educadores, editores, produtores, autores, tradutores. Fiquei sem argumento, ciente de que me meti num pântano, sem conhecer sua profundidade. Ou numa floresta, colhendo flores para a vovozinha. Reconheci no ato a bobagem da minha fala, e me calei no resto do debate. Ao menos, ganhei um livro autografado da Adriana, que virou por um tempo o livro de cabeceira dos meus filhos.

Minha irmã Babiu, psicóloga, defendeu uma tese sobre contos de fadas. Me mandou uma edição caprichada dos Irmãos Grimm. Comecei a estudá-los. Viramos em casa fanáticos por Irmãos Grimm e outros, que pesquisamos, lemos versões antigas em que o lobo é cozinhado pelos três porquinhos, o caçador mata o lobo que comeu a vovozinha e a chapeuzinho, e que os Irmãos Grimm "adocicaram" e adaptaram histórias da tradição oral bárbara muito mais violentas, que cada clássico ganhou versões com o tempo. Ser pai me deixara eufórico e sem modéstia.

O arquétipo do lobo mau, o monstro perigoso e traiçoeiro que se esconde na floresta e quer nos comer, sobrevive no mundo contemporâneo, tecnológico. Quem tem medo do lobo mau? Anos depois, confirmei: meu caçula, com certeza. Me disse que viu o demônio de chifres pelo prédio, e que o amigo Davi 2 (o condomínio tem três deles) estava com ele e era testemunha. Desde pequeno, ele tinha medo de chuva, trovão, luzes que piscam, escuro. Para ir com eles em peças de teatro ou filmes, tinha um preparo: chegar antes, com a luz acesa, para se ambientarem e não se assustarem no apagar das luzes. Porém, mesmo assim, ele chorava sem parar, e eu tinha que revezar com a mãe quem sairia com ele. Num espetáculo absolutamente deslumbrante, *O mundo de Hundertwasser*, que começava em preto e branco e ia ganhando cores, Paivinha, que virou Loirinho porque tinha nascido outro Paivinha, ficou com as amigas enquanto tirei o Moreno aos berros e circulei pelo Sesc Bom Retiro. Não tinha jeito, se eu tentava entrar com ele, ele chorava. Mas no hall do teatro, brincava como uma criança feliz. Na saída, Loirinho disse que foi a melhor peça que viu na vida. O Moreno nem deu bola.

O evento seguinte em Paraty era à noite, na praça da Matriz. Fui contratado para mediar um papo entre Maria Ribeiro, Xico Sá e Gregório Duvivier, que faziam uma turnê patrocinada chamada *Você é o que lê*. Até que foi fácil de chegar, pois ficava justamente na fronteira entre a cidade histórica e a parte nova. Fui instruído sobre a dinâmica: a plateia não podia perguntar de jeito nenhum, seria uma conversa entre mim e eles, três amigos íntimos, que admiro muito, cujas carreiras eu sabia de cor, e que lançavam filmes naquele ano. Nos encontramos na Pousada do Ouro, encostada à praça, em que estavam hospedados, tomamos café, água, papeamos e fomos juntos caminhando até o local do debate ou bate-papo ou encontro. Estava abarrotado. Subimos num palco a céu aberto e fomos cercados pela multidão. Detalhe, 95% eram jovens mulheres. A pauta deveria ser outra. O mediador, uma mulher.

Um corredor foi formado para nos acomodarmos no palco de madeira compensada elevado na praça. Tudo parecia muito improvisado. A rampa não era apropriada, o palco podia ceder, ser invadido. Mas a praça é do povo. Maria, Xico e Gregório entraram ovacionados e se sentaram. Recebi aplausos protocolares, e percebi que minha popularidade não chegava aos pés deles, que tinham programas de televisão e milhões de seguidores em redes sociais. Me apresentei, apresentei os convidados. Percebi pelos aplausos que Maria era a favorita, uma representante ali entre as mulheres. Eu a conheço intimamente. Foi casada com um dos meus melhores amigos, montaram a adaptação da peça *Feliz ano velho*, quando morou em São Paulo a ciceroneei, e a dirigi numa outra peça de teatro, foi a atriz que escolhi para o papel por ser fã do seu jeito de representar e dialogar com a plateia, com um carisma apaixonante. Comecei a pergunta por ela.

— Maria, você não se contenta em ser apenas uma tremenda atriz, mas produz filmes, escreve colunas, livros...

Entrei numa arapuca. Poucos sabiam da nossa amizade. Maria me interrompeu.

— Mas tenho muito orgulho de ser atriz.

A plateia a aplaudiu e começou a me vaiar. O "apenas" parecia ofensivo. Se ela já era uma atriz completa, alçava voos ousados, como dirigir filmes que repercutiam. Surgiram os primeiros gritos:

— Machista!

Naquele período, ser apontado como machista parecia o mesmo que ser acusado de abusador. Maria, cuja sinceridade e a falta de filtro são seu canal de comunicação, disse:

— O Paiva sempre foi meio machista.

Falou na inocência, também sem avaliar que nossa intimidade não deveria ser exposta assim.

— Eu odeio machistas! — gritou uma manifestante exaltada.

A vaia foi geral. Tentei explicar que estávamos brincando. Em tempos bicudos, não se brincava com aquilo. Aquele encontro estava contaminado. Tudo o que eu perguntava, era sob vaias. Uma garota queria fazer uma pergunta. Achei a ideia ótima, pois eu tinha perdido a mão de algo que imaginava saber fazer: debater, mediar.

— Deixa ela perguntar! — pediam.

Olhei para trás, onde estavam os organizadores. Chacoalhavam a cabeça, de jeito nenhum! Então, interferi:

— Olha, gente, peço desculpas, formulei uma pergunta de forma equivocada, mas infelizmente, pelo formato do evento, a plateia não pergunta.

Pronto, a vaia tremeu a igreja da Matriz.

— Eu quero falar!
— Eu tenho direito!
— Machista!

Todas queriam falar. Olhei Xico Sá, afundado na poltrona. Amigo de tantas décadas, jornadas, eventos e bares, foi sincero ao me sussurrar:

— Não sei como te ajudar.

E não tinha jeito, mesmo. Duvivier, que conheci pessoalmente naquela noite, tentou me defender. Pediu respeito ao público, reclamou da intransigência. Ninguém deu bola.

Olhei de novo para trás, clamando por ajuda. Não, não dê o microfone para a plateia. Pensei em me mandar, mas a rampa improvisada estava tomada. Entreguei o microfone para a mais exaltada, em pé no meio do público. Na verdade, me livrei dele; desisti do papel de mediador.

Ela repetia sem parar:

— Odeio machistas!

Depois, me espinafrou, fez um discurso emocionada. Passou o microfone para outra. Dominaram o debate. Cruzei os braços e olhei para o céu. Uma gota caiu no meu olho. Elas não perguntavam nada, desabafavam. O debate miou. Mais gotas começaram a cair. De repente, um toró despencou. Não tinha proteção na praça, nem em nós. Raios. E estávamos debaixo de uma árvore. A praça foi evacuada. Aproveitei a deixa e me piquei sem olhar para trás. Não vi mais os três. O que vou falar a seguir eu juro que aconteceu. A mais exaltada veio em minha direção. Achei que ia me esganar. Era jovem, mas forte. Que nada. Queria uma foto, porque era minha leitora, e ainda se apresentou pedindo desculpas por ter me chamado de machista. Falei:

— De jeito nenhum.

E saí correndo debaixo da chuva.

Tudo isso foi no meu primeiro dia de Flip. Bati ponto nos dois eventos. Ganhei meus honrosos cachês, apesar de não os merecer. Nada mais me restava. Meu plano de, dessa vez, curtir a Flip como ouvinte, turista, não rolou. Pedi o check-out da pousada sem wi-fi e me mandei na manhã seguinte. Nem saudei nossa família real. Nunca mais voltei à Flip. Nem como convidado, nem como ouvinte. Minhas duas participações no festival literário mais charmoso e, talvez, mais badalado do país foram com obstáculos, pedreiras, como as pedras de suas ruas.

O primeiro "boletim" da escola do Loirinho era um relatório de sete páginas sobre alguém que não tinha nem quatro palmos de altura. Como o viam, como ele se comportava diante de outros, era legal, fofo, extrovertido, animado? Ele era querido, solidário, justo? Já se reconheciam algumas habilidades que apontassem um futuro promissor? O primeiro dia de aula:

> Quando o convidamos para brincar perto do baú, não se importou em se afastar da mamãe e continuou bem animado... Depois de tantas brincadeiras, fomos para a sala tomar lanche. Quando o ajudamos a sentar no banquinho, ele achou engraçado e começou a bater as mãos na mesa fazendo barulho e contagiando os amigos, que passaram a imitá-lo. Ao oferecermos os alimentos, comeu muito bem o que trouxe e ainda experimentou alimentos das outras crianças.

Vi liderança nele: capitão de um time de futebol, presidente de um banco, diretor de redação de um site jornalístico.

Ele é um grande explorador do parque! No início, engatinhava e agora anda pelo espaço, observa as mais variadas situações que acontecem ao seu redor e, quando algo o interessa, para, olha, às vezes sorri e continua a andar.

Seu dom Indiana Jones foi revelado. Nada de jornalismo. Poderia trabalhar no History ou Discovery.

Ama subir e descer a rampa, sendo que às vezes segura no vidro da lateral e fica olhando os amigos no calçadão e dando gritinhos para chamar a atenção deles. Quando aparecemos do outro lado e brincamos, dizendo "Vou te pegar!", ele cai na risada e desce a rampa correndo bem rápido. É muito engraçado!

Um presidente da República?

Quando montamos trilhas com pneus, tábuas, bancos, túneis e brinquedões de espuma, seguramos sua mão e ele vai fazendo o percurso, mas ao chegar ao túnel, fica um tempão entrando e saindo e às vezes deita lá dentro. Então explicamos que as outras crianças querem passar e ele volta a engatinhar rapidinho e sai com a maior cara de sapeca!

Possibilidade de ser engenheiro, como o avô.

Nos avisaram:
— Vocês vão se divertir quando eles começarem a falar.
Não deu outra. Ambos viraram tagarelas. Tagarelas da escola e do prédio. Conversavam com todos no elevador, paravam de chorar quando entrava alguém e comentavam algo, papeavam com porteiros, motoristas de Uber, moradores em

situação de rua, gente desconhecida no metrô ou busão. Davam informações: "Sapato papai" (apontando para o croc que eu tinha dado a eles), "Chuva naná" (informando que a chuva parou, foi embora nanar), "Muito baiúiu" (apontando para o gerador do prédio).

A sinceridade é comovente. Fazem sucesso na feira, porque querem comer tudo o que oferecem. Comem com gosto. Para uma segurança do shopping, a quem perguntei, com um deles no colo, onde era o banheiro infantil, Loirinho disse, fazendo careta, "Cocô fedido". Podia estar num mau humor desgraçado, mas, se vinha um adulto, ele abria um sorriso canastrão e dizia coisas como "Pintão guardado". Logo tentávamos corrigir:

— É, a pintura está guardada, pintou, e guardamos, né?

Ele na verdade se referia ao seu pinto, o "pintão". No período em que descobriu que podia tirar o pintão pra fora da fralda no meio da noite, começamos a doutrinar:

— Pintão tem que ficar guardado. Pintão papai tá guardado. Você quer acordar todo mijado?

A partir daí, o boa-noite virou: "Pintão guardado?". Minha didática era imprecisa e nada empírica. Péssima. Quando crescerem, vou descobrir no que errei. Passei a ensinar os nomes das cores, verde, azul, vermelho, amarelo, laranja. No começo, Loirinho trocava o verde por azul, como eu; tenho um daltonismo leve que confunde as duas. Sua cor preferida, ninguém entendia, era "amalelo". Sonhando em voz alta, já o ouvimos repetir "busão amalelo, caminhão amalelo, avião amalelo". Na estrada, não dormia mais. Ficava apontando: "caminhão lalanja", "busão azul", "caminhão sujo", "caminhão muito sujo", "mótio" (moto)... Ficava assim durante horas. E, apesar de também brincar de fogão, de cozinhar, ter ganho bonecas e um croc laranja pro rosa, que adorava, seu fascínio era por busão, caminhão, avião, mótio e foguete. Quando perguntamos por que adquiriu a mania de abrir a geladeira e ver o que tinha dentro, respondeu:

— Porque é bonita.

Então, a grande verdade me tirou a arrogância. Segundo a ciência, e é sempre a ciência que estraga suposições, bebês falam antes "papai" para no fundo provocar e chamar a atenção de quem? De quem realmente interessa, da mamãe. "Tatai" foi a segunda palavra que falou. E durante meses só falava "tatai". Tatai era ventilador. Descobrimos seu fascínio por eles, que durou, e o levava a invadir classes alheias na escola para checar se o tatai deles funcionava apropriadamente. Mas tatai era um pensamento abstrato. Aos poucos, descobrimos que tudo que tinha potencial para girar era tatai. Rodas eram tatais. Carros, tatais. Motos, não, motos eram mótios, e ele sempre nos corrigia como se fôssemos os mais ignorantes da cidade. Bicicleta não era tatai, era "peteia", e ninguém sabe de onde tirou isso. Helicóptero, "petalo", e eu sempre me esquecia que helicóptero era petalo, tinha de perguntar, ele fazia "aff" e soletrava pacientemente:

— Pe-ta-lo.

Música, ou "muta", era a grande paixão. Com iPhones, iPads e computadores pela casa, já sabia acessar o YouTube e escolher. Quando estava concentrado e quieto, estava vendo um clipe. Coldplay virou uma banda favorita. "Matato" era a música "Adventure of a Lifetime", em que macacos dançam. Música da Peteia era "Paradise", em que Chris Martin anda de monociclo pela África. Pipipapi, outra música favorita, era "In My Place", que começa com um solo de bateria pi pi pa pi, pi pi pa pi... Que dizia quando escutava:

— Muita bonita.

Nunca entendi por que meus amigos iam embora cedo do bar, pois tinham que levar o filho ou a filha na escola no dia seguinte, ou evitavam um happy hour, porque tinham que buscá-lo, buscá-la. Por que não contratavam uma van? Até eu passar a ir embora cedo do bar e evitar happy hours para levar ou buscar meus filhos na escola. Não é obrigação, é uma loucura controlada, em que se encontram pessoinhas vestidas de bichos, listinhas, heróis, com sapatos coloridos e que piscam, risonhas, com chapéus malucos, frases malucas, que falam o que pensam, sem nenhuma maldade, num mundo cheio delas. No fundo, a gente quer ser contaminado por aquela alegria, entrar naquela bolha de amor, um oásis na neurose urbana. Pais e mães do Alecrim eram uma fauna à parte. Tinha de tudo. Pais que usavam saia, buscavam filhos em skates, bikes. A maioria, a pé. Tinha filhos de casais gays e lésbicas. E tinha um moleque que ia de Mercedes, por sinal, o craque do time de futebol da escola e do Clube da Bola. Cuja mãe, dentista, deu carona pros meus numa época. Moreno chegando no banco de trás de uma Mercedes junto a uma motorista elegantíssima, no prédio, era a sensação. Quem tinha mais que três filhos comprava vans Kangoo e enfiava tudo dentro, como dava. Quando eu os buscava na minha van, muitos coleguinhas queriam voltar comigo.

Filhos e filhas amam que os busquemos na escola, correm para nos abraçar, pulam em cima da gente, vêm conversar, pequenos correm de alegria, tropeçam, choram e riem, não guardam rancor, não têm preconceitos, não odeiam, fazem perguntas, usam uma lógica ainda livre da intolerância. Paternidade Ativa é a expressão que deram aos pais que buscam filhos na escola. Dão nome para tudo. Meus antagônicos seriam paternidade inativa? Não, deram outro nome: paternidade de parquinho. Existe ainda o pai que não troca fraldas do filho, que acha que é tarefa da mãe. Não existe maior prazer do que sentir o peso de uma fralda na mão, avaliar um cocozinho, ver a cor, preocupar-se se é devidamente denso ou indevidamente colorido, sentir o cheirinho de uma fralda nova, uma bunda limpinha com creminho hidratante, tomar banho junto, esfregar o sabonete de nenê na pele do nenê, limpar a bundinha a barriguinha os bracinhos o pescocinho o sovaquinho do nenê, obrigá-lo a aguentar o jato d'água, agarrá-lo mesmo que queira voar dali, passar o xampu de nenê do nenê, ensiná-lo a fazer xixi no chuveiro, a limpar suas partes íntimas, a reconhecê-las como partes a serem sempre limpas. Depois, enrolar o bebê no corpo e sair por aí, com o rostinho dele ou dela colado no nosso peito, e brincar, ensinar cores, números, bichos, frutas, quente e frio. Colocar na cama, contar história, inventar, ler, contar piadas, fazer rir, fazer dormir, roncar e sonhar. E nas manhãs eles se perguntam quem é esse ao meu lado que me ama e eu amo tanto, que me faz rir, suar, me limpa, me mostra um monte de coisas, me fotografa o tempo todo, me leva para conhecer carro de bombeiro, imita o "baiúiu" que ele faz, me leva a teatros que me assustam, a shows que me fazem pular, me busca na escola sempre feliz, me carrega no colo quando me bate aquele sono, me mostra a cor dos ônibus, dos carros, imita o "baiúiu" da motoca, impede que eu me machuque, ri quando eu caio, fala para eu não puxar o rabo do gato, não enfiar o dedo no olho do cachorro, na tomada, não pegar ovo, que é "peligo".

Existe o pai que nunca experimentou ser um pai canguru e aquele que sai com a criança amarrada por um sling (ou baby wrap) no corpo, malha que embrulha ou enrola um bebê na gente, sai e ri à toa, caminha orgulhoso pelas calçadas. Existe aquele que afirma que passou o dia no escritório e não tem tempo, e o que dá o mamá, o papá, o banhinho, veste a criança e sorri sem parar. Optei. Não fui forçado.

As crianças da escola adoravam minha cadeira motorizada, subiam em mim, pediam carona e explicações. As luzes indicando o nível da bateria hipnotizam. Interessante que a criança é atenta, percebe seu funcionamento. A maioria vem direto no joystick tentar operá-la. Sou uma espécie de mistério que fascina. Sei por experiência própria que tal caso de amor dura até a adolescência. Depois, começarão a fazer bullying nos meus filhos, como fizeram com meus sobrinhos:

— Chama teu tio para vir te defender.

Eles ficavam indignados. Não se queixavam para mim, eu ouvia de terceiros. Todos em torno de deficientes sofrem dos mesmos preconceitos que um ou uma deficiente sofre. Meus filhos estão mais que acostumados com minha deficiência. Bem mais tarde, terão consciência das limitações. Não nasci ontem. Sei tirar de letra. Por vezes perguntam, curiosos:

— Por que você caiu numa pedra?

Por vezes, perguntam com raiva:

— Por que você TEVE que cair numa pedra?

Alguma coisa aconteceu para meu filho descobrir que seu pai não podia fazer aquilo que o pai de outro, o tio, um sobrinho, faz. Tal frustração pertence aos seus problemas, não aos meus. Sou o que sou, como sou, e aguente as consequências. Não vou me alongar explicando que o amor não tem limites e minha devoção por eles é sem igual. Se tive que conviver com um pai sempre em fuga por conta de suas ideias políticas, eles que convivam com o fato de o pai deles ter limitações. Aliás, quem não as têm? Quando alguém me dizia que deve ser difícil não andar, eu respondia que sim, assim como é difícil para os humanos não bater asas e voar, ou morrer, adoecer, sentir dor e tristeza, enfrentar as adversidades.

Certa vez, uma amiga recebeu um relatório dizendo que o filho tinha problemas psicológicos e devia fazer terapia. Ela tinha sido alertada pela coordenadora da escolinha do moleque de três anos que ele andava agressivo com coleguinhas. Surpresa, perdida, quase em pânico e, lógico, já se sentindo culpada por ter criado um "monstro", procurou a terapeuta infantil mais experiente (cara) e famosa da cidade. Na consulta, foram ela e o marido, enquanto a criança brincava numa saleta anexa de ludoterapia, da qual tinham visão por um espelho falso. Depois de uma hora de uma entrevista padrão, em que o casal expôs a rotina da família, a terapeuta passou um tempo na sala anexa com o garotinho. Deu o diagnóstico, categórica: "Não acho que o filho de vocês deva começar uma terapia. Já vocês dois...".

Minha mãe nunca foi a uma reunião de pais e mestres nas escolas em que estudei no Rio, Santos e em São Paulo, não lia meus boletins, meus trabalhos, o que me deixava perplexo, radicalmente decepcionado, me fazia sentir o mais abandonado dos alunos, pela mais desinteressada das mães. Gesto que, por outro lado, me obrigou desde cedo a identificar e ir atrás das soluções dos meus próprios problemas, batendo nas portas que eu poderia bater, como a de coordenadores, diretores, professores e amigos.

Sua geração confiava no bom senso das escolas e delegava aos professores a missão de zelarem pela educação enquanto ralava em suas carreiras. Não se questionavam a educação, a didática e principalmente o material de leitura, como hoje. Confesso que eu queria uma mãe como as outras, sentada numa sala de uma escola vazia e silenciosa, numa noite de segunda-feira, ouvindo dos meus professores os meus problemas educacionais, emocionais e comportamentais; se é que são coisas distintas.

Pensando nisso, claro que eu disse "sim" ao convite da reunião de pais e mestres da escola em que meu filho estava matriculado. Era a primeira vez na vida que eu iria a uma reunião de pais e mestres de uma escola. E como pai! Sem saber se jantava antes ou depois, consultei uma amiga com três filhos, veterana desse tipo de reuniões, que me alertou que elas duram no máximo duas horas, se um pai tagarelar demais. Fez um ar irritado e um gesto com desdém usando a mão, imitando uma boca falante. Ok, eu jantaria depois.

A reunião foi numa segunda-feira à noite na sala da escola vazia, e durou três horas! Isso porque era a primeira do ano e da vida de muitos dali. Vimos casais abraçados, inexperientes, todos os pais mais jovens que eu. Eu, no fundão, numa tremenda cara de pau, e com o estômago roncando, encerrei com um bom:

— Vamos jantar?

Eu estava lá para ouvir que meu filho era incrível, sociável, a criança mais especial da sua turma, e que em anos nunca houve alguém tão carismático matriculado naquela escola, que talvez até o homenageassem com uma estátua ao lado do banco de areia e do cavalo em tamanho real. E todos bateriam palmas para mim. Ou que me ensinassem como fazê-lo dormir num hipnotismo instantâneo. Ou não chorar quando saía do banho, nem quando colocávamos sapatos, não atirar brinquedos do berço, nem teimar em pegar o meu celular.

Nada disso. Nem falaram dele. Nem de ninguém. Falamos de generalizações. Achei todas as observações dos pais pertinentes. Achei que todos, preocupados com isso ou aquilo, estavam legitimados pela condição de pais e mães jovens, com filhos bebês ainda. Sei que não se julga a educação alheia, não se critica a atitude de cada pai, muito menos o comportamento dos filhos. Aliás, o meu, incrível e sociável, já quase arrancou o nariz de um coleguinha, numa mordida interpretada como "carinho excessivo", o que nos deixou envergonhados, me fez pedir desculpas incessantemente aos pais da vítima, temendo que ele fosse classificado já como o temível e abominável Mordedor da Escola.

Soube na reunião que tem mães e pais que escolhem escolas com câmeras espalhadas. Querem monitorar os filhos de casa ou do trabalho pelo computador ou celular. Outros pais são contra a mistura de crianças com idades diferentes e preferem segregar seus pequenos em guetos com seus iguais. Me contaram que tem pais que frequentam reuniões de pais e mestres da FACULDADE dos filhos! Aí já é demais. Algumas universidades passaram a fazer encontros com pais no início do curso e lotam um auditório de mil lugares; e por sinal rezam antes da reunião. Uma faculdade de artes promove encontros entre pais e professores, e a família pode acompanhar pelo portal as notas e a frequência do filhão. E outra, de comunicação, convida as famílias para assistir à aula inaugural e conhecer os professores. Todas de São Paulo. Soube que tem mães que levam os filhos de mais de vinte anos pra faculdade. Checam se está estudando, checam as provas e os trabalhos, as notas e as faltas, compram material didático e monitoram pelo celular por onde a filha anda. E se um filho pega uma recuperação, lá vão os pais reclamar da nota para o professor: Estou pagando! Vi um vídeo de uma garota revoltada, pois a mãe a OBRIGOU a andar de ônibus urbano para ir à faculdade. Ela chorava no vídeo. Meus colegas iam de busão para a escola desde os dez anos de idade.

Ficamos grávidos em outubro de 2015 do segundo filho. Festejamos até novembro, quando se anunciou o surto de zika.

A comemoração virou aflição, que virou pânico. Estados do Nordeste esperavam há meses o larvicida de combate ao transmissor da dengue, chikungunya e zika, que deveria ter sido enviado pelo governo federal e colocado em reservatórios de água. Em 17 de novembro, contabilizavam trezentos e noventa e nove casos de microcefalia em recém-nascidos, sequela da zika em mulheres grávidas.

Numa semana, o número de notificações de microcefalia dobrou no Rio de Janeiro, onde passaríamos o fim de ano, com passagem comprada e festa garantida em Copacabana: foram registrados até 10 de dezembro quarenta e cinco casos. Descobrimos que o repelente mais eficaz era o Exposis, que oferece proteção contra o *Aedes aegypti*, fabricado pelo laboratório Osler para o Exército francês. Ele tem "icaridina". Em dias, o Exposis sumiu das prateleiras das farmácias brasileiras. Quem tinha amigo ou parente vindo da Europa encomendou não vinhos, chocolates, queijos, mas repelentes. Quem não tinha, entrou numa fila de espera. As autoridades continuavam a culpar os vasinhos das donas de casa imprudentes. Não se falou da falta de saneamento nem da expansão da fronteira agrícola, que eliminou os predadores e deu de bandeja um suculento, vasto, docinho alimento aos mosquitos.

Desistimos de viajar, e passamos o Réveillon na varanda do meu prédio em São Paulo, cercados de repelentes e com uma raquete que dá choque em mosquito, presente de Natal do sogro. Ela parecia uma Sharapova com sangue nos olhos: quando via qualquer mancha escura voando pela casa, dava uma raquetada. Claro que Loirinho achou que os gatos da casa adorariam uns choquinhos e mandou umas raquetadas neles também. São Paulo começou o ano com quatro casos de zika. Estávamos intranquilos mesmo assim. Nosso secretário da Saúde era um infectologista renomado. Anunciou no

Natal que em janeiro uma grande força-tarefa combateria as larvas. Por que não começou logo? Mosquitos não trabalham nas festividades de fim de ano? Então ficamos mais intranquilos: a imprensa descobriu que o governo de SP escondia os números, manipulava dados. Depois de dias estudando as particularidades de cada mosquito, descobri mais *Aedes* na casa de amigos em Pinheiros do que no Egito. Vi mosquitos na Linha Amarela e na Verde do metrô, no elevador do dentista e no do meu prédio, no carro, na piscina em que nado e até em casa. *Aedes*, sim, peludo, forte, com as listas da camisa da torcida organizada do XV de Piracicaba. A mãe não viajava, não saía do bairro, saía de casa toda coberta, de moletom, meia e bota em pleno verão. A chefe da Vigilância Epidemiológica de Ribeirão Preto informou no dia 6 de fevereiro que, desde o início do ano, oitocentos casos suspeitos de zika tinham sido notificados. Desse total, cento e quarenta eram de mulheres grávidas atendidas na rede municipal. Numa semana, cinco casos foram confirmados em Turiúba (SP), cidade de dois mil habitantes. A proporção era de um doente em cada quatrocentos habitantes. Num bairro próximo, Freguesia do Ó, havia um caso autóctone. No do meu sogro, em Americana, dois. Via a barriga dela crescendo na proporção do nosso desespero.

 Uma grávida com manchas vermelhas que desejasse fazer um exame de zika tinha que desembolsar entre novecentos e mil e seiscentos reais. Planos de saúde não cobriam. Numa terça-feira, a OMS sugeriu que grávidas não viajassem a países com zika. Numa quarta, o país contabilizou quatrocentos e quarenta e cinco casos confirmados de microcefalia; uma semana antes, eram seiscentos e quarenta e um. A catástrofe era viral e política.

 Um casal amigo, também grávido, se mandou para Portugal. Minha irmã Nalu, que mora na França, nos convidou para ficarmos com ela em Paris. Eu era um dos três diretores da abertura dos Jogos Paralímpicos Rio 2016. Passava quatro dias por semana no Rio. A mãe preferiu o isolamento, os repelentes, janelas fechadas. A segunda gravidez, que deveria ser mais tranquila por conta da experiência adquirida, foi contaminada pelo estresse de uma doença tropical menosprezada pelas autoridades.

Nos exames de ultrassom, apareceu logo que era curintia. Vimos seu perfil e, surpresa, seu rosto estava bem definido e, surpresa, era a minha cara! Pode ser loucura de pai, paixão exagerada, mas o garoto, moreno, bem moreno, com meses, lembrava uma foto minha de quatro anos de perfil. O temor da microcefalia era maior do que de outras síndromes. E a médica tinha mais empatia e coração que a do exame do Loirinho: só nos tranquilizava, não fazia suspense.

Tema de 2016 do bloco Acadêmicos do Baixo Augusta: *Família Augusta, de todo jeito me gusta*. Referia-se ao vice-presidente Temer e sua frase infeliz, ao se referir à sua mulher: "Ela é recatada e do lar". Referia-se ao crescimento da direita conservadora, que condenava casamentos homoafetivos. Referia-se a movimentos evangélicos que realizavam dias antes da Parada Gay de São Paulo, a maior do mundo, que a essa altura juntava dois milhões, a Marcha de Cristo, como se fossem manifestações antagonistas. O Baixo Augusta representa e defende a diversidade. Tinha que se opor a subjugar mulheres, LGBTQIAPN+, deficientes...

Naquele ano, o governo seria tomado pelo próprio Temer, num golpe com sintomas de machismo e da criminalização da política. Todo político é ladrão? É uma verdade popular reafirmada constantemente. Explicam-se os problemas brasileiros com a simplificação: os políticos são incompetentes e só querem o nosso dinheiro. Em programas populares vespertinos da TV aberta, o crime do dia que chocou a comunidade, a chuva, o desabamento, o trânsito, a apreensão de grande quantidade de drogas, a separação do cantor sertanejo, a escola sem merenda, o hospital sem leito e a ciclovia na rua errada têm culpado: os políticos.

Meu pai foi político. Meu pai não foi ladrão. Ao contrário, gastou toda a poupança da família, que morava de aluguel, investindo na sua campanha a deputado federal de 1962. Tinha saído da faculdade há oito anos. Vendeu o único terreno que tínhamos em São Paulo. Aos trinta e três, com cinco filhos pequenos (a menor com dois aninhos) e uma polivalente empresa de engenharia, decidiu arriscar. Idealista, ex-líder estudantil, achou que podia contribuir para mudar o Brasil. Gastou todo o dinheiro que juntou, o que nunca foi perdoado pela minha mãe. Foi eleito e cassado em 1964. Quando morreu em 1971, vivíamos ainda numa casa alugada. Muitos da sua turma não eram ladrões. Jovens parlamentares idealistas eram políticos nacionalistas, não ladrões. Viveram dificuldades depois do golpe. No exílio, viveram de favor em países simpáticos ao socialismo, com empregos públicos e em universidades. Não tinham contas secretas em paraísos fiscais ou na Suíça. Não tinham casas na Flórida, carros de luxo, malas com dólares.

Os panelaços e as manifestações de março de 2016, que antecederam o impeachment de Dilma, vieram com o selo "movimento espontâneo", apesar da eficiência política e mistureba ideológica questionáveis. Mas já existiam muitos movimentos e organizações conservadoras de extrema direita operando na invisibilidade da rede social. Levaram crise e indagações ao poder. Repensaram-se o país e a inoperante democracia representativa sob regras de um sistema partidário falido, que não é teimosamente reformado. Nas varandas, a bateção de lata a cada aparição ou menção da cúpula petista, a indignação pela monstruosidade da corrupção e fraudes contábeis, provavam que, bairro nobre ou plebeu, havia insatisfação de um grupo social significativo e com voz. No meu prédio, da minha janela, via a maioria das varandas, e me surpreendia com vizinhos, alguns amigos e amigas, xingando Dilma.

Veio o afastamento de Dilma. Veio a falta de mulheres no novo governo Temer, justo no ano em que se viu o florescer da primavera feminista, especialmente no Brasil, em que uma nova geração de garotas nas ruas ou nas redes protestava contra o assédio ou o machismo na política. Dilma foi afastada por violar regras orçamentárias. Temer assumiu e extinguiu o Ministério da Cultura e a Secretaria Nacional de Promoção dos Direitos da Pessoa com Deficiência por medida provisória.

Temer aplicou leis de terrorismo contra movimentos sociais, mas não contra aqueles que o ajudaram a chegar no poder. Numa segunda-feira, o presidente do Instituto Butantan reclamou que, apesar de anúncios e discursos, ações de propaganda e intervenção direta da presidente e ministérios, o governo federal não liberou "um só tostão" para o programa que desenvolve a vacina contra o zika.

Não só os panelaços contra a Dilma, no meu prédio, tomavam a maioria das varandas, como nos almoços do restaurante da piscina muitas pessoas de verde e amarelo, cor do protesto, comiam e se preparavam para ir às manifestações na Faria Lima ou na Paulista contra o PT. Uma vizinha, grande amiga, namorava um dos líderes do movimento. Me mandou mensagem para combinar um local para nos encontrarmos. Respondi que eu não ia. Ela me perguntou se eu não era patriota. Falei que sim, era, por isso não ia.

Amizades foram pro brejo. Descobrimos amigos que romperam com os pais, irmãos. Por sorte, minha família era unânime, bem informada; entre petistas, tucanos ou independentes, sabia que nossa bandeira não seria tingida de vermelho, que o comunismo não estava infiltrado via médicos cubanos, sabíamos que aquele impeachment era uma farsa e dali não sairia coisa boa. Deu no que deu.

É assim que me lembro. Domingo de inverno, 17 de junho. Dessa vez, foi a mãe quem me acordou como num domingo qualquer. Muita paz e confiança em seu olhar:
— Me leve ao hospital. Estou em trabalho de parto.
— Tem certeza?
Riu, irônica.
— Cronometrei. Vamos.
— Deixa eu avisar a médica.
— Já avisei.
— Você está pronta?
— Vamos logo!
Dessa vez, não peguei nenhuma banana. Loirinho estava hospedado com os avós, e descemos com tranquilidade. Era dia, já. O trânsito estava livre. O caminho decorado, as mesmas ruas, avenidas, praças, desacelerando em lombadas, sem rádio, sem fazer piadas.

Chegamos sem grandes dilemas. Fomos para o quarto. Domingo, a maternidade está mais calma. A maioria das cesáreas tinha sido no dia anterior. O caçula, ok, que não podia ser Paivinha e virou Moreno, já generoso, escolheu esse dia para nascer. Novamente, a mesma equipe, o mesmo ritual, fomos de *péridurale*, e dessa vez fomos direto para a sala de parto, pois parecia que Moreno tinha pressa. Desde o começo, me postei entre as obstetras, e percebi coisas que não notara no primeiro parto. Observava sem a tensão da primeira vez e vi a cabecinha saindo. Era menor e já cabeludo. Então, fiz uma pergunta relevante:

— Nasce com o nariz pra cima ou pra baixo?

Elas olharam rápido, e lá estava ele de nariz pra cima, nascendo invertido. Numa manobra rápida, giraram ele com o tronco e as pernas ainda dentro da mãe. Ele saiu, a placenta escorreu para o balde. E repetiu-se o procedimento, bebê com a mãe, bebê sendo pesado, tagueado, desentupido, enrolado. Lá fui eu com ele para a sala anexa. Nasceu de olhos fechados. Relaxado. Nada da euforia e curiosidade de Loirinho pelo mundo fora do ventre. Moreno estava na dele, já cabeludo, como se nem tivesse nascido. Ou estivesse com preguiça, concentrado em seus pensamentos. E, incrivelmente, essa diferença de personalidade entre os dois, que se mostrou já nos primeiros minutos de vida, parecia definitiva. Moreno é aquela criança que entra em casa devagar e assoviando, o que aprendeu sozinho. Dorme e acorda cedo com uma facilidade invejável. Come de tudo. Num rodízio, é a alegria dos garçons, pois coloca tudo na boca e aprova. E eles trazem mais. Sua boca parece a de uma sucuri engolindo um boi. Todos paramos, mas ele continua. E o cara é magro, de dar inveja a uma übermodel. Come salada antes do quente. Costuma ficar sozinho pensativo pelo prédio, ou na casa de amigos, entretido. Dorme na casa de quem oferecer. Se falo vamos comer sushi, ele topa, vamos andar a cavalo, ele topa, vamos fazer kung fu, ele topa, vamos mudar de escola, ele topa, vamos mudar de país, ele topa. Invejo a facilidade com que Moreno toca a vida. Tudo para ele tem seu tempo, come devagar, demora um bom tempo escolhendo a roupa com que vai dormir, acordar, ir para a escola. Tem um jeitão tranquilo, uma voz rouca, que não sei a quem puxou.

Ele não torcia para um time de futebol, mas para todos. Pois não quer desagradar ninguém, nenhuma ala da família, nenhum amigo. Cada dia, ia na escola com um tipo diferente. Ficava cada vez mais vaidoso com o tempo. Demorava uns bons minutos penteando o cabelo e usando gel desde os seis anos. Viveu o tempo da criança cabeluda e a do corte raspado ao lado, com um topete sutil. Nunca saberemos como cada um já nasce com seu jeito. Tentamos ver nos filhos o que é meu, o que é da mãe, o que é de algum parente. Também apelamos para os signos. Loirinho é um ator que costuma fingir que está mal-humorado, rabugento, reclamão. Seu olhar penetrante e o jeito "tô nem aí" derretem as pessoas. Na maioria das fotos, aparece sério. Pergunto se estava chateado, ele ri e diz que fica sério nas fotos para fazer onda com os amigos. Ao entrar na ortodontista, ela se agachou e perguntou:

— Estava com saudades de mim?

— Não. Posso ir embora?

Ela o agarrou, abraçou, beijou e me falou:

— Adoro... É aquariano, como eu.

Quando o vi na cadeira, atento a todo o procedimento, olhando todos os equipamentos, pastas, resinas, com a cabeça pra lá e pra cá observando para não perder um detalhe, me lembrei dele recém-nascido, na balança de pesagem, tentando alcançar a luz com a mão, já de olhos bem abertos.

Moreno nasceu à tarde, às 16h30. Dessa vez, fiquei numa sala pós-parto a que eu não tinha tido acesso da primeira vez. São várias baias, onde ficam várias mães. Mas nesse horário estavam vazias. Foi bom ficar ali com a mãe. Disse a ela que não conhecia aquela ala, e ela me confidenciou que pais são proibidos de entrar, mas que ela exigiu minha presença. A militante feminista falou e se impôs, mudou a regra de um hospital tão tradicional.

Chegaram os avós, com Loirinho. Fui recepcioná-los. A sogra estava na janela vendo os bebês. Um deles em especial urrava a ponto de chacoalhar toda a vidraça. Uma voz poderosa, que parecia uma turbina. Perguntei se conhecera o neto. Ela riu:

— Sim, é aquele que chora.

Loirinho, no colo do avô, perguntou:

— Mas quem é a mãe dele?

Dessa vez, não teve capa de UOL, visitas-surpresa, agito. Mais uma vez, fui embora, deixando o campo para os profissionais, os avós. Levei o Loirinho. E a mãe me contou que, do quarto dela, o último do corredor, sabia quando Moreno chorava lá na enfermaria, pois era como um avião decolando.

Assim como o Loirinho, matriculamos ele na Alecrim. Era uma escola tão diferente que numa enquete para presidente na campanha 2018, Boulos ganhou disparado, e Haddad foi o segundo. Que venha a bolha, eu sei que está errado, mas, nesses tempos tão tumultuados, é preciso fugir do nonsense pedagógico de uma escola sem partido. Escola sem um professor contestador é como uma escola sem pátio, sem recreio, sem livros, sem lanchonete, sem ideias.

A minha professora do colegial no Colégio Santa Cruz era a Zilda, inesquecível, que dava textos de Max Weber, do mundo segmentado do trabalho. Ela era sarcástica com a disparidade econômica e a concentração de renda do Brasil, retratadas exatamente entre seus alunos naquela escola. Tivemos o professor Beno (Benauro), que foi preso e torturado pelo DOI-Codi, na leva de repressão ao PCB de 1975, que levou à morte de Herzog e Manoel Fiel Filho. Benauro era do PCB, como nosso professor Faro (José Salvador). Ambos foram presos de dia, no colégio. Eu tinha dezesseis anos. Vimos pelas janelas da escola eles algemados, escoltados por agentes. Outro professor, Luiz, de português, também tinha sido preso. Não sei se era do PCB. Tinha um tique nos olhos, e o chamávamos de Luiz Pisca-Pisca. Diziam que era sequela da tortura. Acho que era apenas um tique nervoso. Dava aulas sentado em cima da mesa. Um ato revolucionário. Era muito bom ter professores ativistas e revolucionários me educando. Era libertador.

Uma maluquice do movimento Escola sem Partido pregava: "Diante dessa realidade — conhecida por experiência direta de todos os que passaram pelo sistema de ensino nos últimos vinte ou trinta anos —, entendemos que é necessário e urgente adotar medidas eficazes para prevenir a prática da doutrinação política e ideológica nas escolas, e a usurpação do direito dos pais a que seus filhos recebam a educação moral que esteja de acordo com suas próprias convicções".

Uma carta aberta dirigida à direção do Colégio Santa Cruz, organizada num grupo de zap e com a assinatura "pais de alunos", criticou a visão ideológica "pró-esquerda" de muitas aulas, em especial as de história. O que muitos se perguntaram é o que esses pais pretendem de uma escola que dá noções de cidadania e liberdade de escolha.

Em resposta, o Santa Cruz afirmou que seus professores são comprometidos com os alunos não só para "favorecer sua autonomia intelectual e existencial", mas também para "colaborar com a compreensão e transformação desse mundo múltiplo". Mandou bem demais.

Moreno nasceu vinte dias antes da abertura das Olimpíadas. Eu trabalhava no Rio, preparando a abertura das Paralimpíadas, acampado no Maracanã. Ia e voltava para São Paulo tomado por saudades. Passava o fim de semana com ele no colo. E, quando começava a aproveitar, conhecê-lo melhor, tinha de voltar ao Rio. Eu praticamente não saía do Maracanã, comia no Maracanã, circulava por todo o estádio. Inicialmente, eu acreditava, defendia as Olimpíadas no Rio. A zika foi uma ameaça. A corrupção, uma desconfiança que se comprovou um fato. Na verdade, eu era contratado por uma empresa italiana que venceu a concorrência para o pool de transmissão de TVS das aberturas e encerramentos dos jogos olímpicos, a OBS. Nossos chefes eram italianos. A equipe, quase toda estrangeira.

Ao receber o convite para ser diretor criativo e planejar junto a abertura, me vi na missão de quebrar o estigma e mostrar indivíduos cegos que hoje correm mais que seus guias, fazem da piscina um túnel de vento, da cadeira de rodas um foguete para vencer e bater recordes. Hoje imagino que, mesmo ciente da importância do trabalho, até para as finanças do casal, me pergunto como terá sido para a mãe semanas sozinha com dois bebês. Tinha apoio, tinha família, mas tinha medo de fazer algo errado, medo de doenças, solidão, tinha a falta da presença do pai, do marido. Loirinho tinha se apegado demais a mim. Era eu quem o fazia dormir. Certa vez, quando contei que tinha que voltar ao Rio no dia seguinte, ele me confessou, nos seus dois anos e meio de idade, em pé no berço, que tinha medo de eu não voltar. O que me fez chorar a noite toda. Me fez inclusive refletir sobre a ausência do meu pai, que um dia se foi e não voltou.

— Vou voltar, filho, prometo que vou. Confia em mim.

Foi dolorido deixar a jovem mãe sozinha, dois filhos bebês.

Pesquisamos, entrevistamos, fomos atrás. Revi meus conceitos. Vi que em todo o mundo a inserção do deficiente é legítima, e não uma filantropia social. Aprendi mais que ensinei sobre aprimorar sentidos, expressão corporal, aprendi a ousar e planejar uma cerimônia, um espetáculo. E aprendi que todos querem aprender com a experiência paralímpica, que fazemos bem às pessoas.

O grande momento da cerimônia de abertura era quando um robô industrial, braço robótico chamado Kuka, desses comuns em montadoras da indústria automobilística, dançava com uma bailarina com duas pernas amputadas, duas próteses lâminas. Era uma simpática bailarina americana, com quem tínhamos a maior atenção: um movimento errado e o robô poderia decepá-la, já que ele era previamente programado. Era uma performance de alto risco. A máquina ao final "se apaixonaria" pela bailarina, e a carregaria, numa alusão óbvia de como a tecnologia é fundamental na qualidade de vida e inserção de um deficiente.

A Kuka dobrada tinha um metro e meio de altura. O palco ficava a dois metros acima do nível do gramado, e ela teria de ficar escondida por baixo. No meio da cerimônia, apareceria de surpresa com seus mais de quatro metros de braço estendido. Acontece que os deficientes não conseguiam subir as rampas do palco de dois metros de altura, muito menos carregando fantasias. Eu não soube disso na hora, estava em São Paulo. O tempo corria. Compraram ou alugaram todas as cadeiras motorizadas à disposição.

A dançarina com a Kuka foi a foto da capa da maioria dos jornais do mundo. Deu tudo certo na abertura, até a chuva caiu quando tinha que cair.

Voltei para casa, para o casamento, para os filhos, na manhã depois da abertura. Nem vi os jogos. Procurei blindar aquela família, a minha família, de um mundo em que o ódio tinha ficado explícito. Tentei manter o amor como uma força que nos atraía, nos movia, nos fazia crescer. Prometi, Moreno, que o mundo é bom, mas teremos que encarar. O mundo poderá ser bom, e é nossa missão de vida tentar. Veio o impeachment. Os jornalistas internacionais não entenderam nada. Quem abriu as Olimpíadas foi uma. Quem abriu as Paralimpíadas foi outro. Assim é o Brasil, um barril de pólvora. E assim estava o brasileiro, com um fósforo na mão.

Em 2017, o tema do bloco Acadêmicos do Baixo Augusta foi *A cidade é nossa*. Descemos a Consolação. O novo prefeito foi eleito como terceira via. Tomou posse e mandou apagar grafites, alguns já tombados e incorporados ao patrimônio da cidade sem vista, com pouco verde, mas com arte de rua. Em resposta, o bloco passou a avisar que a cidade não era dele e, de pirraça, fez um grafite gigante na fachada de um prédio da Consolação, uma empena feminista da artista Rita Wainer, com os dizeres "Respeita as mina, porra!". Ele foi inaugurado durante o desfile, que a essa altura tomava todas as faixas da Consolação. Começou a ser considerado o maior bloco da cidade, com mais de um milhão de pessoas. Dessa vez, consegui levar a mãe, tirá-la por horas da confusão física e existencial em que vivia, da privação de sono, da tempestade hormonal, da instabilidade emocional. Estava cansada de viver o estresse de ser mãe e ouvir sempre a voz do papel social lhe reprimindo: "Você não consegue acalmá-lo, que tipo de mãe é você? Hoje ele teve febre, que tipo de mãe é você? O menor não para de chorar, o que tem de errado? O mais velho grita com você, o que você fez de errado? Você não consegue dormir direito, não encontra a felicidade plena, a alegria de viver, está exausta, todos cobram, exigem, cada dia um problema novo, vacinas, gotas de analgésico, dores abdominais, febres, tosses, coriza, dores de ouvido, gases, bateu a cabeça, caiu do berço, chorou, choraram, gritaram... Que tipo de mãe é você? Aquela que quer jogar tudo para o alto, gritar basta e fugir?".

E que tipo de marido era eu. Um que perguntava a ela essas mesmas coisas, e que só se deu conta de que deveria ter sido mais solidário com ela anos depois. Até era um bom pai. Mas, e como marido? A prova, ou a ruína, viria no ano seguinte.

Enquanto isso, Loirinho anunciou do nada que tinha mudado de nome. Deveríamos chamá-lo de Marte.

— Martin? — corrigi.

— Nãããoo — fez aquele ar impaciente, diante da descoberta de que há muitos ruídos na comunicação entre crianças e adultos, e que geralmente é o adulto quem tem problemas de compreensão, não a criança. — Marte, como o planeta vermelho.

Obedeci. Passei a chamá-lo de Marte. Não sou o único pai que tem um filho chamado Marte. Júpiter também tem um filho chamado Marte. A todos, no prédio, ele disse que se chamava Marte. Decidi pôr os astros no lugar. Se ele, que tem três anos e meio, é Marte, quem é seu irmão de um ano? Respondeu numa rapidez que, concluí, era algo elaborado e decidido:

— Moreno é a Terra.

— E papai?

— A Lua.

— Mamãe então é o Sol? — perguntei, já que duvidei que ele soubesse os nomes dos planetas que giram em torno do astro.

— Não, mamãe é Estrela.

Percebi que a mudança de nome não tinha vindo do nada. Líamos livros ilustrados de astronomia, ele conhecia os planetas. Especulando interpretações como um diletante, concluí que: Marte se sente de fora, vermelho, longe, inóspito, deserto, abandonado, solitário, especialmente depois da chegada da Terra, Moreno, com seu sorriso cativante, a maior atração do prédio, da família, que requer atenção redobrada da Estrela, a mãe que os alimenta, dá luz, que os deu à luz, e não tem mais tanto tempo para Marte, antes exclusivo. Eu, a Lua, apenas observo tudo de cima. Por vezes, me ausento (viagens, palestras, congressos, trabalho fora). Por vezes, ocupado, estou a meia-luz, escrevendo em órbita. Por vezes, brilho no céu. Estar no céu visível à noite estava associado a mim. Muito mais do que apenas uma troca de palavras por engano, o ato falho é uma invasão inesperada do inconsciente, que revela numa blitzkrieg esmagadora segredos que a consciência, o ego, reprime.

Nomear ventiladores, "tatai", foi dos primeiros vocábulos, já que nasceu em janeiro, verão, e sobre ele hélices sempre giravam. E outras duas rodas girando, que representavam medo e alegria, foram dos primeiros sentimentos que lhe despertaram a atenção, no berço ou no chão, engatinhando: as de uma cadeira de rodas. Tatai seria uma corruptela de papai? No caso de seu irmão, Moreno, a primeira palavra foi "bruum". Muito depois veio mamãe. Bruum sou eu, com minha cadeira motorizada, andando pela casa com ele pendurado ou agarrado, como ando desde os primeiros meses com o inventor da palavra "tatai". Mamãe está sempre ali, é extensão deles, ligados ainda por um cordão mágico. Papai (tatai ou bruum) precisa ser solicitado, estar a postos, na guarita, protegendo, colaborando. Ou foi a minha necessidade de ser aceito que associou essas duas palavras a mim. Bem provável...

Me achava um pai mole demais. Como meu pai, aliás, que em toda a vida me deu duas broncas, me colocou apenas uma vez de castigo. Decidi, como meu pai me fez um dia, na nossa casa do Leblon, mandar meu filho Marte pensar na vida sentadinho na sua cama. Fiquei na sua frente. Vai ficar aqui pensando na vida, até se acalmar. Seu choro virou berreiro. As lágrimas escorriam como torneiras abertas. Calma, é só pensar na vida. E ele, cada vez mais desesperado, aflito. Calma, filho, tudo bem? Até ele desabafar:

— Eu não consigo. Eu não sei o que é vida...

Já o segundo nasceu de um pai e uma mãe mais experientes, calmos. Sossegado, herdou todas as roupas, livros, a bike e brinquedos do mais velho. Estabelecemos logo de cara que ninguém é dono de nada, tudo seria compartilhado. Mas tinha uma mãe mais cansada e indisposta, pois eram dois bebês agora. Descobrimos rápido que quando nasce um segundo filho, o trabalho não é em dobro, é hercúleo. Um chora, outro limpa, outro suja, outro chora, um derruba, outro tropeça, outro grita, um ri, outro tem fome, um dorme, outro acorda, outro dorme... Tal estresse mexeu conosco. Surgiram as DRs. Algumas intermináveis. Eu tinha razão, a mãe tinha razão, ou nenhum dos dois tinha razão. Por vezes, eu saía de casa para respirar, ou ia dar uma volta na quadra, ou ia até a padoca. Começamos a brigar muito e, pior, na frente dos filhos. Ela me achava imprudente, eu a achava tensa demais. Eu fazia de um jeito, ela preferia mais cuidado. Meu projeto de como educá-los era o oposto do dela. O meu era solto, como se estivéssemos numa aldeia indígena e eles fossem aprender errando. O dela era com regras e controle, como se estivéssemos numa guerra. Eu dava muitos sins, e ela, muitos nãos. Por mais que conversássemos sobre nunca brigar diante dos filhos, não contrariar um ao outro na frente deles, isso nunca funcionou. A psicóloga Cortney Warren enumerou frases tóxicas que contaminam um relacionamento, chamadas de gaslighting, que ocorrem quando uma pessoa tenta distorcer os fatos e questionar a sanidade da outra:

1. "Você está louca, está exagerando." Me deu vergonha. Usei muitas vezes. Claro que não ajuda em nada. Além disso, alguém ser sensível demais ao tema não implica que ela esteja errada. A especialista sugere, depois de uma pausa, dizer: "Você pode pensar que estou exagerando, mas esta é a minha realidade agora. É assim que eu me sinto. É nisso que acredito e é isso que vejo".
2. "Foi uma brincadeira." É quando você diz uma coisa forte, desnecessária, tóxica e se arrepende em seguida. A resposta indicada: "Você pode ter pensado que isso era uma piada, mas não é engraçado e realmente machucou meus sentimentos".
3. "Você me fez fazer isso, a culpa é sua." Um clássico. Culpar o outro é manipulação. A resposta? "Posso ter feito coisas que não fizeram você se sentir bem, mas a maneira como você agiu é responsabilidade sua, não minha. Como você agiu depende de você, não de mim."
4. "Se você me amasse, isso não rolava." Resposta possível: "A razão pela qual não estou fazendo isso não tem nada a ver com meu amor por você. Estou agindo assim porque é como eu sou e como quero viver".
5. "Está todo mundo comentando, só você que discorda." Mentira, né? Usa um suposto consenso onde não tem. Resposta: "Eu gostaria que você falasse por si mesmo e não por outras pessoas".
6. "Sabe qual é o verdadeiro problema?" Opa. Tem alguém tentando mudar o foco da discussão, sair pela

tangente. Tem duas respostas possíveis a tal manobra, ela diz. "Você sabe que estou disposto a falar sobre qualquer coisa, mas agora o problema que tenho é este." Ou "Essa é uma questão separada que terei prazer em discutir com você mais tarde, se desejar. Mas agora o problema central é outro".

No nosso caso, nenhum dos dois tinha a frieza desse manual, com dois bebês pela casa, vivendo uma tensão profissional, financeira, com o país em chamas e boicote à cultura, nosso ganha-pão. Isso tinha começado depois do impeachment, com a instalação de um novo governo intruso. Ninguém ali tinha nascido pai ou mãe prontos. O processo nos ensinaria, mas enquanto isso as discussões de dois inseguros corriam soltas, e cresciam com a tensão que nos circundava, com todos os ataques ao nosso ambiente de trabalho e meio de vida. Com dois filhos pequenos, os gastos parecem sem fim. A grana continuava a entrar, mas os gastos eram maiores. Fomos fazer terapia de casal. A primeira não deu certo. Era uma simpática doutora que não conseguimos levar a sério. E impliquei com a porta mais grossa que a parede, e uma tranca maior que de uma cadeia. Que tipo de loucura rola ali dentro, ou fora, que ela é incapaz de controlar? Fomos numa segunda. Num lugar terrível de estacionar, algo também desestimulante. Achei uma vaga em frente a um restaurante e manobrei. Ao descer do carro, um flanelinha disse que eu não podia parar ali. Baixou em mim o espírito do cidadão indignado, que avisou que a vaga era pública, que eu pagava impostos. O sujeito foi rude, fez ameaças. Virei bicho. Ela pedia calma. Entrei no restaurante para falar com o gerente. Lá, todos se fizeram de desentendidos, disseram que o flanelinha não era funcionário deles. Voltei à calçada e bati boca com o cara. O tom de voz aumentou. Ela implorava para eu me acalmar. Eu não conseguia, tomado pelo estresse, pela incompreensão do presente e pelo medo do futuro. Todos na rua pararam para ver. Eu pedia aliados. Foi quando reparei que, na porta da clínica, uma mulher olhava a balbúrdia, curiosa. Era a futura terapeuta. Entrei no consultório, repetindo:

— Não sou assim, nunca fiz isso... Trato bem as pessoas. Não sei o que me deu!

Nunca mais voltamos. Não conseguiria estar isenta numa briga de casal, e eu seria tachado de o louco da dupla. E será que eu não era mesmo? Fomos a uma terceira, com especialização em crianças, que nos analisaria por meio de sessões junto com os filhos. Deu certo em termos...

Loirinho via as brigas dos pais. Ficou também agressivo, brigão, enfrentava as ordens, por vezes seu nervosismo era retrato de um cérebro em convulsão, de um coração com medo do futuro, que intuía o rompimento daquela família, em que papai e mamãe tanto brigavam. Por que tudo mudou? A culpa é minha, pensava a criança. Seu emocional era espelho do nosso. Seu sofrimento era maior do que o nosso. A solidão, temor, insegurança eram sem tamanho. Ficou descontrolado. Foi duro entendê-lo e, principalmente, saber como pará-lo. Era difícil entender como aquele casal tão amoroso e pacífico vivia às turras. Não era possível que, chegando aos sessenta anos, eu não tivesse maturidade para lidar com tantos conflitos em um casamento que ia mal.

Filofigo, como os íntimos a chamavam, tentava terminar sua tese de doutorado, fazia bicos de figurinista, e eu terminava um romance e vivia em reunião buscando elaborar projetos de filmes e séries. E dois bebês em casa ou na escola. Eles aprenderam rápido a se agarrar em mim, como uma mãe canguru, que carrega dois no colo na ida à feira, ao metrô. Sim, viemos dos macacos. Suas mãos fortes se agarravam a mim, enquanto eu atravessava ruas, esquinas, calçadas. E ela odiava nos ver nas ruas, pra lá e pra cá, achava perigoso. Nos preferia presos em casa? Por que então teve filhos?, eu perguntava. Nossas vidas se resumiam a viver e trabalhar em torno deles num apê de três quartos e uma vizinhança camarada, eu dando linha, ela tensa. Os móveis da casa foram chumbados na parede, para não acontecer um acidente (com nossa união, a quantidade de livros havia se duplicado, e tinha estantes em todos os cantos). A rede de proteção precisou ser trocada e reforçada. Redes no beliche. Proteção, proteção, proteção, que me sufocava. Fui moleque, convivi com moleques, crianças precisam de espaço, ainda mais hoje em dia, com a concorrência de uma tela que reproduz espaços reais, digitais, ilusórios e mágicos.

Para o relatório anual da escola, fizeram um questionário metafísico ao meu filho agora Marte, três anos e meio, assim que ele voltou das férias. Dez questões. As respostas seguiram a lógica e a simplicidade de uma criança, com os mistérios dos lapsos e traumas:
— O que é alegria?
Quando sorrio.
— O que é medo?
Quando aparece um monstro.
Era a fase dos monstros. Todos nós passamos por ela. Pregos na parede viram cobras, sombras viram jacarés.
— O que é tristeza?
Chorar, que alguma pessoa não é amiga de outra.
— Uma coisa engraçada.
Uma pessoa que seja o amigo.

— O que você mais gosta da escola?

Eu gosto mais de desenhar e pintar e desenhar na parede de azulejo.

Sabemos muito bem disso. Meu filho era um pequeno Jackson Pollock. Suas telas abstratas se espalhavam pela casa, penduradas por ele mesmo em locais estratégicos. Muitas cores, traços, formas escondidas sobre pinceladas. Vou lamentar o dia em que ele abandonar seu estilo visceral e começar a desenhar casinha com chaminé, nuvenzinha e sol.

— O que você mais gosta do mundo?

De futebol.

— Que cor você mais gosta?

Preto e muito vermelho e muito amarelo. Amarelo é uma cor muito bonita.

— Qual seu lugar preferido?

A rua em que mora o Melão.

Melão era um dos seus melhores amigos. A rua do Melão era uma rua pacata de um bairro pacato. Acredito que ele se referia ao condomínio do Melão, um terreno gigantesco, com campo, piscina, quadras, onde moravam muitos colegas da escola.

— O que você quer ser quando crescer?

Fazer uma novidade com o Theo.

É outro dos melhores amigos. Que novidade?

— Qual bicho você mais gosta?

Leão.

O rei das selvas continua seu reinado.

— O que é saudade?

É quando uma pessoa vai embora.

Linda resposta. Estilo Fernando Pessoa.

— Um barulhinho bom...

É uma coruja que faz uh, uh, uh...

Barulhinho delicioso do símbolo da sabedoria e do seu restaurante favorito, o japonês do bairro. No final do relatório, as professoras escreveram: "Muito inteligente e com senso de humor, o pequeno sempre tem tiradas engraçadas! É muito gostoso conviver com ele". A exclamação é delas. O pai babando... Um dia, depois de eu pedir um favor, ele disse:

— Seu desejo é uma ordem...

Enquanto eu refletia sobre como e onde tinha aprendido a expressão, ele saiu andando e repetindo:

— Adoro falar isso, seu desejo é uma ordem...

Contava fatos com uma incrível riqueza de detalhes, como:

— Quando eu acordei, eu tive um sonho, e depois meu avô chegou em casa, e o coelho me deu um ovo grande e um ovo pequeno de chocolate e o cinza de coco. O vento soprou as pegadas do coelho, e depois eu fiquei muito bravo, porque as pegadas do coelho foram embora.

Coelhos nos cercavam, não só na Páscoa. O vento soprou suas pegadas. Sua boa infância foi embora? *Pedro coelho* era dos clássicos infantis que líamos e relíamos; apesar de eu pular a primeira página, em que a mãe fala para os filhos coelhos não irem longe, ou podiam virar recheio de torta, como o pai deles, e tinha uma ilustração grande com uma tortinha saída do forno (o pai triturado e marinado dentro?). E na TV, a Mamãe Coelha, de *Peppa Pig*. Que era para mim, como para a maioria, uma desproporcional porquinha cor-de-rosa nariguda que ambulantes vendiam em faróis. Virou febre e preocupou os pais: será mais uma tentativa de lavagem cerebral e jogada de marketing sobre nossas crianças? Estranha e anacrônica, pois o mundo do desenho animado agora estava dominado pelas experiências 3-D. Mas a aristotélica da casa percebeu a relação entre *Peppa Pig* e países que estabeleceram um regime que coloca o Estado como organizador da economia, democratizando os direitos sociais: saúde e educação gratuitas, renda mínima, pleno emprego com auxílio-desemprego, programas habitacionais e aposentadoria digna.

A porquinha, de uns cinco anos, tem um irmão menor, George, de quem cuida, ensina e protege. Seus pais, como todos os pais da história, têm uma paciência de cão para ensinar e brincar com os filhos. Diferentemente de muitos de nós, que cedemos tablet e celular. Em *Peppa Pig*, todos trabalham. Não existe patrão. Não existe relação de poder. Ninguém é subalterno. Todas as profissões são dignas, da motorista de van ao lixeiro. E os filhos de todos estudam na mesma escola. Mulheres podem trabalhar no que quiserem. Todos se ajudam. Mamãe Coelha é motorista de ônibus, sorveteira junto com o marido, bibliotecária e, também, bombeira. Trabalha num desmanche, pilota guindastes e helicópteros, e gosta do que faz. Madame Gazela, a professora com sotaque francês de todas as crianças, é uma roqueira que já tocou numa banda. É sempre auxiliada por algum pai ou mãe. As crianças aprendem francês, a reciclar lixo, guardar resíduo orgânico para compostagem, cuidar da natureza, respeitar os mais velhos. Não existem inimigos, vilões. Nenhum gato sai caçando um rato. Não existe avareza: todos moram em casas parecidas e têm carro próprio.

Mamãe Pig também é bombeira voluntária. Vovô Pig ensina a cuidar do jardim e a velejar. Doutor Elefante é o dentista da turma. Doutor Urso é o médico familiar. Um marceneiro é também taxista, enfermeiro e bombeiro, como Mr. Bull. Um policial pode ser o panda ou o esquilo. A rainha Elizabeth II aparece e os leva como uma cidadã comum para visitar Buckingham. Toda a atenção dos adultos está nos livros, jornais, na educação, no trabalho e nas crianças soltas nos parques. E se uma criança não tem um barco de brinquedo, como as outras, não tem problema: todos passam a brincar com barcos de papel-jornal feitos pelo Papai Pig.

2018. O novo prefeito de São Paulo, conservador, se manifestou contrário a uma performance provocativa no MAM, museu estadual, que aliás não estava sob sua administração. Já o ministro da Cultura, em vez de ficar do lado dos duzentos e cinquenta artistas prejudicados pelo cancelamento da exposição Queermuseu em Porto Alegre, por pressão de um movimento conservador, falou numa esdrúxula classificação etária em museus.

Um juiz de Jundiaí sentenciou que a exibição da peça *O evangelho segundo Jesus, rainha do céu* ia de "encontro à dignidade cristã, posto apresentar Jesus Cristo como um transgênero, expondo ao ridículo os símbolos como a cruz e a religiosidade que ela representa". Se exibida, pagaria pena de multa diária de mil reais e risco de um novo processo por crime de desobediência. Os conservadores se uniam. A censura poderia voltar, como na ditadura. Estavam fortes e atuantes nas redes sociais. A arte se tornou o primeiro grande inimigo de uma direita que se organizava e chamava os artistas de vagabundos, que mamavam nas tetas do governo. E pensar que quem mais recebia subsídio eram eles, os conservadores do setor agrário.

Nas redes sociais, o ódio aumentava. Agrediam minha deficiência ("Bateu a cabeça e ficou idiota"), minhas convicções ("Comunista defensor da Venezuela, vai pra Cuba!"), meus valores ("Satanista!", me acusaram, quando defendi um show da Madonna). O ódio foi para as ruas, aeroportos, reuniões de família, restaurantes, calçadas e bares. Dizia-se no passado que, se o brasileiro falasse de política como fala de futebol, seríamos um país melhor. Hoje, pode passar um decisivo clássico de futebol pela TV que tem gente que prefere exercitar o racha da política nacional.

Sei que "ignorar" é o comando aconselhável nas redes sociais. Sei bem como lidar com o ódio que opiniões divergentes despertam. Cada leitor tem sua via para despejar o ódio, que por vezes é preocupante. Os comentários no site do *Estadão* sobre as minhas colunas para o Caderno 2 eram peculiares e despontavam uma hipótese pior do que o próprio ódio em si: se antes era uma porcentagem minoritária dos comentários com críticas pessoais, foi aumentando até virar maioria; o nível do ódio aumentou, em quantidade e verbo.

Sobre a minha coluna que intitulei "Chama o Pinel", em que abordava o ódio que tinha se espalhado, um leitor escreveu: "O sr. MRP mostra sua militância de extrema esquerda de uma maneira de certa forma ingênua". Outro torcia para que "Bolsonaro meta a chincha nessa esquerda prebendeira". Quanto a mim, caprichou: "Ô classe média aí da fita nunca fazia uma crítica nos tempos da brilhantina lulopetista. Esse cara é um coitado". Outro entrou na lixeira: "Mimimi de peteba da seita do Lullarapio que em catorze anos de explícita roubalheira nunca viu nada de anormal".

Na coluna seguinte, "O olhar deturpado", sobre se a nudez de artista pode receber um olhar deturpado, um leitor que se denominou Nietzsche da Silva escreveu: "É impressionante sua capacidade de dizer tanta bobagem num só texto, onde se pretende falar de cultura, do presente e do passado".

Outro levou para o pessoal: "Que artigo mais fraco... O tempo está lhe fazendo mal, meu caro... Está fazendo parte dos 'artistas chatos e previsíveis'. Por mais artigos com fundamentos e menos blá-blá-blá. Esse jornal já teve um elenco melhor...". A agressão de um incentivava outro: "Você tem cérebro de minhoca... Espero que não tenha que ler mais essa baboseira de um cara minimamente inteligente como você".

Um outro viajou: "E o PT, partido do colunista, roubando a torto e direita [sic], mas isso não é pobrema [sic] para ele, o pobrema é não deixar peladões com crianças de quatro anos e o Cae [sic] poder transar com meninas de treze". Outro chutou o pau da barraca: "Pare com a vitimização e as mentiras, prezado blogueiro. Primeiro: ninguém quer censurar arte, mesmo a 'pornô soft' que v. sa. adora, apenas não quer crianças em exposições adequadas a maiores de idade, tudo conforme a lei e o bom senso".

Então, começaram. Esse escreveu no plural: "Deveríamos fazer com você o que fizeram com seu pai". Um outro: "Bolsonaro uma vez propôs fuzilar trinta mil. Podemos aumentar".

O livro *Como curar um fanático*, de Amós Oz, é sobre terrorismo. Relido, hoje, reflete também sobre o que ocorre na internet e na vida real: "A síndrome de nossa época é a luta universal entre fanáticos e o resto de nós. O crescimento do fanatismo pode ter relação com o fato de que quanto mais complexas as questões se tornam, mais as pessoas anseiam por respostas simples. O fanático acredita que se alguma coisa for ruim, ela deve ser extinta, às vezes junto com seus vizinhos".

Amós diz que a arte abre um terceiro olho. Nos faz ver coisas antigas de um modo novo. Uma pessoa curiosa, interessada, é uma pessoa melhor. Não era coincidência que a ira dos fanáticos e fundamentalistas se voltava contra colunistas e artistas. Já fui chamado de machista, sexista e homofóbico. De farsante, me chamavam nos anos 1980. De comunista, desde o colegial. Petista e esquerdopata, escuto direto. Mas nunca tinha recebido mensagens desejando a minha morte.

* * *

A exaustão de uma mãe num parto o pai não sente. Ela tinha dois bebês, duas fraldas, peitos com leite, tinha que parar de trabalhar, abandonar a pesquisa, se achava fora de forma, sempre cansada, infeliz com a aparência.

Eu acordava de madrugada, com o quarto todo escuro, e a via sentada na cama, com uma luz na cara. Eu demorava para entender. Era ela, olhando o Instagram e praguejando, como se dissesse olha a vida que estou perdendo. As amigas estão num verão na Croácia e demonstram uma felicidade sem parâmetro na rede social. Era mentira. Eu implorava para ela largar o Insta. Contei que, certa vez, vi fotos de pessoas em férias em lugares incríveis, e eu estava em São Paulo sem nada para fazer. Decidi postar fotos tiradas por uma sobrinha francesa, que passava férias numa cidade medieval, na beira de um rio de água cristalina, na França. Eu não tinha a menor ideia de que lugar era aquele. Sem texto algum. Não menti, nem esclareci. Meus amigos ficaram de boca aberta, onde você está? Que lugar incrível é esse? Não respondi. O lugar incrível me absorvia demais, não tinha tempo nem para relatá-lo.

Não adiantou. Ela continuava atormentada por não ter a felicidade e velocidade da vida das amigas e amigos. O mundo gira; o da mãe é em câmera lenta. Se está ocupada, não é pelos projetos profissionais, mas para tirar a mancha de cocô da unha, descartar fraldas, atualizar a carteira de vacinação, marcar a pediatra, preparar ou limpar mamadeiras, escolher a pasta de dente correta, a escova correta, checar piolhos, temperatura. Ela sabia de cor as datas das novas vacinas, quantas gotas de Alivium, Novalgina ou Luftal para cada um dos filhos; já eu não sabia agendar vacina, nem o peso deles.

Ela não pediu o divórcio em etapas. Quando anunciou, foi sem incertezas. Se no pós-parto achei que eu estava sobrando, como um figurante de cinema, e que ela e seus pais eram os protagonistas, ela reclamou tempos depois que eu estava ausente, a abandonara. Uma banana simbolizaria todo o meu desprezo pelo que ela passava: a maior cólica da vida, o medo do parto, o processo cirúrgico, o temor de não dar conta. Eu a via de olhar perdido, exausta, e a incentivava a encontrar as colegas do pré-natal, que tiveram filhos nas mesmas circunstâncias. Mas suas amigas, enquanto isso, corriam atrás das ofertas de trabalho. Ela vigiava a casa tapando tomadas, quinas, portas, e as amigas viviam o boom dos streamings e trabalhavam como figurinistas de filmes e séries de TV. Ela precisava de um tempo para ela mesma, é o que eu sempre escutava. Ela só queria tirar a bunda da cadeira ergonômica, esticar os joelhos e trabalhar, ver gente, ver o mundo. Tantas peças de teatro, exposições, filmes... Praias na Croácia. Ela planejara um futuro dos sonhos, mas tinha de atravessar um campo minado. Desde o primeiro minuto já exigiam: seja mãe, segure o bebê, dê de mamar, segure direito, ame!

Ela me liberava para viagens de trabalho e ficava a sós com sua maternidade. Não sei se sentia tristeza ou fadiga. Sei que tinha ali um tremendo desequilíbrio no meu papel como pai — que brincava, colocava pra dormir, numa técnica que aprimorava, tirava do berço, balançava e vigiava — e o papel dela. Eu me achava inserido na posição de pai, pois era quem fazia Marte dormir, e ele resistia, resistia, e só dormia depois da meia-noite e horas de colo e canções e histórias. Com uma mão o segurava, com a outra abaixava a grade do berço, e o acomodava. Ou com uma técnica infalível, que demorei para aprender: começar a fazer carinhos na sua cabeça, passar a mão na sua barriga devagarinho, quase sem encostar, trocando só o calor das peles, pra lá e pra cá. Ele dormia em dez segundos. Como demorei tantos meses preciosos para descobrir o ansiolítico natural do corpo, a proteção e o amor?

Mas só soube como preparar uma mamadeira nova, que eu não conhecia, de um tipo de plástico menos danoso, quando ficamos sem a mãe. E foi Marte, com quatro anos, quem me ensinou. Ela não se sentia triste, mas confusa. Tudo o que queria era ter a sua vida de volta. Mas não tinha volta, nunca mais. Ela queria aquele tempo só dela. Mas não era mais só nem só dela.

Não dava conta, precisava de ajuda. Enfim, cedeu: teríamos de arrumar uma babá, apesar de ela não suportar a presença de uma estranha pela casa, e acharmos que poderíamos, como os europeus, viver sem. Na primeira que apareceu, tivemos medo da fulana acordar no meio da noite e levar nosso bebê embora. Trancamos toda a casa, escondemos as chaves e não dormimos. A segunda babá ficava mais tempo nas redes sociais do que olhando a criança. Quando me perguntou o que iria comer no jantar, percebi que, além do bebê, tínhamos agora uma babá para tomar conta. O estresse da mãe era tamanho que nem para babás ela tinha paciência. Ficamos sem.

Ela os levava para a natação, dentistas, lugares sem acesso para cadeirantes. Eu via uma mãe felizona na piscina com um filho no colo. Roupas? Ela quem comprava. Reclamava sem parar da falta de inventividade das confecções para bebê, e decidiu ela mesma, com a amiga Luana, montar uma.

Ela estava desesperada para ganhar dinheiro, ser dona do próprio nariz. Filósofa e figurinista, se jogou na confecção infantil chamada Pink Astronauta, com referências e tecidos confortáveis. Expuseram, foram a feiras, divulgaram. Começaram a ser comentadas. Uma empresa argentina quis se associar. Ela e Luana, amiga dos tempos da faculdade de moda, pesquisavam sem parar, passavam o dia na internet, buscando estampas, tecidos diferentes. Fizeram curso de empreendimentos no Sebrae. Abriram uma empresa, tinham contador, o negócio ia decolar. Uma outra mulher foi recuperada, orgulhosa, ganhando dinheiro, cheia de ideias.

Começou também a trabalhar com as amigas da moda, e logo estava criando figurino de comerciais, depois longas, depois das séries de TV mais importantes, com as maiores produtoras de streaming, e, nas horas vagas, ganhava fazendo "publi", como elas chamavam publicidade. Não poderia impedir ela de trabalhar, de viver, crescer profissionalmente. Ok, faz as suas "noturnas", como chamam as filmagens que varam a noite, eu cuido das crianças. Aceite todos os projetos de longas, séries, comerciais. Eu monto um esquema, fico com eles. Vá viver. Eles dormem com você nas suas folgas, quando der. E assim ficamos dias, semanas, meses, eu e os dois moleques.

Como foi?

Ao escrever sobre casamento, corro o risco de me fazer de vítima, de falsificar ou exagerar os fatos. Poderia escrever "Vivemos uma crise no matrimônio em 2018" e passar para o próximo capítulo. Mas um escritor precisa dar a sua versão da vida.

Todas as segundas eles me deixavam na avenida Paulista para eu fazer um programa de rádio. Ela me levava com os moleques e voltava com eles sozinha para casa. Eu chegava depois, de busão ou metrô, sempre antes da meia-noite. E as festas em que fui, e ela não quis ou não podia ir? Ela me deixava na porta. As viagens para feiras de livros, palestras e estreias, passei a ir sozinho em muitas. Nas Olimpíadas, chegamos a pensar em nos mudar pro Rio com toda a tropa. Tínhamos uma ajudante para o Marte, procuramos apartamento, já que nos hospedávamos no da minha mãe. Acabou não dando certo.

O tempo passou, e agora não falávamos mais de planos comuns. Intuí que algo estava errado. Intuía que ela abandonava aquela vida. Eu conhecia bem com quem ela saía, eram pessoas queridas, amigos e amigas de infância dela. Aliás, voltar a se enturmar com amigos de infância é vontade de retroceder no tempo. Ela queria zerar o cronômetro. Reiniciar. Eu acreditava que nossos conflitos eram de um casal normal. Ou melhor, faziam parte do tumulto de uma rotina com dois meninos ainda de fralda. Mas, com ela, foi misterioso. Nunca reclamou ou fez ameaças. Nem deu pistas. Só que no fundo estava de saco cheio de mim, daquela casa, da nossa vida, da nossa rotina, e queria outra coisa. Tocava o dia a dia com as obrigações maternais pontuais, seguia automatizada pelo calendário, pela agenda, mas no fundo do oceano a correnteza estava forte. E foi num dia qualquer que se sentou ao meu lado na cama e anunciou:

— Aluguei um apartamento a duas quadras daqui.

Não ouvi o resto. Só frases soltas — entre o sangue das artérias que num rodamoinho inundou os pensamentos —, que o preço estava ótimo e era mobiliado, de uma mulher que se mudaria para o exterior, com dois quartos, um para ela e outro para as crianças, só não tinha cama para as crianças ainda. Preço ótimo? Como ela sabia dos preços para alugar? Implorei para que não fosse embora.

— São dois bebês.

Tinha mágoas que retornavam do fundo da alma: eu tê-la deixado sozinha depois dos partos, as noites em que ela ficou sozinha, os dias, os fins de semana. Tinha muita dor acumulada, era um dique que se rompia, um tsunami, ela queria escalar a montanha mais alta, se salvar. Perguntei se tinha certeza. Se ela podia esperar crescerem mais um pouco. Se iria melhorar caso eu me mudasse para um apartamento ao lado. Ou, ao menos, trabalhasse fora de casa. A decisão estava tomada há tempos, ela deixou transparecer. Era inacreditável, irresponsável, doloroso, infantil. Por que não me avisou? Não sei. Porque tem gente que é assim. Fechada, represando até arrebentar. Era escapar ou se afogar. Estava decidida e explodiu, não esperou o remendo. Ela até pensava em remendar, mas, naquele instante, TINHA que ir embora para respirar. Mas o condomínio era ideal para crianças, eu podia sair no lugar dela. Ela recusou. O apartamento era meu, eu já morava nele há mais de quinze anos, eu tinha bancado toda a reforma. Eu ficaria.

Ela se foi.

PARTE IV

Depois que nos separamos, passei alguns meses só com os dois, enquanto ela ajeitava a casa. Figurinista é a primeira a chegar e a última a sair, trabalha por dias ou noites seguidas. Logo, os moleques passavam a semana comigo. A estrutura de levar e buscar na escola, frequentar reuniões de pais, natação, futebol, era comigo. Ela fez duas temporadas de uma série, que eram só de noturnas. Foram meses em cada temporada em que via os filhos vez ou outra, enquanto eu estava praticamente sem trabalhar. O ano de 2018 foi definitivo, dentro e fora de casa. Cheguei a achar que ela tinha nos abandonado. Até ouvir de uma terapeuta de casal que muitos homens com filhos pequenos acham que, quando a mulher sai de casa, foram abandonados.

Repassei nossas brigas. Relembrei:

1. "Você está louca, está exagerando." Sim, usei muitas vezes.
2. "Você me fez fazer isso, a culpa é sua." Sim, usei.
3. "Se você me amasse, isso não rolava." Sim.
4. "Está todo mundo comentando, só você que discorda." Sim, claro que usei.
5. "Sabe qual é o verdadeiro problema?" Usei direto.

Não fomos capazes de manter esse casamento. Falhamos. Não fui capaz. E se por anos pensei o contrário, com o tempo a verdade se consolidou. Diferença de idade? Impaciência? Teimosia? Tarde para cair as fichas: ele é velho demais, é tarde, agora, para encontrar o tumor na relação. Era maligno, virou metástase e matou o amor. Por um tempo, luto, depois tristeza, depois ódio, muito ódio, depois rancor, que se alternavam durante a sensação de abandono. Parecia que o carinho que sempre tive por ela nunca mais eu sentiria. Veio o tempo. A amargura secou. Ex-mulher, quando se tem filhos, é para sempre. A amizade brotou. Mas a culpa sempre esteve tatuada no meu inconsciente, com o pensamento que me assombrou muitas noites: eu deveria ter feito diferente.

As eleições se aproximavam e, sendo de esquerda ou não, muitos temiam o que aconteceria se Bolsonaro ganhasse as eleições. Se antes produziam-se duzentos filmes por ano no Brasil, graças às leis de incentivo, que existem em todos os países, com mais de seiscentos mil empregos diretos, a produção agora despencava. Nós, artistas, éramos chamados de vagabundos, inúteis, ociosos. Somos um pouco, mesmo. Mas nossa vagabundagem, ócio, dá um trabalho desgraçado para narrar, filmar, pintar, e pelo visto há milênios faz muito bem aos indivíduos. Sem imaginação, uma sociedade não inova, não cresce, não produz.

A missão era espalhar livros pela cidade pedindo votos para Fernando Haddad. Com os dois pequenos já doutrinados, devidamente situados sobre a nova conjuntura política, espalhei exemplares do *Feliz ano velho*, justamente o livro que denuncia os horrores da ditadura de forma didática e direta. Deixei largado em bancos de praças, pontos de táxi, balcões de bares, até numa agência bancária, em que encostei e soltei o livro displicentemente. Pedi socorro em palestras, mostras de cinema, no boca a boca. Haddad crescia nas pesquisas, se aproximava de Bolsonaro, mas sua campanha demorava para decolar. Espalhamos adesivos por todos os cantos. Aos poucos, ele mostrou seu carisma, seu caminho, suas propostas. Bolsonaro, depois de levar a facada, parecia inatingível. Tinha levado um golpe que quase o matara, mas aquilo o tinha alçado a sério candidato da antipolítica, do antissistema, que "poderosos ratos do mal queriam eliminar". Eu tentava convencer eleitoras na feira livre. Moreno, no seu jeito, explicava por que não votar em Bolsonaro. Deve ter, com seu carisma, convencido alguns, poucos o entendiam, mas liam os folhetos e adesivos que distribuía do movimento ELE NÃO.

Mas, você sabe, deu ELE. Meu mundo desabava, eu afundava numa areia movediça. Além disso, a dor e o luto da separação continuavam ali. Não entendia como tínhamos chegado num caos emocional depois do nascimento de dois moleques preciosos. Me lembro de antes, de muita paz e harmonia entre nós, em viagens, fazendo nada, com amigos. Agora, ela levava aos poucos suas coisas para o endereço novo. Chegamos a ter uma conversa insana com uma criança de quatro, outra de dois, sobre os motivos da nossa separação, recitando todos os clichês que conhecíamos.

— Papai e mamãe amam vocês.
— Nunca deixarão de amar.
— Papai e mamãe viraram amigos.
— Temos duas casas agora.
— Nada vai mudar.

Tudo mudou. O medo do abandono estava indisfarçável em suas carinhas. Nem chorar, nem lastimar, nem reclamar, não esboçaram qualquer reação. Os armários ficaram aos poucos vazios. A louça, pela metade. O enxoval, dividido. Teve o momento dos livros e discos separados.

No meio desse processo, morreu minha mãe, Eunice, a vovó Nice, que morava no bloco vizinho e carregava o fardo do Alzheimer há mais de quinze anos, heroína da pátria. Morreu justamente no dia 13 de dezembro, nos cinquenta anos do AI-5. Morreu antes de Bolsonaro tomar posse. Minha maior satisfação foi ver no *Jornal Nacional* uma matéria grande sobre a minha mãe, e só uma menção aos cinquenta anos do AI-5. E ouvir o apresentador da Globo News dizer que morria uma brasileira atenciosa, sempre lúcida, que sempre atendeu bem a imprensa, uma democrata.

No velório e enterro, surpresa: apareceram amigos de toda a vida, nossos amigos, meus amigos. O Bloco Acadêmicos do Baixo Augusta compareceu em peso. Amigos roqueiros dos anos 1980 ajudaram a carregar o caixão. Eu me emocionei:

— Mãe, você está sendo carregada por dois punks, dois pós-punks, um trotskista, comunistas, diletantes, poetas, boêmios, até por um palhaço dos Parlapatões.

No cemitério do Araçá, foi levada ao mausoléu dos Facciolla, uma casinha mediterrânea azul e branca que, da avenida Doutor Arnaldo, dá pra ver o telhado e parte da fachada. Foi enterrada com sua mãe, sobrinhos e tios cujas plaquinhas indicavam a data da morte, mas não a do nascimento, italianos que não sabiam o dia em que nasceram. É para cá que quero ser trazido, quando morrer, avisei em alto e bom som. Cada nome, uma fotinho. A da minha mãe era uma colorida, em que ela sorri. Ao final, não poderia faltar: o senador Eduardo Suplicy cantou "Blowin' in the Wind" à capela. Empostava a voz como se estivesse num comício. Colocou na letra toda a emoção que nem Bob Dylan tinha imaginado quando a compôs.

No prédio em que eu morava, foi uma comoção, afinal todos a conheciam da piscina. A missa de sétimo dia foi na capela poética e modesta do Sion de Higienópolis, para quem ela, quando menina, fez campanha para arrecadar dinheiro para a compra de tijolos.

Meses depois sonhei com ela, não mais com Alzheimer, mas a mãe com quem convivi intimamente nas décadas de 1980, 90, a que virou conselheira e amiga. Estava feliz, realizada como advogada, com planos. Me lembro de no sonho entrar no seu antigo apartamento, com os móveis da minha infância, com o cheiro de sempre, a luz de sempre. Me lembro de entrar, vê-la, abraçá-la e dizer:

— Preciso tanto de você...

Não a tinha. Minhas dúvidas me pertenciam. Minha angústia estava na sombra da minha solidão, que contaminava os dois moleques. Todas as vezes em que passo pela Doutor Arnaldo, cruzando o cemitério, olho o telhado de sua casinha e aceno. De ônibus, consigo ver melhor. Seu azul permanece chamando a atenção. Uma pequena cruz no teto é uma bênção.

Entre 1970 e 1971, minha mãe, do Rio de Janeiro, trocou cartas com a amiga Dalva Gasparian, que, com a família, se exilara em Londres. Seu marido, Fernando Gasparian, também engenheiro e editor de livros, era o melhor amigo do meu pai. Seus filhos, Marquinhos e Edu, eram meus melhores amigos. A filha mais velha, Helena, era a melhor amiga da minha irmã mais velha, Veroca.

Quando minha mãe e Dalva morreram, Heleninha achou as cartas. Nelas, tentei mais uma vez buscar algum ensinamento da minha mãe, que me deu tantos antes da doença.

Com quarenta anos de idade, ela ainda não era viúva de um desaparecido político, não tinha ideia do que estaria por vir meses depois, nem vislumbrava. Eu tinha onze anos. Minha mãe, com cinco filhos, e a amiga, com quatro, eram donas de casa prestes a se emanciparem e começarem a trabalhar. Organizaram jantares, serviram uísques a seus maridos burgueses exaustos de tanto trabalhar, cuidaram de ternos e camisas sociais, deram instruções à empregada, ao jardineiro, alimentavam a família e criaram seus filhos, que não eram poucos. Na sua geração, ter cinco filhos era elogiável, seis, invejável, quatro, a média boa, três, indicava problemas, dois, um alarme tocava: só dois? Na sua geração, quase nenhuma mulher tinha apenas um filho ou filha. E se, mesmo casada, não tivesse filhos por problemas de infertilidade, adotava. E não um. Adotava dois, às vezes três.

Na primeira carta, vi uma mãe diferente da que conheci, uma mãe dedicada, muito saudosa e enciumada. Contava dos exilados que voltavam ao Rio de Janeiro e se adaptavam à vida, como Baby Bocayuva. Da sobrevida dos casais quarentões no começo da emancipação feminina e revolução sexual. Da guerrilha na vizinhança da fazenda do meu avô Paiva. E se mostrava inconformada com a família Gasparian que, temendo o pior, se exilou para Londres naquele ano:

Rio, 15 de maio de 1970

Dalvinha,
Salve, salve, primeira carta que recebemos de vocês! O complexo já era grande. Até dona Lúcia já tinha sido contemplada, e nós nada... Todo mundo pergunta muito por vocês, e nós não tínhamos nada a dizer. A não ser as notícias futebolísticas do Marquinhos. Já imaginou a frustração?

Aqui vai tudo bem. As crianças estudando razoavelmente e parece que nesse setor teremos um ano tranquilo. Verinha brilhando no Andrews, e Marcelo ontem trouxe as notas. A menor foi 6,4, de português, é claro. Parece que o ginásio é mesmo muito bom, nem de longe foi a confusão que foi o ano passado.

Rubens ainda de folga, tentando se organizar. Está gordíssimo e felicíssimo, o que é importante. Já está com algumas "minhocas" na cabeça em relação ao trabalho. Vamos ver no que vai dar. Ele agora tem um escritório junto com o Baby no prédio da Jean Manzon. Baby agora é sócio do Manzon e está se dedicando ao cinema com o maior entusiasmo. Como havia sala sobrando, Rubens ocupou-a com todo o estilo. Só espero que ele não seja contratado para nenhum filme.

Dalal já voltou da Europa eufórica com o sucesso do balé que coreografou em Stuttgart. Helena, Eltes e Carlinhos na mesma. Maria do Carmo e Carlinhos Borges têm nos procurado muito, quase fomos juntos a Eldorado Paulista no último fim de semana. Adiamos por causa da confusão no Vale do Ribeira.

Não sei se vocês têm lido aí, o Exército descobriu que havia na região um campo de guerrilhas, ali na região da fazenda. Cercou a zona toda, bombardeou os lugares suspeitos, jogaram Napalm nos lugares inacessíveis e, dizem os jornais, prenderam mais ou menos trinta pessoas. Uma delas tentou se suicidar, e insinuaram que era Lamarca. Depois, houve boatos de que vinte cirurgiões plásticos tinham sido presos para saber se o preso era ou não Lamarca. Depois não se soube mais nada, nem dos prisioneiros nem do cerco lá no Vale do Ribeira. Os jornais não noticiam mais nada.

Estive ontem em São Paulo com a família, e eles dizem que corre a notícia de que os guerrilheiros é que cercaram o

Exército e mataram quatro soldados, feriram dez e fizeram mais reféns!! Enfim, é isso que se conta em São Paulo, não sei se é verdade. Mas o que vai acontecer é que o Exército logo prende todo mundo, eles não têm maneira de resistir, e não devem ser muitos.

Bom, voltando à fofoca. Ruy e Danuza Leão continuam, Vivi e Pedreira, também. Caio e Susi se reconciliaram, assim como Vera e François Moreau. Desquites, nenhum por enquanto. Casamentos também não. Nascimentos, não são mais da nossa faixa.

Marysa está para chegar, preocupada com o problema de hospedagem. Você não escreveu para ela?

Vi seu irmão ontem no aeroporto, muito bacana, cheio de "otoridades" em volta. Fernando já está de avental?

Como é que foi o seu jantar, estou curiosa.

Fernando gostou da carta de fitinha vermelha? Rubens está meio desapontado porque ele ainda não escreveu. Esse negócio de mandar abraços por telefone não vale.

Você precisa também contar a moda aí. Todo mundo na maior dúvida por aqui. Maxi ou não maxi. Hoje temos um jantar na casa do Roberto Saturnino. Acho que ainda recepção ao Waldir Pires. Já sei que hoje vamos sentir falta de vocês.

Será que Fernando não desiste de Londres?

Beijos e saudades da Eunice

E como diria Heleninha, saudações respeitosas ao Fernando.

Já na segunda carta, também de 1970, encontro uma mulher irônica, feminista, apaixonada pela vida boêmia, fofoqueira e nada preocupada com os destinos do país, apesar da dica de que talvez nossa família também iria embora para Londres, enquanto outra amiga partia para Paris, para um autoexílio. Eram os anos de chumbo. Muitos dos que se exilaram em 1964, com o meu pai, voltaram e partiram de novo em 1969, 1970, depois do AI-5, quando o regime endureceu, no auge da Guerra Fria. Os americanos apoiavam a ditadura. Sequestros de diplomatas viraram rotina. ALN, VPR, PCdoB faziam luta armada no Brasil, como Tupamaros, no Uruguai, e Montoneros, na Argentina.

Rio, 24 de agosto de 1970

Dalvinha querida,
Ontem foi meu treze de maio. Foi meu primeiro domingo que embarcamos a nossa amiga Maysa para Montevidéu, com todas as honras de estilo. Foi o primeiro domingo, depois do começo de junho, que consegui almoçar tranquilamente com a família, ler o meu jornal tranquilamente e até dormir uma sesta. Até conversei com o Rubens sobre os nossos problemas, como todo marido e mulher fazem. Não é uma maravilha?

Sábado passado Marysa ofereceu uma paella na casa da Danda e convidou o grupo cassado (Ryff, Aparecido, Teresa Cesário Alvim, Antonio Callado, Ênio Silveira) e o grupo americano, entre eles o tal que é encarregado de negócios na Embaixada. Naturalmente, não houve a menor liga entre os grupos. Os dois se olhavam, curiosa e respeitosamente, à distância.

A uma certa altura o grupo de cá murmurava: "Mas como, numa época como essa, como esse americano passeia sozinho, impunemente entre nós, ainda comendo a sua paella tranquilo, tranquilo? É demais. O que os grupos 'patriotas' vão pensar de nós?". Aí o Ryff que esqueceu que o gringo falava português grita para o Callado: "Oh, Callado, leva esse gringo para a moitinha mais próxima, que a gente vai dar um sumiço nele. Temos que honrar os tupamaros…". Foi uma gargalhada geral.

E os americanos olhando para nós com aquele sorriso amarelo... Mas tudo acabou bem na santa paz do senhor.

O affaire do gaúcho x Helena continua firme. Ela com mais agressividade do que ele. Já se começa a suspeitar que o gaúcho não é de nada, só de conversinha mole... (Desculpe, hein, Fernando, você acha que eu estou muito saidinha?)

Quem anda saindo um pouco das normas Gasparian é aqui o dr. Rubens com toda a sua corte de mal-amadas... Parece até um sultão com a sua corte. E depois uma perna quebrada, um ar de completo desamparo dão um charme extraordinário e despertam todos os instintos maternais e outros instintos menos nobres do mulherio... É, o Fernando precisa ter uma conversinha com o amigo...

Agora, o que é mais engraçado é que essa turma superindependente e prafrentex, todas autossuficientes, partidárias do "woman liberation", vivem penduradas na gente, as coitadas, pobres donas de casa burguesas, escravas do lar e dos filhos e dominadas pelos maridos autoritários e reacionários. É como você diz, Dalva. Eu tenho mesmo muita paciência...

Agora, novidade para você: Danda vai se mudar para Paris em setembro.

Cursinho na Sorbonne. Bacana, não é? Vai levar a Carla com ela e os dois mais velhos ficam com a Baby. Tudo arrumadinho e fácil.

Bom, estou mesmo uma fofoqueira. Fernando disse que você estava sentindo falta das fofocas, portanto estou colaborando.

E vocês, como foram as férias? Nós estamos fazendo planos para a nossa ida para Londres. Não sei quando será. Mas que iremos, iremos, não há dúvidas.

Aqui, como programas imediatos teremos o aniversário do Carlinhos Mota, que ficou assanhadíssimo quando eu disse que você sentia saudades da Shirley, e feira da Providência, logo mais em setembro, onde esperamos reabastecer a adega.

Temos ido muito na Cave aux Fromages e pensamos muito em vocês, para quem essas delícias fazem parte da rotina. No mais, só praia, agora, bastante sol e muita conversa.

Beijos e saudades a todos,

Eunice

Eu, que escrevi um livro sobre ela, fui confrontado pela ideia de que nunca sabemos de tudo sobre um ou uma biografada. E que, se a retratei como uma pessoa solitária, que preferia os livros, conheci uma outra Eunice, festeira, fofoqueira, divertida, com conflitos no casamento, como todos. Que conflitos seriam? Minha mãe me disse, já viúva, que naquela época queria trabalhar e meu pai era contra. E me contou surpresa que, se ele teimasse, ela se separaria. Impossível se casar com uma Facciolla e tentar domá-la. Ainda mais aquela Eunice.

Li então a de 1971. Já mulher de um desaparecido político. Na cidade dos meus avós, com a angústia chumbada no peito. Ela chama meu avô de Dr. Paiva. Ele tinha acabado de perder um filho, Carlos, irmão mais velho do meu pai.

Santos, 12 de setembro de 1971

Querida Dalva,
Fico imaginando você aí retomando a vida londrina, comprando seis costeletas de porco etc... Como encontrou as coisas, a casa ainda estava de pé?

Ontem tivemos aqui grandes festas, os dezoito anos de Verinha, com muitas flores, muita família.

As crianças estão ótimas, achando a vida de Santos bem vivível. Preferem viver aqui do que em São Paulo. Talvez por influência do mar, não sei. Verinha acabou indo para o Stella Maris, com o uniforme do Des Oiseaux, arreios e tudo.

Dr. Paiva parece até remoçou. Diz ele que desde que eu cheguei passou a dormir de novo noites inteiras, a insônia acabou. Ele tem certeza absoluta de que Rubens qualquer dia destes aparece, e se apega a isto com todas as forças. Acho que é uma compensação para o que representa a perda do Carlos, irmão do Rubens que morreu há um mês de câncer. Perda que vai dia a dia o consumindo. Já não participa de quase nada.

Quando falo com o Dr. Paiva fico na maior confusão. É impressionante ver um velho de quase setenta anos, rico, respeitado, com uma vaidade enorme, e que continua não aceitando que apesar de tudo nada pode fazer para evitar o que está acontecendo. Agora ele já aceita a perda do Carlos, mas em compensação não quer nem por nada admitir a possibilidade da perda do Rubens e cria em torno disto os mais variados raciocínios e faz os maiores planos. Eu fico engasgada, e acabo por fingir que admito que tudo é verdade. Porque já que é isto que o está sustentando.

Dalvinha, a vida às vezes é cruel, mas nunca imaginei que pudesse ser tanto...

Enfim, eu já tive meus sete anos de vacas gordas.

Beijos e saudades para todos,

Eunice

Saudades dela... Dr. Paiva morreu no ano seguinte, triste por ter perdido dois filhos e não ter conseguido fazer nada, apesar da grana, de ser influente, de conhecer gente no poder, especialmente o ministro da Justiça da ditadura, Alfredo Buzaid, seu amigo, que sabia da morte do meu pai mas mentia e dizia que ele estava vivo.

* * *

    Final de 2018. Silêncio nas ruas, pouco movimento. O Natal chegaria em seis dias. Depois viriam as festas de Réveillon, os planos de viagem. Muitos estariam em férias. Muitos, em sono profundo. Era uma quarta-feira de começo de verão. O calor ainda não era castigo. Não chovia, nem nada. Mas o choque silencioso de nuvens no céu preparava a cidade de São Paulo para o grande protesto. A eleição definida. No ar, ansiedade pelos novos tempos, o das mudanças radicais. Fazem-se planos, contas. Euforia da vitória para uns, apesar da indiferença de uma grande parte, e frustração da derrota de outros, com medo da perseguição que se iniciará, num momento em que o ódio e a vingança viraram discurso de vitória, pronunciamento oficial, política governamental, em que ameaças foram feitas a grupos minoritários, por uma gente que a maioria então desconhecia. Numa aposta no escuro, ou num blefe, numa guinada inesperada, o povo deu um xeque. Muitos, em euforia, não paravam de festejar e atacar. Outros se fechavam numa depressão inédita. Muitos, num pânico. Muitos, em tristeza, só choravam. Alguns pediram um help: ninguém larga a mão de ninguém. Quem terá que se esconder? Quem partirá para outro país? Como proceder? Como reagrupar? Como resistir? O que pronunciar? O que postar? A quem recorrer? Estarei sem nada no começo do próximo ano? Estarei vivo? Estaremos vivos? Como me defender de ataques? Quem pode me apoiar? Uma avalanche de casais gays foi a cartórios para se casar antes que seus direitos fossem abolidos. Indígenas se esconderam. Ambientalistas se prepararam para o pior. Outros diziam: vai ser bom, vai melhorar, olha como estava ruim, olha o atoleiro em que estávamos metidos, olha o esgoto que escoava dos dutos. E o pior foi muito pior do que imaginávamos. Vizinhos agora se odiavam. Familiares se odiavam. Parentes não se encontravam mais. Amizades foram pro espaço. Para alguns, surgia um messias; para outros, era a vinda do anticristo.

Dia 19 de dezembro de 2018. Os relógios bateram duas da manhã. Um clarão inédito. Uma luz a trezentos mil quilômetros por segundo atravessou o vazio entre casas, prédios, árvores, ruas, esquinas e praças, entrou por frestas, janelas fechadas, lacradas por cortinas em blecaute. E veio o estrondo. Mas nem chovia? Uma explosão, um meteoro, uma bomba atômica? O coração acelerou. O que vem, a destruição total? Meus filhos! Os dois acordaram chorando. Fui acudi-los. Nos abraçamos os três, nos preparando para o pior. Os prédios tremeram, as janelas pareciam que iam se soltar, o chão vibrou: foi o maior clarão e barulho que ouvi na vida. Alarmes dispararam, cachorros entraram em transe, passaram a latir. Fui à varanda. Vi luzes de vizinhos se acenderem. Vi vizinhos aparecendo nas varandas. Vi as ruas desertas. Vi o posto de gasolina ainda aberto, vazio. Vi um farol mudar do verde para amarelo e vermelho. Vi que tudo continuava como antes. Nada da onda de choque. O que terá acontecido?

Na manhã, um comentário no elevador, outro na padaria, na feira. Um amigo no trabalho. "Você ouviu o trovão?" Muitos ouviram o trovão às duas em ponto. À tarde, manchete em sites de notícia: "Moradores de São Paulo relataram forte clarão e trovão". Moradores das zonas oeste e norte relataram que pensaram se tratar de uma explosão, que tudo tremeu; o espelho de um lavabo caiu e quebrou; o portão automático de um prédio queimou. Os depoimentos apontavam para Vila Romana como alvo do raio. Exatamente no vale circundado pelas montanhas da Cerro Corá, Alto da Lapa, Sumaré, Perdizes, Pompeia. A ciência explicou. Segundo um professor do Instituto de Ciências Atmosféricas da USP, pelos relatos do estrondo, o raio caiu no vale entre as ruas Cayowaá, Paracuê, Aimberê, Apinajés, Caiubi, Tucuna, Caraíbas, Iperoig, Natingui e a praça Araçariguama: "A intensidade do raio não é identificada pelo barulho, mas pela corrente elétrica que pode variar em até cem mil amperes". Mas pajés sabem. Tupá, o deus do trovão, está com raiva! "Lista parcial de terras indígenas sob ataque neste momento no Brasil: Awá-Guajá (madeireiros, no MA), Karipuna (madeireiros, RO), Arara (madeireiros e grileiros, PA), Apyterewa (madeireiros e grileiros, PA), Uru-eu-Wau-Wau (grileiros, RO) e Yanomami (garimpeiros, RR)", tuitou dias depois o jornalista Rubens Valente, autor de *Os fuzis e as flechas*. Tupá protesta. Eunice, advogada de direitos de povos originários, estava morta. Bolsonaro, filho de um ex-morador do garimpo Serra Pelada, no coração do Pará, estava eleito.

O espólio de Eunice começou a ser desmontado. Um deles era um apartamento no Rio de Janeiro, que tinha comprado no final dos anos 1990 para se aposentar e usou até o Alzheimer lhe tirar a autonomia de viajar. Foi nesse apartamento em que fiquei muitas vezes, inclusive com os filhos, a trabalho ou a passeio. Minhas irmãs, que vieram de fora do Brasil para o enterro, aproveitaram e ficaram por lá. Passaríamos um último Réveillon juntos naquele apê. Porém, novidade, eu estava recém-separado. Como administrar os feriados de fim de ano? Soubemos que, num divórcio, os casais revezam. Surpreendentemente, a agora ex-mulher quis passar o Natal e o Réveillon comigo e as crianças, no Rio, no apê que tinha marcado o começo do nosso casamento. Segundo ela, era para as crianças administrarem aos poucos a separação. Nós quatro num quarto de nove metros quadrados, no Leblon, numa cama queen?

Não consegui dizer não. No fundo, acreditei que seria uma boa tentativa para ver se o casamento se sustentava ou se de fato tinha erodido. Já há quatro meses separados, dormimos no Rio como dois estranhos, com Marte entre nós e Moreno num berço desmontável. Cada um virado para seu lado. A casa estava lotada de irmãs, cunhados e sobrinhos. Tivemos até que alugar um quarto num hostel ao lado para revezarmos. Cheguei a dormir nele numa noite. Muita mágoa e rancor ainda entre nós. Muita tristeza naqueles espaços apertados.

Poderíamos continuar num casamento que transbordava em conflitos, num apê em São Paulo que ela mesma tinha reformado, do jeito que queria, com as cores que queria? Não. Se as amigas a invejavam por já ter tido filhos e viver uma vida estável, enquanto ralavam madrugadas em sets de filmagens, ela foi provar que era possível conciliar as duas vidas. Mas não com aquele marido, naquela correnteza. Eu, por outro lado, se tenho que remar, remo, persisto, me esforço, teimo. Quase nunca joguei tudo pro alto e disse adeus. Nem podia.

O Réveillon fracassado foi sintomático. Passei durante três décadas o fim de ano no Rio. Frequentei as famosas festas, passei numa cobertura de Copacabana, ou chapado sozinho na areia, na maior bad trip da vida, ou num show no Arpoador do Black Eyed Peas, num camarote no Leblon ou num quiosque simples na praia, num deck da Lagoa, num apartamento do Alto Leblon de onde se viam os fogos... Por conta da minha experiência, naquele ano procurei um lugar novo e ideal: um gramado à beira da Lagoa, virado para Copacabana, perto do antigo Estádio de Remo. Pesquisei: um quiosque lá ficaria aberto. Faremos um piquenique! A família topou. Apontei o lugar. Comprei champanhe e elas compraram a ceia.

Depois, no apê, fizemos um jantar ao estilo Eunice Paiva, com as receitas dela, incluindo a musse de aipo, dificílima de fazer. Brindamos Eunice. Lembramos histórias. Quando deu 22h, Marte, o notívago, o que sempre deu trabalho para dormir, o último a pegar no sono, disse que ia se deitar, que tinha sono, que ia dormir. Meu cunhado Avelino disse que não passava bem e foi se deitar também. Moreno, o relógio, que sempre dormia às 21h e acordava às 7h, dormiu no meu colo. Ficamos eu e os dois no quarto. Quer saber? Vou dormir também.
Me deitei com eles, apaguei a luz e dormi. Sonhava com aquele momento de força, não tinha pensado em desprezar um dia tão marcante em nossas vidas, de tantas lembranças, ignorar o presente e o futuro, o feliz ano novo e adeus ao velho, todo de branco, flores a Iemanjá, amêndoas, cerejas… Sei que cada uma e cada um seguiu seu rumo. Não sei para onde foram todos de casa. Não sei com quem a mãe passou. Só sei que à meia-noite, eu dormia. Acordei com uma barulheira, fogos, gritaria, abri um olho e fechei de novo. E desejei, abraçado aos dois filhos, um feliz ano novo.

2019. Sempre me senti responsável pelo fim do casamento. Nunca culpei a mulher que amava, a que "me abandonou", ou vi na deficiência um álibi que explicasse o adeus ou a discórdia. O desamor provavelmente era culpa minha. Algo fiz de errado. Fui pouco altruísta, não soube escutar, não me transformei, deveria ter seguido seus sonhos, não tive paciência, certamente errei, revelei o pior de mim. Desautorizei ela diante dos filhos? Se ela desistiu, poderíamos apontar a diferença de idade. Ou que ela achava que eu fazia pouco como pai. Ou incompatibilidade na criação dos filhos. Ou machismo. Talvez eu fizesse pouco como pai e como marido. Talvez nunca fosse o suficiente o que eu fazia. Ou nunca dei o valor que ela merecia, pelo sacrifício que fazia por nós. Se ela não estava feliz, era culpa minha por não a fazer se sentir completa, parceira, sócia, amada? Ou talvez não conseguisse dividir com ela o peso da maternidade, apesar de eu achar que, sim, de alguma forma eu ajudava.

Morei sozinho desde os dezessete anos. Casei duas vezes, descasei, morei com amigos, o ideal edipiano de uma mãe que cuidasse de mim nem existiu na infância, já que minha mãe, viúva, teve que sustentar cinco filhos sozinha. Desde a adolescência, fiz feira, supermercado, lavei louça, arrumei a cama, preparei meu café da manhã, fiz matrícula nas escolas, marquei médicos... Queria a companhia da minha mãe, claro, mas era impossível.

Com os filhos, coloquei pra dormir, fiz companhia, contei histórias, brinquei. Mas foi pouco? Sempre é pouco. Para o homem, sempre é pouco. Meu mundo era outro planeta. O que para mim era muita ajuda, para ela deviam ser migalhas. Ela sempre fez muito mais, contava histórias, dormia abraçada, via filmes, cozinhava pratos favoritos, passava cremes, dava banhos, escovava os dentes junto com eles. Nosso casamento foi lindo. Era tudo tão lindo no começo.

Entrei num estado de pânico: ficar sozinho com dois bebês completamente dependentes e uma mãe que agora morava a duas quadras. Banho, banheiro, comida, mamadeira, lanches, lancheiras, reuniões na escola, médicos, dentistas, vacinas... A febre da madrugada. Por outro lado, eu estava sozinho numa vida em que não poderíamos ter excessos, especialmente financeiros. Atordoado, contratei a irmã da já contratada empregada. Duas contratadas. Revezavam-se para dormir em casa. Fim de semana, minha irmã ficou à disposição, e a mãe foi se organizando, decorando seu apê, estabelecendo uma rotina de trabalho. Aos poucos, dispensei toda a estrutura e encarei sozinho.

No primeiro ano da separação, fui um pai ruminante, observador, emocionalmente instável, me inspirando em coisas certas e erradas da minha educação e exemplos de amigos. Quando um deles me disse que seus filhos eram obedientes, pois dizia que era dele a casa em que moravam e, se não fossem obedientes, morariam na rua, passei a ameaçar os meus, que se aproveitavam das minhas indecisões e insegurança, pintavam e bordavam. Foi meu primeiro grande erro. Se já viviam num processo de separação, ou de abandono, imagine então terem que morar na rua por desobediência, algo que nem sabiam o que era. Marte preparou uma malinha de emergência com "kit sobrevivência", como dizia: bolachas, água e livros. Ele tinha acabado de fazer cinco anos. Guardou no seu esconderijo, que era uma das gavetas do beliche. Por vezes, me dizia que moraria no banco em frente ao condomínio, para aproveitar as instalações do prédio e, futuramente, a conexão da internet. Moreno, toda vez que via um morador em situação de rua, ia conversar com ele e perguntar do seu dia a dia. E em viagens apontava para favelas e dizia:

— Eu posso morar ali.

No ano seguinte, ele também fez a sua malinha de emergência.

O segundo erro foi seguir o exemplo de um vizinho, com filhos da mesma idade. Em caso de muita desobediência, ele jogava um brinquedo fora. Imitei-o. Joguei uma baleia fora, depois de quebrá-la ao meio, num acesso de fúria. Traumatizei os dois. Até hoje se lembram do dia em que eu quebrei e joguei fora o brinquedo fofo. Até hoje se revoltam com isso. Certa vez, derrubei num acesso de fúria um globo terrestre que eu mesmo tinha comprado. Riram de mim, me gozaram, e passei vergonha, jogando os destroços fora. Muito simbólico ver aquele planeta rachado, que não se encaixava mais no suporte. O mundo tinha literalmente se partido. Eu não deveria seguir exemplos de amigos. E nenhum deles era separado.

Os meus filhos viviam numa sublime e aterrorizante vida das surpresas a cada dia, da expectativa de tudo mudar de repente, da instabilidade, da falta de rotina — fundamental para uma criança. Até hoje, mal sabem onde dormirão. A van que os traz da escola entra em desespero. Cada dia, cada semana, é na casa de um ou uma. Pais separados são o pesadelo das vans escolares, especialmente os que não têm horário escalonado pelos padrões de leis trabalhistas.

Pais separados não podem sair quando querem. Não podem, na urgência, deixar as crianças com a outra fatia do casal. Pais separados precisam de esquemas, e se é o dia de estarmos com os filhos, danem-se as festas e lançamentos dos melhores amigos. Eu estava emocionalmente descontrolado. Os filhos sacaram, o mais velho especialmente. Ele sentiu a separação, sentiu falta do pai brincalhão. Perdi toda a alegria e paz. E ele entrou num surto de inconformismo e medo, misturado com novas emoções, que não sabia controlar. Era uma criança. As saudades de tempos passados se misturaram com o ódio, com a competição com um caçula que apareceu, com uma mãe em outro apê, com um pai atrapalhado, com a falta de segurança, estabilidade. Ele dava tilts emocionais de dar pena. E eu não sabia lidar com isso.

Aos poucos, a mãe se estabilizou e pôde então dividir a guarda comigo. Mas eu trabalhava em casa e tinha esquemas.

Ela por vezes passava o dia numa locação, e eles acabavam ficando mais tempo comigo. Cada um os educava à sua maneira. Ambos acertavam e erravam. Cada um seguia seus instintos. Projetava nos filhos a educação que teve. Muitos conflitos do casal separado apareceram. Eu dizia uma coisa, ela dizia outra. E assim os dois meninos viveram as indecisões e diferenças de seus pais, e tiveram que se virar para entender o que era certo e errado.

Fralda... E olha que tentei. Porque até a infância de Moreno, eu não tinha reparado que não havia um móvel na casa em que eu pudesse trocá-la. Mesmo depois de passarmos por uma longa e cara reforma, que incluiu marcenaria, a mãe, que ainda não planejava se separar, não deixou um espaço adaptado com um fraldário ou uma tábua em que um cadeirante pudesse se encaixar para trocar uma fralda com segurança. E, claro, foi ela quem tocou a reforma e desenhou os móveis, escolheu as cores, o tipo de madeira. E eu nem tinha reparado. Foi embora, me deixou uma casa montada, mas tive que me virar no começo, o que gerou muitas gargalhadas entre nós, numa época em que ficávamos os três sozinhos, para trocar a sua fralda. Marte voltou a ser Loirinho, como se tentássemos nos apegar ao que era antes, recuperar uma felicidade abalada. O mundo é bão, mas não é brincadeira.... Pode ser bom. Lutemos. Quando ele tinha uns cinco anos, pesquisávamos como colocar fralda. Mas sempre errávamos. Certa noite, achamos que tínhamos acertado, dormimos tranquilos, até descobrirmos de manhã Moreno empapado. Estava ao contrário. Fraldas deveriam ser tão mais práticas... Não tem instruções nela nem nos pacotes. Não tem setas indicando a posição correta. São confusas: um emaranhado de papel cheirosinho e ameaçador, com enchimentos e tentáculos. Mais espantoso é que no Brasil só tem duas marcas. A falta de concorrência faz com que tecnicamente uma fralda não evolua. Cocô e xixi merecem respeito. Muitos falam que a vida paterna é dividida no antes e depois de a criança tirar a fralda. E quem teve filho sabe, não vem do dia para a noite, não é como tirar rodinhas de uma bicicleta, ou ensinar a nadar, ou até a caminhar em pé, é um processo, requer estímulo. Dar laço no tênis, por exemplo... É difícil ser criança.

Com o tempo, a tristeza se acumulou. Eu precisava ter coragem e ser forte para admitir que uma depressão bloqueava a vida. Fiz um esforço monumental para elevar o astral. No começo, foi difícil, eu andava agressivo. Perdia a paciência rápido. Eles reclamavam. Eles sofriam me vendo me desestruturar. Cada um reagiu à sua maneira. Loirinho, como eu, ficou abalado, instável. Moreno trancou-se no seu mundo. Fui fazer terapia com uma especialista infantil. Tudo parecia ruir à minha volta.

No trabalho, a situação se complicava. A nova classe política que tinha chegado ao poder combatia o jornalismo, a imprensa, a literatura, teatro e cinema: o meu ganha-pão. O jornalismo impresso entrava em crise, e o novo presidente odiava a minha família e tudo o que representávamos, e meu nome foi boicotado. Em dez dias, me excluíram de uns cinco projetos inscritos em leis de incentivo à cultura, travaram outros na burocracia estatal. Eu, que nos últimos cinco anos fora indicado cinco vezes a melhor roteirista pela Academia Brasileira de Cinema e ganhei o prêmio de melhor roteiro pela Academia Brasileira de Letras, fiquei sem trabalho.

A maioria dos meus projetos era cancelável para uma sociedade conservadora: um longa sobre um viciado em drogas, outro sobre uma prostituta de luxo, um sobre o dia e a noite da assinatura do AI-5... Não queremos falar de política, de assuntos delicados, nesse momento, diziam. E ainda eu tinha um roteiro sobre a morte de JK e outro sobre o exílio de Jango. Eu não conseguia escrever sem retratar períodos conflituosos da nossa história. Um projeto que era ideia (e o sonho) de um dos maiores produtores de cinema do Brasil foi para a gaveta. Ele próprio o engavetou. Será que meter um Rubens Paiva nos créditos intoxicava o projeto? Vivi o pesadelo que escritores passaram no macartismo, stalinismo, na ditadura militar: o boicote, a autocensura. Meu nome estava na lista dos silenciados.

Ao mesmo tempo, sumiram os convites para palestras e feiras de livros. Tempos duros. Muita gente saiu do Brasil: jornalistas, filósofos, ativistas, escritores. Reviviam o exílio voluntário, tão comum na ditadura. Eu poderia ter ido. Deveria. Tenho irmãs e sobrinhos morando na Europa. Tenho amigos. Seria um caminho. Seria meu caminho, já que tenho dupla nacionalidade (brasileira e italiana), eu e meus filhos, poderia até me aposentar como deficiente na Itália, se não fosse um detalhe: a mãe estava a duas quadras dali.

Até trabalhei: escrevi um romance, um roteiro para um musical dos Titãs e dei uma única palestra (para uma prefeitura tucana do interior do estado). Entrei num edital para gravar um vídeo pro Sesc, e a produtora perguntou se tudo bem se eu não aparecesse, se meu nome fosse escondido no projeto. Sim, tudo bem. É só para aprovarmos. Ok. Depois, você vai aparecer nas filmagens. Ok, relaxa. Pode tirar... Tiraram, e o projeto foi aprovado.

O ódio de Bolsonaro contra meu pai e minha família vinha de longe. No dia 1º de abril de 2014, inauguraram um busto do meu pai num salão do Congresso Nacional. Era parte dos eventos em memória aos cinquenta anos do golpe de 1964 e uma homenagem ao ex-deputado federal cassado, preso, o único parlamentar desaparecido político do Brasil. Durante a solenidade, um então desconhecido deputado cercou minha família e passou a cuspir no busto. Descobrimos quem era depois. Meu sobrinho Chico Paiva escreveu no Facebook: "Jair Bolsonaro, junto com alguns amigos (talvez fossem os filhos; na época, desconhecidos), que se deu ao trabalho de sair de seu gabinete e vir em nossa direção, gritando que 'Rubens Paiva teve o que mereceu, comunista desgraçado, vagabundo!'. Ao passar por nós, deu uma cusparada no busto. Uma cusparada. Em uma homenagem a um colega deputado brutalmente assassinado". Descobri por acaso o rancor que foi alimentado em décadas. No Twitter, haters começaram a postar que meu pai tinha dado metralhadoras a Lamarca na Guerrilha do Vale do Ribeira. De onde nasceu essa suspeita? Quem conhecia a história sabia que Lamarca fugiu do Exército em 1969 com uma Kombi cheia de fuzis de repetição FAL para entrar na guerrilha. Não precisava de metralhadoras. Sem contar que a VPR era podre de rica, por conta dos dólares roubados do cofre do ex-governador conhecido por "rouba mais faz".

Dei um Google e, surpresa. O então deputado federal Jair Bolsonaro era do Vale do Ribeira, e desde os anos 1990 discursava no plenário rotineiramente acusando meu pai. As mentiras estão nos anais do Congresso. Foram taquigrafadas. Com a internet, sua rede de ódio replicou a informação, somada a outras. Disse no plenário da Câmara, em março de 2012: "Lamarca em três meses estava a montante do rio Ribeira de Iguape, município de Eldorado Paulista, lindeiro com a Fazenda Caraitá. Que Fazenda Caraitá é essa? Pertencia à família Paiva. Um dos donos: Rubens Paiva. E o Rubens Paiva, então, foi quem indicou aquela região para o Lamarca, assim como no passado indicaram a região do Araguaia. Então, o Lamarca usava aquela região, indicada por Rubens Paiva, e bancado, financeiramente, por Rubens Paiva".

Sim, era aquela fazenda idílica em que eu passava as férias na infância e adolescência. Que não era do meu pai, mas do meu avô. Na época, eles tinham desavenças políticas, porque o patriarca era conservador e chegou a ser eleito prefeito pela Arena, o partido braço civil dos militares. E meu pai quase nunca aparecia em Eldorado. Bolsonaro acusava meu pai de ter dado "local e meios" para Lamarca "criar um foco de guerrilha". O campo de treinamento da guerrilha na verdade ocorreu a mais de cem quilômetros da fazenda do meu avô, nas matas na fronteira com o Paraná, e na fuga eles saíram em Barra do Turvo, a cinquenta quilômetros de mata da fazenda, região montanhosa, sem estradas. A fazenda do meu avô ficava do outro lado. Na época da guerrilha, morávamos no Rio, muito distante de Eldorado. Bolsonaro também disse que meu pai foi assassinado em 1971 por companheiros da resistência, especificamente pelo "bando do Lamarca", por ter entregado nomes durante a tortura. Isso porque Bolsonaro garantia sem titubear: "Ninguém resiste à tortura".

Mas, em 2014, o general reformado Raymundo Ronaldo Campos revelou que o Exército montou uma farsa ao sustentar, na época, que meu pai teria sido resgatado por seus companheiros "terroristas" ao ser transportado por agentes do DOI no Alto da Boa Vista. Raymundo, que era capitão, conduzia o veículo supostamente atacado e estava na companhia dos sargentos e irmãos Jacy e Jurandir Ochsendorf. Segundo *O Globo*: "O general, que passou os últimos quarenta e três anos sustentando a farsa, mudou a versão sobre o episódio em depoimentos ao Ministério Público Federal e à Comissão

Nacional da Verdade. Ele admitiu que recebera ordens do então subcomandante do DOI, major Francisco Demiurgo Santos Cardoso, para levar um Fusca até o Alto da Boa Vista e simular o ataque. Raymundo e os dois sargentos metralharam e incendiaram o carro, jogando um fósforo aceso no tanque de combustível".

Um seguidor meu no Twitter disse algo como "Puxa, Marcelo, se você tivesse dado sorvete pra ele em Eldorado, não estaríamos nessa...".

Sorvete? Vim a saber que um dos filhos de Bolsonaro, na biografia que escreveu do pai, conta que eu o esnobava na praça em Eldorado, tomando picolé e jogando o palito no chão, e que ele e os amigos corriam, pois, se fossem palitos sorteados, teriam a chance de ganhar picolés. Bolsonaro é seis anos mais velho do que eu. Será que ele me confundiu com meus primos? Como candidato a presidente, ele repetia na campanha sua teoria sobre a suposta participação indireta do meu pai na Guerrilha do Vale do Ribeira. Seus seguidores passaram a reproduzir trechos da sua teoria nas minhas redes sociais. Procurei uma advogada para obrigá-lo a provar. Eu teria que gravá-lo numa das palestras e comícios que fazia. Meus amigos jornalistas me relatavam que ele repetia a teoria em reuniões fechadas em teatros, auditórios. Pedimos para gravá-lo. Não deu tempo. O candidato levou uma facada, interrompeu a campanha e nunca mais tocou no assunto. Nem depois de eleito.

Final de 2018. O clima no país pesou. Quatro alunos da Faculdade de Economia e Administração da USP entraram na faculdade com roupas militares, armas e as placas "A nova era está chegando" e "Está com medo petista safada?" e tiraram fotos. A USP identificou e abriu sindicância. Um aluno de uma universidade de Bragança Paulista foi preso ao entrar com canivete, rifle de airsoft e bastão e ameaçar colegas. A Guarda Civil o prendeu em flagrante. A universidade abriu uma sindicância. O aluno negou as ameaças, mas não explicou as armas. Quatro apoiadores do presidente eleito invadiram uma assembleia do Sindicato Nacional dos Servidores Federais da Educação Básica, em Camboriú. Um empresário de Itajaí exaltou-se e deu vivas ao ditador chileno Augusto Pinochet: "Matou quem tinha que matar". Um aluno do curso pré-vestibular Oficina do Estudante, em Campinas, levou uma arma de brinquedo e ameaçou os colegas. Disse que voltaria para matar estudantes homossexuais. Foi expulso. Uma mãe jornalista de Natal (RN) fantasiou o filho de escravizado para o Halloween da escola e postou fotos. Chegou a maquiar as costas do garoto com marcas de chicote. Queria abrasileirar a festa, contou: "Não leiam livros de história do Brasil. Eles dizem que existiu escravidão de negros no país, mas isso é mentira". Pediu desculpas depois e apagou as fotos. Uma deputada estadual recém-eleita, professora, abriu um canal de denúncias na internet para fiscalizar "professores doutrinadores" que, em sala de aula, tivessem "manifestações político-ideológicas". O juiz da Vara da Infância e da Juventude de Florianópolis determinou que a deputada retirasse a publicação, pois "fere o direito dos alunos de usufruírem da liberdade de expressão da atividade intelectual em aula, que deve ser exercida sem censura".

A Marcha do Chola Mais foi agendada pelo Facebook para "cantar e comemorar" a vitória de Bolsonaro pelas ruas da USP. Um dos organizadores, deputado estadual eleito, cofundador do movimento Direita São Paulo, não estuda na instituição. Rolou um empurra-empurra na universidade. Um estudante da Faculdade de Direito do Mackenzie postou vídeos afirmando "Estar armado com faca, pistola, o diabo, louco para ver um vagabundo com camiseta vermelha para matar logo" e "Essa negraiada vai morrer". Pediu desculpas depois, disse que foi uma "bobagem", um "impulso", uma "fala completamente equivocada". O MP de São Paulo abriu inquérito. Ele foi suspenso da faculdade e mandado embora da firma de advogados onde trabalhava.

O novo presidente eleito criou um repertório grande de declarações misóginas, homofóbicas, racistas, somadas a ataques à imprensa e discurso de ódio, que avalizavam o comportamento dos seus aliados. Apoiadores entraram na Universidade de Brasília para comemorar a vitória dele. Convidados a se retirar, quebraram o pau com estudantes do Instituto Central de Ciências. Um assessor parlamentar de imprensa do presidente eleito entrou num grupo no WhatsApp formado por jornalistas que cobriam a campanha e mandou: "Vocês são o maior engodo do jornalismo do Brasil!!!! LIXO". Escreveu depois: "Gostaria de apresentar minhas sinceras desculpas junto aos jornalistas brasileiros, que por ventura se sentiram atingidos, no tocante ao meu excesso verbal. Agi de forma rude e equivocada para mostrar minha insatisfação na cobertura jornalística do cenário político nacional".

Um ministro anunciou que o STF se uniria em defesa de negros, gays, mulheres e da liberdade de expressão: "O Supremo pode ter estado dividido em relação ao enfrentamento da corrupção. Muitos laços históricos difíceis de se desfazerem, infelizmente. Mas em relação à proteção dos direitos fundamentais, ele sempre esteve unido". O grupo Ninguém Fica Pra Trás abriu conta no site de contribuição coletiva: "O ódio pode estar mais forte do que nunca, mas nossa resposta começa aqui e agora. Vamos nos unir nesta enorme campanha de financiamento coletivo para apoiar iniciativas que acolhem pessoas vítimas de violência, intolerância, misoginia, homofobia e racismo... A eleição de Bolsonaro tem um efeito grave e imediato: o aumento dos crimes de ódio sobre grupos que foram hostilizados em seus discursos. Mulheres, negras e negros, população LBGTQIAP+, povos tradicionais e refugiados sempre sentiram na pele os efeitos da intolerância — mas agora, com um presidente que incita o ódio publicamente, essas vidas estão ainda mais ameaçadas".

A Associação Nacional de Jornais, OAB, ABI, Repórteres Sem Fronteiras, Federação Nacional dos Jornalistas, Comitê de Proteção aos Jornalistas e outras entidades repudiaram a entrevista ao *Jornal Nacional* em que o candidato eleito voltou a atacar o jornal *Folha de S.Paulo* e afirmou que "por si só, esse jornal se acabou". Na quinta-feira, na sua primeira coletiva, foi vetada a presença de representantes dos jornais *Estadão*, *Folha*, *O Globo* e agências internacionais. Era só o começo.

O tema do bloco Acadêmicos do Baixo Augusta de 2019 foi *Que país é esse?*, com um show da Legião que chacoalhou a praça Roosevelt e entorno. O nome foi dado em referência ao novo governo e a Iolene Lima, secretária de educação básica do Ministério da Educação. A educadora evangélica, conhecida por ter fundado uma escola ligada à Igreja batista, apareceu num vídeo em que afirmava que faria uma educação básica seguindo os princípios de Deus: "A geografia, história, matemática 'vai' ser vista 'sobre' a ótica de Deus, numa 'cosmovisão cristã'".

"O autor da história é Deus", disse a criadora do método *Educação por princípios*, que se popularizou numa palestra no YouTube. Segundo ela, "Deus fez a geografia, as planícies, os relevos, o clima". A matemática? "O maior matemático foi

Deus." Ela disse que todo o currículo escolar seria organizado "sobre" a "ótica das Escrituras", e citava o Gênesis, em que Deus fez o verbo, o céu, a terra, a luz, o dia e a noite, os mares e continentes, a natureza, a água, os animais e o homem.

Há mais de 2600 anos, o grego Tales de Mileto dizia que as coisas não são obra de um Deus, mas estão cheias de deuses. Era preciso renegar o pensamento religioso para construir um novo pensamento. O Teorema de Tales proporcionou a medição da altura das pirâmides do Egito. Platão, Sócrates e Aristóteles afastaram-se de Deus para sempre. Agora, teremos que ter apenas um ponto de vista sobre como as coisas foram transcendentalmente feitas? Essa seria a escola dos meus filhos?

Aos poucos, meu coração foi desacelerando. Sobrevivi a uma ditadura. Sobreviverei de novo. Caçoar passou a ser a forma de superarmos tempos bicudos, de nos mantermos unidos. Enxergar virtude onde há defeitos virou filosofia de vida. Trabalhar os traumas usando ferramentas de processos criativos, como escrever, é meu dom, profissão. E doutrinar. Comprei para eles versões de *O capital para crianças* e do *Manifesto comunista em quadrinhos*, baseadas em Marx. Quando meus filhos descobriram a existência de classes sociais e a luta de classes, e perguntaram a qual pertencemos, não tive dúvidas:

— Proletariado da área cultural.

Quando eles me enchiam muito, eu informava que minha família (nossa *famiglia*) era da máfia, para não abusarem, ou chamaria meus (nossos) primos. Na verdade, graças a *Esposas da máfia* (*Mob Wives*), reality show americano sobre mulheres que moravam em Staten Island em Nova York, perto do presídio em que familiares e maridos estavam presos por crimes relacionados à máfia, descobri que um dos sobrenomes que se destacava era Facciolo, a Carla Facciolo. Minha família materna é Facciolla, de Bari. É no sul da Itália, terra de mafiosos notórios. Soprano é de Avelino, cidade que fica no meio do caminho da estrada que liga Nápoles a Bari. Vito Facciolla, meu bisavô, veio ao Brasil em 1904 como José, meu avô, de Polignano a Mare. Vito Corleone, da Sicília, chegou sozinho em Nova York em 1901. Achei que uma forma dos meus filhos conhecerem a trajetória dos parentes, e de sua nacionalidade ítalo-brasileira, seria assistir à trilogia *O poderoso chefão*. Minha família (nossa família) chegou em Santos fugindo da fome e da miséria e em busca da esperança de um mundo novo. Ficou na Hospedaria do Brás (hoje Museu da Imigração, em que já fomos duas vezes), bairro onde minha família se criou e meu avô virou comerciante da Bolsa de Cereais. Ver a saga *O poderoso chefão* com meus filhos foi a forma de eles entenderem nossas origens. Exceto por um detalhe. Eu dizia que a turma que veio pro Brasil não era bandida. Então, durante o filme, eu fazia paralelos. Esta é como minha tia-avó. Ou, Vito começou um negócio de importação de azeite; aqui, meu bisavô Vito fez a mesma coisa com cereais, e meu avô, com arroz.

Loirinho contou para a escola toda que era de uma família mafiosa. A assistente da professora disse que era mentira. Achei uma intromissão na minha educação estabanada, mas autêntica. Virou um caso pedagógico. A intenção era mostrar os dilemas da imigração, a ligação com a "terra mãe".

Então vieram mais paralelismos: nossa família não é mafiosa, mas vovô Rubens foi preso na ditadura e morto. Era bandido? Aqui, eu tinha que explicar sem pinceladas de ficção, porque o que aconteceu de fato era pra lá de complexo. Minha família paterna não era italiana, apenas a materna. A do meu pai era alemã com portugueses. E a prisão de vovô Rubens foi violenta, como a história brasileira.

O governo de Jango, que meu pai apoiava, que dizia ter apoio popular e um dispositivo militar organizado para resistir, ruiu por inteiro em 1964. Jango fugiu. "Não se pode chamar de covarde a quem, tendo um canivete, não reage ao ataque de alguém armado com metralhadora", disse Almino Affonso, que com vovô Rubens se asilara na embaixada da Iugoslávia, recém-inaugurada. Eram muito amigos, ele e meu pai. Encontrei Almino outro dia, num velório. Ele devia estar com mais de noventa anos. Me disse, com sua voz barítono (era famoso pela oratória, na época em que ganhava eleição quem melhor discursava):

— Vamos depois nos reunir para organizar nosso comitê eleitoral, dessa vez com mais empenho.

— Vamos — respondi.

Evidentemente, ele me confundira com meu pai que saiu como ele para deputado federal, mas em 1962. Dias depois, encontrei Sérgio Britto, filho dele, no camarim do show dos Titãs, e contei o que tinha acontecido. Ele sorriu, e muito educado e gentilmente disse:

— Ele anda um pouco atrapalhado...

Claro que veio a pergunta do Loirinho. Pergunta que me faziam desde os meus onze anos na escola do Rio, de São Paulo:

— Por que os militares não gostavam do vovô?

— Porque ele queria tirar dos ricos para dar aos pobres — expliquei.

— E os militares não deixavam?

— Eles só defendem os ricos.

Certa ou errada, minha didática seguia a do meu pai, pois foi assim que ele explicou numa carta para mim e minhas irmãs o golpe de 64, e na época eu tinha a mesma idade que seu neto, cinco anos. Só sei que num jantar de uma amiguinha do prédio, cujos avós eram de direita, Loirinho soltou:

— Os militares mataram meu avô porque ele queria tirar dinheiro dos ricos e dar para os pobres, e os militares não deixam.

Ficaram todos espantados. Anos depois, dei a mesma explicação para Moreno.

As primeiras linhas da fala do novo presidente, na abertura da Assembleia da ONU: "Apresento aos senhores um novo Brasil, que ressurge depois de estar à beira do socialismo".

Socialismo? Brasil Acima de Tudo, o lema do novo governo, tinha uma levada fascista, que considera que o Estado é superior ao cidadão (*Deutschland über alles*). Costumes de uma sociedade progressista e tolerante passaram a ser condenados. Madeireiros colocaram fogo na Amazônia. Governantes culparam ONGs. Culparam o Greenpeace por um vazamento de óleo. Fizeram a CPI das ONGs. Garimpeiros invadiram reservas indígenas. Lideranças foram mortas. A mulher do presidente francês, destratada. O presidente perguntou a um descendente de asiáticos: "Tudo tão pequeno por aí?". Cabeça tão pequena no comando... "Você tem uma cara de homossexual terrível", foi dito a um jornalista. A adolescente ambientalista virou pirralha, e Paulo Freire, energúmeno. A grosseria se estendeu ao presidente da OAB, cujo pai é desaparecido político, e aos nordestinos, chamados pejorativamente de paraíbas. O presidente disse que não tinha fome no país, defendeu um filtro na Ancine, criticou a jornalista Miriam Leitão.

Sobrou até para o Inpe, os cientistas veganos. Incentivou o turismo sexual. "O Brasil não pode ser um país do mundo gay, temos famílias, pô." Fernanda Montenegro foi considerada sórdida e mentirosa. O país foi o único que obstruiu o acordo da conferência sobre o clima, COP25, e o prefeito de Nova York foi chamado de "toupeira". A monarquia foi enaltecida, o Dia da Consciência Negra, criticado, os ditadores Stroessner ("um homem de visão") e Pinochet, elogiados, e o AI-5 foi chamado de volta. Danem-se os escrúpulos. Um mineiro e um paraense foram vistos em lugares públicos com suásticas nos braços. Num domingo, o aposentado Adel Abdo foi preso em flagrante depois de disparar três vezes com um revólver calibre 22 no contador Rafael Dias, seu vizinho. Segundo testemunhas, teria dito: "Viado tem que morrer". O feminicídio virou epidêmico.

"Este é um governo absolutamente agressivo, que cria um clima horroroso no país. Tudo que é ligado à ciência e à arte está sendo demonizado. Artistas, cientistas e professores sofrem um bombardeio diário de mentiras, de assassinatos de reputações. O grupo que está no poder quer calar as vozes dissonantes", disse Marcelo Adnet, humorista vítima de seguidores do presidente. O Brasil vivia sob ataque, precisava de um homem equilibrado, agregador, que respeitasse as diferenças e defendesse as instituições. Ganhamos o inverso. Numa facada que ainda jorraria muita bílis. Mas calma. Viria o próximo capítulo da tragédia.

Moreno chegou nesse momento da piscina e acabou de me perguntar:

— Você está escrevendo o livro, pai?

— Estou.

— Ele vai ser muito bonito.

E foi tomar banho. Se todos tivessem o caráter (além de bondade e sobretudo empatia) desse menino de sete anos, o planeta seria doce. A vida é boa, Moreno. O mundo é bom. Vivemos uma crise. Todas elas passam. Quando tinha oito anos, me mandou um cartão em que eu estava desenhado, escrito: "Oi, pai, você é muito inteligente, boa sorte com seu livro novo [este aqui]. Você é o melhor pai do mundo, Moreno". Bastou...

Loirinho cresceu demais. Ficou inacreditavelmente antenado. Virou um dos melhores alunos da classe. Daqueles de quem temos raiva (ou inveja): não estuda, mas presta atenção e tira notas ótimas. Me perguntou hoje de manhã, enquanto escrevo, se tem mijo de cachorro em papel.

— Ué... Cachorro mija em árvore.

De onde eles tiram essas coisas? Ah, sim, era uma piada. Começaram a aprender piadas. Começaram as malícias. Acho que foi nessa época que passei a chamá-lo de Loiro. Ou Loro. Certo domingo de verão, Moreno desceu para a piscina depois do almoço e não subiu mais, o que se tornava um hábito. Ouvia do meu apartamento a agitação lá embaixo. Desci para um café, ele estava com uma dezena de amigos na piscina, fazendo guerra de pistolas lança-água. Anoiteceu. Vi um filme com o Loro, o que também se tornava um hábito. Moreno interfonou, avisou que ia jantar na piscina. Ok, normal. Fui à padaria com o Loro. Na volta, Moreno não estava em casa. Descemos para procurá-lo. Tudo escuro na piscina. No canto, uma enorme armação com mesas e cadeiras de plástico. Tinham feito um castelo, usando tudo o que encontraram.

O castelo tinha muros, guaritas, portões, trono, torre de vigia (cadeiras e mesas de plástico e guarda-sóis). O que está acontecendo por aqui?

— É um castelo, e eu sou o rei — me explicou Davi 2, com uma bandeja de salgadinhos na mão.

— E eu sou o construtor e vigia — gritou da torre Vini.

— Eu sou o jogador, e ele é o pseudorrei — me contou Tuco, apontando para um moleque muito pequeno, escondido entre as cadeiras. Veio correndo o Moreno com uma lata de guaraná me mostrar como se entrava no castelo.

— E você é o quê, Moreno?

— Sou o bobo da corte. Conto piadas e arroto.

E saiu arrotando. Em segundos, outros pais alarmados apareceram, em busca de seus filhos. Assim como os seguranças, pois moradores reclamavam da bagunça. Vamos desmontar tudo isso. Mas meu pequeno Hamlet sumiu pelas árvores. Reapareceu em casa.

— Viu, pai, você não vai levar multa, porque fugi, ninguém me viu.

Diferentemente do príncipe da Dinamarca, meu pequeno picou a mula.

A graça favorita de Moreno era uma pegadinha.

— Um avião tinha trinta e seis tijolos, um se soltou, quantos sobraram?

— Trinta e cinco.

— Como coloca um elefante na geladeira?

— Como?

— Abre a geladeira e coloca ele lá dentro. E como coloca uma girafa?

— Abre a geladeira e coloca ela lá dentro.

— Não cabe. Abre a geladeira, tira o elefante e coloca a girafa. O leão deu uma festa para todos os animais, mais um não foi, qual?
— Qual?
— A girafa, que estava dentro da geladeira. Uma criança estava passando no rio de jacarés, ela atravessou como?
— Como?
— Os jacarés estavam na festa do leão. Mas depois de passar, ela morreu. Como? O tijolo do avião caiu na cabeça dela. E fim.

Como amamos os filhos, e como eles nos amam. É assustador. Mobiliza a alma, como o sangue conduz vida. Temos que ceder, oferecer, servir, agradar, imaginar que tudo de bom aconteça. Queremos ofertar ao mundo pequenos e educados cidadãos. Amar um filho exige tudo e não exige nada. O amor nasce no parto. O amor sai junto do útero da mãe. O amor está no aroma da placenta e contamina como um gás venenoso, nos modifica na hora, nos faz mudar. Eles nos amam demais. E os amamos mais que a nós mesmos. Mudam a gente. Enxergam os nossos piores defeitos, a todo momento, mas eles nos perdoam rapidamente e nos aceitam. Querem nosso alô, beijo, abraço, conforto, carinho, querem um ouvido mais sábio, limites, paz. Muita gente acha difícil ser pai ou mãe. No começo, achei que seria impossível, e que, sem ajuda, eu não sairia de um pântano de indecisões. Porém, e sobre isso é este livro, tornou-se fácil ser pai, não como algo intuitivo, mas seguindo uma lógica que, acredito, cada pai e mãe constrói.

Li num suplemento dominical do *Estadão* uma matéria que trazia a lógica de que "respeitar as etapas de desenvolvimento da criança e acolher suas frustrações traz benefícios para pais e filhos e cria adultos mais seguros". Parece tudo tão simples e banal. Talvez seja. Talvez eu não tenha essa paz do perfil de pessoa feliz e realizada, e estou longe de ter uma saúde mental e ser fisicamente saudável. Na matéria, uma foto grande do casal Renata e Renato felizes e realizados com o filho Renatinho (nomes inventados). Ele tinha a idade do meu mais velho, cinco anos, que é quando a criança dá mais problemas, ao entrar na chamada segunda infância. Queria muito encontrar os Renatos daqui a uns anos, saber se Renatinho se deu bem na vida e se o casal manteve o casamento. E, daqui a vinte anos, se Renatinho é um sociopata borderline histriônico que diz na terapia que a culpa é dos pais. Quando tive filhos, e fui dos caras mais tardios da turma, tive uma convicção, depois de observar irmãs, primos, cunhados e amigos penarem com os deles: nunca ser o filho de uma criança! Alguém aqui se lembra do terror do episódio de Spielberg em *Além da imaginação*, em que uma criança com poderes domina os pais e os obriga a comer só aquilo que o paladar infantil digere, como chocolate, hambúrgueres, batatas fritas, e decorar a casa como o quarto de um bebê?

Por vezes, pensava no meu pai e imaginava o que ele faria em determinados conflitos. O xis da questão, e me dei ao trabalho de perguntar para amigos e amigas, é o castigo físico. Todos se lembram da primeira vez em que apanharam dos pais e mães, por que apanharam e como se sentiram depois. São capazes de se lembrar da dor física de um tapa, uma chinelada, uma cintada. Traumatiza. No Brasil, é crime. Meu pai nunca me bateu.

Dizem especialistas: temos que reconhecer o que está sendo comunicado no choro, tentar entender o que a criança está expressando. Os famosos ataques de birra fazem parte do desenvolvimento daqueles pequenos que têm dificuldades de lidar com frustrações. Ouvir um "não" faz parte da formação, o que não faz parte é, em vez de conversar, gritar e bater. Renata, a mãe de Renatinho, diz que desde a gravidez sabia que não educaria o filho com castigos e recompensas, e que a educação tradicional a deixou com marcas emocionais. Ela, assim como eu, escutava na infância a frase "Engole o choro". Cometi o mesmo pecado com Moreno. Já o Loro abria o berreiro à vontade, dramático, exagerado. Quando caiu pimenta nos seus olhos, gritava:

— Eu vou morrer!

Quando ouvia um não:

— Eu quero morrer!

Levamos a um psiquiatra veterano, professor da USP, atordoados pela vontade de morrer de um menino de sete anos. Loro jogou com ele Banco Imobiliário, Minecraft, xadrez, e o seduziu.

— Ele é ótimo, inteligente, divertido, só precisa de um detox das telas.

Sumimos com o celular.

Já Moreno chorava sem chorar. Era desesperador. Travava o rosto, a boca tremia, escorriam lágrimas, mas ele não chorava. Coitado, culpa minha, que repetia:

— Engole o choro!

Quando queria chorar sem repressão, corria, fechava a porta do quarto e ficava sentado na cama chorando baixinho, numa das cenas mais tocantes de se ver. A matéria no jornal afirma que as crianças têm que ter liberdade para chorar, o que não as torna mais fracas. Alguns compartilham com filhos a cama e dizem que não faz mal à criança, ao contrário, que o apego a deixa mais segura. A prática da criação gentil virou uma causa, existem workshops e encontros para difundir a ideia. E então são listadas as dicas de como praticar a educação respeitosa, entre elas "Acolha o choro, é esperado que as crianças chorem, façam birra, ajude a criança a reconhecer os próprios sentimentos e buscar uma solução para as suas necessidades". Dialogue, ouça a criança com atenção, comunique-se com clareza numa linguagem compatível com a idade.

— Pai, o que é sexo?
Não imaginei que esse dia chegaria tão rápido. Loro tinha apenas seis anos. Vamos lá, encarar mais uma: é quando duas pessoas namoram. "Tipo *Bela Adormecida*?" Mais ou menos. "Então já vi sexo. Em *Hotel Transilvânia*, *Madagascar*, *Moana*..." Listou filmes que viu no cinema e nos streamings de vampirinha com turista na Transilvânia, zebra com girafa, velejador besuntado com a filha do chefe de Motuni, na Polinésia. Mais ou menos. Sexo é algo mais do que namoro.
— É o quê?
— É quando duas pessoas que se gostam dividem intimidades, se encostam.
— Pelados?
— Nem sempre.
— Você faz sexo?
— Eventualmente.
— Mamãe faz sexo?
— Também eventualmente.
— Dói?
— A ideia é que seja gostoso, prazeroso.
— Quando eu vou começar a fazer sexo?
— Quando você ficar mais velho, bem mais velho.
— Quando eu ficar adulto?
— Ou antes. Na adolescência. Vamos fazer pipoca?

Eu não estava preparado, nem lerei manuais que ensinam a lidar com temas cabeludos. Deixei de os ler há tempos, afinal, ok, crianças francesas não fazem manha, mas são existencialistas, perdidas, confusas, reclamam de tudo, e a Noruega tem as melhores escolas mas a taxa de suicídio é quase o dobro da do Brasil (12,2 versus 6,5 por cem mil habitantes). Crianças são tão diferentes entre si... Quando leio o título de uma dita especialista "As crianças tá-tá-tá...", nem abro o link. Como assim, "as crianças"? Valeria "Os adultos pá-pá-pá..."? "Os idosos..."? "Os barrigudos..."? Muito se escrevia sobre crianças na pandemia. Era o maior papo furado pretender diagnosticar o que rolava com elas. Cada uma reagia de um jeito, vivia uma realidade social diversa, espaço físico e dinâmica familiar própria, com dilemas, paradoxos, descasos, acordos, desacordos, ruídos, brutalidade, desprezo. Não existe "as crianças", existem crianças que vivem cada qual sua própria alegria e dor. Para muitas delas, a pandemia era uma rara chance de conviver intimamente com pais, irmãos, casa, pia, louça, vasos de planta, brinquedos e jogos, animais de estimação, fantasias, banho sem pressa, passeio ao supermercado, padoca, farmácia, filminho na TV. Grave mesmo foi o que rolou com a geração de comunidades de baixa renda, em que muitos viviam precariamente num mesmo ambiente, sem conexão de internet, com pais sem emprego. Em casa, o iPad foi liberado, por conta das aulas online e atividades. Até na aula de artes deixaram o lápis colorido de lado e foram para os aplicativos de design. A luta contra youtubers e games virou guerra. No que vai dar tudo isso? Por vezes, estou assistindo a um filme de adulto e, numa cena quente, entra um filho para perguntar amenidades. Enquanto procuro o controle desesperado, ele vê e não dá bola, pergunta a amenidade e se vai, como se eu estivesse vendo o entediante *O Mundo Visto de Cima*.

Pouco convivi com meus pais, que eram de uma geração que, desconfio, teve filhos para seguir um papel social imposto, não um projeto pessoal, e que a maioria das mães preferia a vida de Simone de Beauvoir, não a de Grace Kelly. Mães cujos maridos jogavam pôquer, e elas limpavam cinzeiros. Para tudo isso existia a religião: simplificar as perguntas difíceis, os dilemas da vida, que estariam nas mãos de um ser Todo-Poderoso, designar papéis, estabelecer culpas. E cada Igreja interpretou seu livro sagrado à sua maneira, a maneira que lhe convém: se quer subjugar mulheres, meta uma burca em cima, ou hijab, ou peruca, ou a proíba de cortar o cabelo, ou invente tabu da virgindade antes do casamento. Meu filho, eu poderia dizer, num discurso na segunda pessoa: Temeis ao Senhor, tu, e os santos, pois não têm falta alguma aqueles que o temem. Quando cresceres, entrarás em desespero, mas antes de subires na goiabeira, verás Jesus. Vista azul, procure uma moça de rosa, a mulher nasceu para o homem, e encontrarás tua cara-metade, um grande amor nascerá, ficarão noivos, se casarão, e chegará a hora, deixai vir a mim as criancinhas e não tenteis impedi-las, deitar-te-ás sobre a amada e procriarás, que é um mandamento divino. Será que cola?

Bem, vovô e vovó irem para o céu depois de morrerem colou. Papai Noel ainda colava. Dente de leite que cai e vira moeda de ouro se colocado debaixo do travesseiro, idem. Coelhinho da Páscoa também.

Tema do bloco Acadêmicos do Baixo Augusta em 2020: *Viva a resistência*. Nada mais nos restava.

O Instituto Barco dava aulas presenciais de artes, literatura, roteiros e me convidou para dar um curso de literatura. Insistia. Eu relutava, não saberia ensinar. Até que Marcelino

Freire, amigo poeta e professor tarimbado, me convenceu num almoço. Era trabalho, seria bem remunerado. E, disse o poeta que dá os melhores cursos de literatura, eles querem saber o que você sabe, como você levantou seus livros, criou personagens, tramas... Apesar de eu ter feito mestrado em literatura comparada na Unicamp, achava impossível ensinar a escrever. Não tinha defendido minha tese exatamente porque descobri que a teoria não nos serve à escrita, mas à leitura e à própria teoria, ou seja, não se escreve um livro seguindo um manual. Como eu poderia agora ensinar o contrário? Mas Marcelino foi convincente: você não vai ensinar nada, mas contar como escreveu, é isso que querem saber. Então eu deveria, em quatro aulas, abordar como foi a criação de quatro livros.

Antes do Carnaval, lá estava eu em Pinheiros, na sede do instituto, numa sala lotada por cinquenta alunos, com um telão conectado ao laptop, e eu mostrando meus livros em Word. Tinha até as indicações e comentários da revisão de editores, o que mostrava o processo final da edição. Eu tinha dado aulas de roteiro na pós-graduação da Faap dois anos antes, mas apenas sobre diálogos. Gostei da experiência. Especialmente do respeito que se tem por um professor, que tem vaga garantida para parar o carro dentro, num bairro dificílimo de estacionar. Bastava anunciar na guarita:

— Sou o professor Paiva.

A guarita se levantava, e uma equipe de seguranças se comunicava por rádio:

— Professor Paiva chegou.

Ser chamado de professor me fazia subir alguns degraus na minha autoestima. Gostei da patente. Porém, na primeira aula, falei tudo o que eu tinha para dizer em meia hora, e a aula duraria três. Dei um intervalo para fumar, liguei desesperado para meu cunhado, professor da FGV. Ele colocou no viva-voz minha irmã, professora da USP. Deram a dica:

— Faça perguntas aos alunos.

Voltei à sala e perguntei. Vi como gostavam de falar de si, e do debate que isso gerava. As outras seis aulas seguiram o mesmo formato. E, numa grata surpresa, os trabalhos finais ficaram bem acima da expectativa.

No instituto, por ser mais prático do que teórico, eu falava sem parar. Estávamos em janeiro. Marcamos outro curso na sequência, em fevereiro, na véspera do Carnaval, devido à procura. Esse segundo curso foi mais conturbado. Uma aluna perguntava sem parar, não me deixava falar. Outros alunos reclamavam dela. Quando pedi que ela tivesse calma, que outros e outras também queriam perguntar, ela me chamou de machista. A classe se revoltou. Gastamos aulas discutindo a postura dela, e me desconcentrei. Eu estava com uma tosse que não passava, e com um resfriado forte, apesar de ter me vacinado contra a gripe. O mal-estar me tirava as forças, embaçava a minha vida. Só me curei um dia antes do desfile de Carnaval. Fui de metrô com amigos, e parte deles tinha pegado a mesma gripe.

Meses depois, descobrimos: era covid-19. Pegamos sem nem saber o que era. Não tinha covid no Brasil, nem testes, nem em hospitais. Mas o vírus estava indetectável entre nós. Oficialmente, um empresário de sessenta anos foi considerado o primeiro diagnóstico no Brasil. Ele testou positivo em 25 de fevereiro, depois do Carnaval. Tinha acabado de chegar da Itália, onde a doença explodiu depois da China. Meu oftalmo, que me atendeu naquela época, também tinha acabado de chegar da Itália. Alguns amigos vinham da Europa para desfilar no bloco, especialmente da França.

Naquela época, já separado, estava numa relação com Carla, jornalista como eu, com uma filha de onze anos. Tinha começado no ano anterior, depois de um almoço em que descobrimos um sem-número de afinidades, amigos em comum, jeito de pensar, ética de vida. Um beijo nos uniu. A maneira como ela pegava na minha mão era forte, decidida, comovente. Me apaixonei, e a relação estava mais firme no Carnaval.

Meses depois da minha gripe, em maio, ela passou a desconfiar dos sintomas — porque estivera com uma arquiteta que havia acabado de ser diagnosticada com covid — e mandou uma técnica de exames clínicos em casa, para tirar meu sangue. Foi então que descobri que tivera covid em fevereiro. Eu e também a vizinha Nathy, que estava no metrô conosco no dia do desfile. Carla, no entanto, não tinha pegado.

Minha clínica geral me cumprimentou, pois eu não entendia os termos técnicos do teste:

— Parabéns, você já teve covid, está imune, que sorte.

Naquela época, já vivíamos o isolamento social desde o começo de março. As crianças não iam à escola, e a empregada ficava em sua casa. Isolados, dividíamos a guarda das crianças. O medo da contaminação, portanto, não me aterrorizava (ainda não se falava de mutações, variantes Delta, Ômega...). Meus filhos tinham apresentado os mesmos sintomas, mas por menos dias. Todos, portanto, tínhamos pegado covid. Mas permanecemos isolados, como todo o país; exceto os negacionistas e o governo.

Moreno, em casa, é quem madruga. E ainda dá ordens. Quando ele entra no quarto e anuncia "Papai, o dia amanheceu", ainda consigo enrolar dando tarefas, tipo "Tome seu café, bunda espinhuda, está em cima da mesa", "Regue as plantas", "Alimente o peixe", "Brinque sozinho", "Fique na varanda olhando os passarinhos". Todo mundo em casa era bunda-algo. Loro, "bunda branca". Eu, "bunda velha". Um tio calvo era o "bunda careca". Um dos primos, "bunda cabeluda". Estava certo isso? Claro que não. Mas o que estava certo naqueles tempos?

Minha vizinha Nathy era a grande parceira na minha rotina de pai separado. Nos conhecemos num almoço na Merça. Ela e seu marido, Douglas, saíam com um carrinho de bebê. Os dois carrinhos ficaram lado a lado. As crianças eram parecidíssimas e tinham nascido com dias de diferença. Ali, Loro e Teté mal sabiam que seriam os melhores amigos para sempre. E eu conhecia a maior aliada de tempos tão difíceis.

Falamos no corredor da Merça de como cada criança dormia e que horas acordava, grandes pesadelos dos pais de primeira viagem. Meses depois, nos reencontramos na piscina do meu prédio. Tinham se mudado para o meu bloco. Nós no oitavo, eles no quarto. Um casal de arquitetos sociável, que agregou uma turma boa no prédio, de profissionais liberais e até gente do meio em que trabalho, cineastas, escritores, artistas, cientistas políticos, argentinos e franceses. Um usuário da piscina descia com toneladas de apostilas. Estudava Dostoiévski sob o sol do Sumaré. Leu toda a obra, claro. Vira e mexe, tem um vizinho, colega de piscina, dando depoimento na Globo News. Virou piada. Até o ídolo dos escritores brasileiros, Reinaldo Moraes, se mudou para lá.

Os dois casais passaram a sair juntos: bar, lançamentos de livros, Carnaval, exposições, parques, peças infantis... Certa vez, quando tive de ir a um hospital, foi Douglas quem me levou. Quando viajávamos, um regava as plantas dos outros, alimentava gatos, peixes... A amizade se estendeu para alguns casais. Nossos filhos se mudaram para a mesma escola, o Instituto Acaia, uma experiência didática radical, em que juntavam cotistas com alunos da comunidade e favela do Ceasa.

Loro, Jojô, Enzo, Dimas, Elisa e Moreno passaram a estudar lá, depois de tanta propaganda que fiz. Um herdava a bike do outro, que herdava a bola de basquete sobrando...

Então o terremoto da minha vida pessoal se juntou com o tsunami da vida da Nathy. Nos separamos na mesma época, e meus filhos a adotaram. Como ninguém trancava a porta, confiando na segurança rígida do condomínio, o sobe e desce de crianças era descontrolado. Meus filhos iam à casa dela pegar doce, que ela comprava justamente para eles irem lá. Ou iam à casa de outros para jogar video game. Festas do pijama improvisadas se espalhavam pelo prédio. Começou a haver um revezamento de "fica com ele essa noite".

Nathy também tinha pegado covid, na mesma época que eu. Logo, éramos aparentemente imunes. No isolamento, nos grudamos como melhores amigos. Trocamos livros e comida, conselhos e consolo, dividimos as dores da separação. Ela estava sem abridor, eu abria, eu estava sem vinho, ela acudia. Era um sobe desce diário. Nathy então estava para ser despejada. Ofereci o apê da minha mãe, vazio, à espera da definição do inventário, no bloco vizinho, e com a melhor vista de todos. Minha família, claro, topou, e ela foi. Pagou um aluguel justo. E continuei vizinho da nova melhor amiga. Era pizza pra lá, pipoca pra cá, ombro pra cá, abraço pra lá, brindes e porres. Por ser arquiteta, começou a nos levar a programas que antes eu desconhecia. Um deles, a sp-Arte, feira de arte em que diversas galerias e artistas expõem. Sempre eu e o Loro nos perdíamos dos outros. O cara ama arte de uma maneira pouco convencional para a idade. Sempre amou. Examinávamos cada obra com olhos de lupa, interpretávamos. Galeristas se surpreendiam com tamanho interesse daquele pirralho, davam folhetos, cartões, respondiam perguntas. Se o deadline de um programa infantil dura no máximo duas horas, eu passaria o dia com o Loro se não fossem nos resgatar para irmos embora. No estacionamento, na primeira feira a que fomos, veio o inusitado. Ele ficou eufórico por ter reconhecido o Barba Ruiva em pessoa, um tiktoker que dava dicas de barba e que ele seguia. Tirou fotos com o influencer, e eu me perguntava como ele o conhecia, se não tínhamos TikTok instalado, e se Loro estava a anos de começar a se preocupar com design de barba.

— Ele tem mais de quatrocentos mil seguidores — respondeu.

Àquela época, eu tinha mais de oitocentos mil no Twitter, o que não conta. Pois, como já me disseram, posso até ser influenciador, mas não influenced (influenciável), o que não me torna um produto confiável. E pertencer ao grupo influente da diversidade, aliás, não me gerou frutos nas redes. Elas só me trazem polêmicas.

O isolamento aumentou o tráfego de informações, especialmente as fakes. Os filhos passaram a ter aulas online. A vigilância era severa para não acessarem redes sociais. Mas YouTube era causa perdida, já que tinha em todos os eletrônicos da casa, e era requisitado para algumas lições, que nos tempos de hoje se chamam atividades. Tínhamos dois iPads, um laptop, meu celular e meu desktop, além de duas Smart TVs com YouTube (apesar de eu colocar senhas, eles sempre descobriam). Por vezes, nós três estávamos em lives.

Comecei a dar aulas online. Mais que isso. Carla montou um site, o Bora Saber, e chamei diversos amigos escritores, roteiristas, cineastas, atores, economistas, jornalistas, isolados em casa, para dar cursos. Cobrávamos o mesmo preço dos concorrentes e pagávamos mais aos professores, já que não tínhamos sede física nem equipe. Tudo era gerido automaticamente por sites de IA. Foi um sucesso. Fazíamos bem às pessoas isoladas, era quase uma terapia. Professores bebiam e brindavam com alunos. Eu assistia a quase todas as aulas, curioso, aprendendo e convivendo online. Gente do mundo todo se inscrevia. Tinha muitos alunos da África, e uma aluna na Califórnia sempre nos mostrava o pôr do sol e vinhos locais. Passo a passo, aprimorávamos, aprendíamos. A cada dois meses, eu dava o meu curso em quatro aulas. Tinha gente que dava curso de Portugal, Londres, Canadá, Estados Unidos, Suíça. Tinha um timaço de escritores, cronistas, contistas, poetas, romancistas, jornalistas, um diretamente de Paraty, dois biógrafos do Rio. Chamei dois amigos fotógrafos que deram cursos preciosos. Eles indicavam amigos, que traziam alunos. De uma certa maneira, na minha vida, a pandemia passou voando. A vida boêmia foi substituída pela vida online. Fizemos bem aos alunos e especialmente aos professores, que ganharam uma grana e se ocuparam.

Sem empregadas, babás e assistentes, cuidar de nós três dava muito trabalho. Estica lençol, abre janelas e cortinas nos quartos para bater aquele sol. Dentes escovados no capricho. Lavar a pia milimetricamente. Arrumar remédios, checar a validade. Jogar fora caixas de remédios vazias, pomadas vazias, bulas perdidas, fio dental sem fio dental. Limpar banheira, privada, passar desinfetante em tudo. Preparar o café da manhã, com a obrigação determinada de ler dois jornais do dia ao menos. Na pandemia, precisa-se estar bem informado, especialmente contra a pandemia de informações, de medo, de pânico, de noia. Limpar cafeteira, checar validade do queijo, as frutas passadas, esvaziar potes com cereal velho, colocar novos. Tirar tudo o que tem na geladeira e limpá-la. Lavar roupa, tirar a roupa lavada da máquina, pendurar. Pensar no almoço, descongelar o que precisa ser descongelado. Regar as plantas. Checar carunchos, folhas velhas, matos penetras. Lembrar de como cada vaso ou planta apareceu, ganho por quem. Olhar a vizinhança, cumprimentar alguns da janela, olhar maritacas. Refletir. Arrumar panelas, checar as tampas de cada, talheres, jogar fora tranqueiras guardadas, como rolhas antigas, arames de pão, pratos trincados, copos rachados. Limpar a parte de dentro do micro-ondas. Lavar louça, chão da cozinha, mesa. Organizar tampas em seus respectivos potes: tarefa demorada, que requer atenção. Máscara, luvas, elevador, descer com o lixo, torcendo para o elevador não parar e entrar um vizinho, reciclar, subir, tirar luvas, lavar bem as mãos, tirar máscara, colocar sacos de lixo novos nas lixeiras. Isso merece outro café. Refletir. Limpar máquina de café, alimentar peixe, ligar computador. Refletir na varanda, tomando o café. Voltar ao computador. Checar e-mail um, e-mail dois, responder, checar rede social um, dois, três, quatro, curtir algumas fotos, compartilhar notícias, memes e fazer piadas. Divulgar as aulas do Bora Saber. Checar a lição online do filho um e dois. Checar informações no grupo de pais do filho um e dois. Checar videozinhos na caixa do filho um e dois. Dar notícias à mãe, que está na chácara do vovô, no interior, onde a conexão é péssima, mas andam sem máscaras, comem coisas da horta, frutas das árvores, ovos das galinhas que ciscam entre eles, correm e capinam. Trabalhar. Trabalhar, trabalhar, pagar contas. Call um, com o amigo deprimido na Holanda. Call dois, com a irmã. Call três, para combinar a Live um. Refletir. Ginástica.

    Quando estou com os filhos, descemos. "Ah, não, pai…" Bora, bora. Crocs, máscaras, todos pro pátio, o estacionamento de visitantes, que virou nosso playground. Corre pra lá, corre pra cá, pega essa bola, olha a borboleta, segue a borboleta, quem vai mais rápido. Lava a mão. Banho. Almoço. Montar os pratos. Bora pra cozinha. Esquentar de um em um. Filho um põe a mesa, o dois arruma a comida. Limpar a louça. Sem eles, ginástica indoor. Meia hora de ferros, uma hora de ioga num aparelho que me deixa em pé. Banho demorado, com todos os cremes que a pele aguenta, afinal, não tem muito o que fazer. Tarde. Examinar estoques. Compras online. Contas a pagar. Ler material do Curso um. Depois, fazer Curso um. Participar de Live um e dois. Postar em blog, Twitter, Insta, Face. Rever os sites de notícias. Fim de tarde, ler na cama. Tirar uma soneca. Noite. Aplaudir os técnicos de saúde às 20h. Panelaço às 20h30. Abrir o vinho. Preparar jantar. Jantar. Fazer Curso dois, dar entrevistas, discutir projetos hibernados, escrever o novo romance. Alimentar o peixe, apagar as luzes, dente, vitaminas, ver série. Refletir. Tédio, eu?

Com o tempo, descobrimos uma trilha dentro do condomínio, que rodeava todo o muro da quadra em que foi construído. Era como desvendar uma pequena mata com todos os tipos de árvores, flores e insetos. Com o tempo, liberaram a piscina. Ela é enorme. Cada família, as que se arriscavam, ficavam a metros umas das outras. E, na água, distância. Com o tempo, começamos a andar pelo bairro, padoca, sorveteria, praças. Com mais tempo, a andar de busão até Pinheiros, até a nova casa da Carla. Sempre de máscaras, higienizados, sem encostar em nada. E, claro, para a casa de praia da minha irmã, que estava com meu cunhado morando e dando aulas online de lá, e a chácara do avô Roberto, em São Pedro, com uma vista espetacular para a Mata Atlântica, galinhas, patos, até onça-parda. Nessa chácara, os meninos aprenderam mais sobre a natureza, a plantar e a colher, e também a escrever: como a pandemia bagunçou a alfabetização do Loro, o avô fez bandeirinhas com as letras do alfabeto e as espalhou pela casa. Passavam então um tempo brincando e aprendendo.

— Sabe os furões? Aqueles do Japão? — me perguntou agora Moreno.

Demorei para entender.

— Sei dos tufões. Que furam a terra. Por isso, você tem razão, deveriam se chamar furões.

— Tem na Inglaterra e na França?

— Não.

— Só na China, Japão...

— É, por ali.

— Ai, que bom.

— Por quê?

— Porque vou morar na Inglaterra com a tia Veroca, e na França com a tia Nalu, estava com medo dos tufões.

— Dos furões, você quis dizer.

E assim, mais uma vez, um filho me interrompe enquanto escrevo para tirar a lógica da vida.

O que eu mais detestava na pandemia era ser olhado como uma ameaça. Pensavam: O que será que ele tem? Será que passa o que ele tem?

Nas primeiras semanas de isolamento social, paramos de sorrir. Ao cruzar com vizinhos íntimos, nem acenos. Eles desviavam, eu poderia ser a morte. Meus filhos poderiam ser a morte. Eles se acostumaram, viam seus amiguinhos do prédio e não chegavam perto. Se o amiguinho chegava, os pais logo o puxavam. Parecíamos terroristas prestes a explodir. Em supermercados, afastam-se. Grades e cordões de isolamento delimitam nossa passagem. Não podemos encostar em nada. E, se encostamos, imaginamos a morte rondando. Não nos sentimos mais bem-vindos. Nem nosso dinheiro era aceito sem antes uma higienização seguindo o protocolo de segurança.

Distraído, por duas vezes saí sem máscara. Enfiei a camisa na cara e tremi, como num pelotão de fuzilamento. No carro, com as janelas abertas, um pobre coitado veio pedir dinheiro para comer. Aproximou-se demais da janela, não usava máscara. Apoiou-se no retrovisor. Ele não queria me contaminar. Só queria não morrer de fome.

Até na barraca de pastel da feira livre tinha fila com distanciamento, e o dinheiro devia ser colocado numa cestinha. Ninguém poderia comer pastel ali, era para viagem. Padocas, literalmente às moscas. Em farmácias não se podia se aproximar de farmacêuticos. Estádios de futebol, concertos, festivais de rock e de cinema, Carnaval, balcão apinhado do boteco, manifestações de protesto ou apoio, paradas gays, marchas com Jesus, procissões, maracatu, trio elétrico, tudo à espera de uma vacina, que podia durar um, dois anos, como podia não vir. A economia desmoronava. Comida, por sinal, passou a ser tratada como veneno. A única pizza que pedi, nesses tempos de quarentena, me deu tanto trabalho que nunca mais pedi. Embrulhei-a numa toalha, separei como um cirurgião cada pedaço da caixa de papelão, imaginando o pizzaiolo, entregador, maquininha, tudo contaminado. Que estresse... Por uma massa com queijo, tomate, azeitona e manjericão. Mesmo aparentemente imune à covid, eu não queria passar pra ninguém, e começavam os boatos de reinfecção e as variantes.

Alguns perderam parentes, emprego, empresa, todos nós empobrecemos. Alguns lutavam pela vida num hospital de campanha. Outros, em casa, lutavam para respirar. Surgiram, enfim, os exames de sangue IgA e IgG para detectar anticorpos nas pessoas que já tinham sido expostas. No começo, custavam 550 reais num bom laboratório e, claro, os planos não cobriam. Interpretar os resultados era um enigma, e havia os falsos negativos. Não tinha exame para todos. Enfim, foi então confirmado que o vírus sofria mutação. Apareceram as ondas de contaminação, e as mortes no Brasil e nos Estados Unidos estavam acima da média, justamente por conta do negacionismo de dois governos que desprezavam os alertas, dados, a ciência.

Vivíamos um congestionamento de incertezas. Você pegou a Ômega, mas agora é a Delta. Em quem deveríamos confiar? Gente no governo plantava as desinformações, negava a pandemia, os efeitos da vacina, o distanciamento social, e pedia para as pessoas deixarem de "mimimi" e voltarem a trabalhar, pois afinal era uma gripezinha. Se no mundo a covid assustava, no Brasil equivalia a um filme de terror. Estávamos sem liderança, era cada um por si.

Aos cinco anos, Moreno soltou uma boa:

— Minha comida preferida é o bufê, porque daí posso comer de tudo.

Aos sete anos, Loro me acordou pedindo a nova moeda. Qual?

— A dourada que tem um grande B.

Loro ficou obcecado por moedas. Colecionou. Demorei para entender. A dourada que tem um grande B: Bitcoin. Ela não existe, é virtual, expliquei sonado.

— O que é virtual?

— É aquilo que não existe fisicamente, mas nas nuvens.

Confundi ele ainda mais. Abriu a cortina, a janela, foi à varanda do quarto e passou a examinar nuvens que tivessem moedas douradas com um B na face. Então me perguntou se já estávamos no futuro, pois leu que Bitcoin era a moeda do futuro.

— Estamos — respondi, impaciente. — Feche a janela.

Antes da pandemia, tinha conhecido de longe, num curso presencial do Luiz Felipe de Alencastro, lá em Santa Cecília, a mãe da Lina, colega de escola do Loro. Quando começou a quarentena, fomos todos para o Zoom, e eu e ela nos falávamos via chat durante as aulas. Reparei que, de uma aula para outra, ela estava no campo, e perguntei o que tinha acontecido. Ela contou que tinha se separado e, enfurnada na quarentena em São Paulo, num bairro em que os prédios não têm vista, e sem trabalho, se deprimiu, definhou, afundou num colchão sob o manto da tristeza. A filha aos seis anos entrava e tirava sua temperatura, achando que mamãe estava dodói. O poço parecia sem fim. Ela não acertava a dose certa do antidepressivo eficaz, mas teve forças para fazer as malas, pegar a filha e ir à fazendinha da família em Minas Gerais. Na cidade grande, era a farrista doidinha que não parava quieta. No campo, andava a cavalo com a menina, passeava pelas montanhas, via céus estrelados, revia primos, tirava leite de vaca com a filha, lia bastante e se dava ao luxo de fazer cursos via Zoom on demand de literatura e história, inclusive o meu. Parou de tomar antidepressivos e se tornou vegana. Eventualmente, ela me mandava fotos que mexiam comigo. Como a invejei... Eu na cidade num estresse, rodeado de estressados, temendo a rua, amigos, a família, com dois filhos pequenos. Se marcava bobeira, lá estavam eles, bagunçando a cozinha, atacando a geladeira, ou no YouTube. Se desciam, lambiam o elevador. Pensei em ir morar com a amiga, dar cursos de lá, viver a paz do campo. Mas tinha a mãe dos meus, eu não poderia. Lá, minha amiga, que passei a chamar de Mineirinha, montou uma escola, começou a fazer doces, queijos orgânicos, montou uma empresa. Eu mandava livros pra ela, ela me mandava doces. Ninguém larga a mão de ninguém (depois de passar álcool gel). Só fui revê-la pessoalmente uns dois anos depois, num show que dei no Sesc Pompeia. Era muito mais alta do que eu imaginava, detalhe que o Zoom não revela.

O isolamento trouxe de volta ao meu bairro personagens do passado: o homem da matraca barulhenta vendendo biju, e o do apito peculiar para afiar facas, apito que uma vizinha desconhecia e só gente da minha geração identificou. Por sinal, o afiador era bem jovem, com aquela bicicleta modificada, exatamente como a de décadas atrás, cuja corrente e roldana giram a pedra amoladora e afiador.

O cara da pamonha nunca sumiu. Tenho raiva dele, surge sempre na hora da sesta. Já o flagrei pela rua. Não é uma caminhonete suja de lama de Piracicaba. É um carro 1.0, novo, encerado, com um alto-falante pequeno mas potente no capô, que ecoa por todo o bairro. Nele, um garotão de fone de ouvido, sorridente, escutando provavelmente hip-hop. Ativo nas redes sociais, o motorista está sempre mais interessado no celular do que na freguesia. À noite, deve ter pesadelos com pamonhas assassinas.

Uma jovem vizinha recém-chegada do interior de Santa Catarina descia correndo quando o escutava. Dizia, eufórica:

— Gente, pamonha de Piracicaba, legítima.

Ficou decepcionadíssima quando contamos que o "Pirrracicaaaba" era retórica, que todos piratearam ou imitaram aquela gravação que começou na década de 1970, e que provavelmente o precursor, que montou uma frota que vendia pamonha por todo o estado, esse sim devia ser de Piracicaba, que ninguém sabia que tinha uma pamonha de qualidade superior às outras. Hoje, a voz é apenas chamariz, e a pamonha pode ter sido preparada em qualquer tanque de qualquer beco da cidade. Então, imaginei: inspirado em Don Draper, o publicitário mais famoso da TV mundial (de *Mad Men*), que incluiu no maço "It's toasted" para diferenciar o Lucky Strike dos outros, o que não significava absolutamente nada, já que todos os cigarros são enrolados com tabaco tostado, pensei em sair por aí anunciando a "Pamonha de Sorrrocaaaba". Pediria ao amigo Paulo Betti, sorocabano com muito orgulho, para fazer a voz grave de um especialista, mais sedutora e menos machista, já que o concorrente começa com um "Olha aí dona de casa", desprezando os donos de casa ou solteirões, e capricharia no "delícia". Entraria numa concorrência pesada. Não seria "toasted", mas orgânica.

Durante a pandemia, tentávamos dividir a guarda das crianças, uma semana com cada. Eu ia a pé até a casa dela. Ela tinha se mudado para um predinho com três andares, sem elevador, e eu ficava na calçada. Não sabia como era, não sabia nada da vida dela, com quem convivia, com quem saía, só que trabalhava sem parar, fazendo figurinos de séries, mesmo durante a pandemia, muitas delas produzidas ou estreladas por amigos meus. Pegava os dois e vínhamos os três para o meu apartamento, pelas ruas desertas do isolamento social. Na chegada, tinha um acordo tácito, que no mundo escolar se chamam "combinados". Tento ser dono de casa desde os dezessete anos. Minha mãe era daquelas que iam sutilmente empurrando os filhos para a longa guerra da vida: cuidar de um lar. Trocar lâmpadas, varrer, ok. Passar roupa? Desnecessário. Lustrar móveis, idem. Mas minha primeira experiência em fazer um arroz integral me traumatizou para sempre. Virou pipoca. Numa cozinha, faço o básico: macarrão com molho pronto, salsicha com mostarda, ovos variados. Depois, aprendi com a Lili, a filha da Carla, a fazer milagres no micro-ondas.

Apesar de cozinhar muito bem para adultos amigos da mãe (o risoto de aspargos da Lili é divino), ela, para ela, só faz receitas em canecas, que aprendeu no TikTok. Apesar de amador na cozinha, sempre relutei em me aproveitar das benesses oferecidas pela descoberta casual de 1947, quando o fabricante de magnétrons percebeu seu chocolate no bolso derreter ao passar de carro em frente de um radar ativo, que era aquecido: a energia elétrica, na forma de uma corrente alternada, vira corrente contínua, permitindo o cozimento de alimentos. Assim que o micro-ondas surgiu no Brasil, boatos diziam que, se comêssemos a comida assim que a tirássemos do aparelho, as moléculas queimariam nossas entranhas. Muitos acidentes aconteceram, de fato, mas de outra natureza: colocar algo de metal e ligar nos remete a uma cena de ficção científica de filme B. Minha irmã esquenta água do chá no micro-ondas. Tenho ressalvas e um pouco de medo.

Com meu forno tip top, até hoje me embanano. É belo, especialmente numa cozinha aberta para a sala, como a minha. Mas nenhum decorador, arquiteto ou vendedor me confessou o que de fato interessava: demora o dobro de tempo para assar. Me lembro que quando morei na Califórnia, casado com a santa Adriana, eu cozinhava até bifes, por um detalhe banal: cadeirantes conseguem cozinhar em fornos elétricos.

Logo os moleques aprenderam a mexer no micro-ondas e na máquina de lavar. Especialmente o Loro, o nerd da casa. E foi além. Começou a cozinhar bolos no forno que eu não sabia como operar. Os meninos eram muito pequenos, quatro e seis anos, mas tinha que ser assim. A casa sempre arrumada, numa operação que apelidei de Chihiro, em homenagem ao desenho animado japonês, cuja menina limpa toda a casa fazendo um zigue-zague com um pano de chão. Era só gritar:

— Chihiro!

E os dois limpavam o chão da casa toda. Fazer da atividade doméstica uma brincadeira foi a forma de trazê-los e introduzir o novo normal, o de um isolamento social, e o convívio com um pai com limitações físicas. Loro é bom até hoje na cozinha. Aprendemos a marinar frango. Cada um faz o seu tempero. O dele é sempre melhor do que o meu, e ele, gozador, passa o dia falando que o dele é melhor, mesmo. Por vezes, ele faz ovo frito no café da manhã para os três. Seus sanduíches são até enfeitados. Abria a geladeira, escalava os armários e ia bolando o que cozinhar. Imagino que muitas das receitas ele observou do avô e da bisavó, de Americana, exímios cozinheiros. Mas confesso que acredito que ele assistia a youtubers durante as aulas online, quando eu o deixava com liberdade para operar o iPad. Acabou ganhando de aniversário um avental profissional desses do MasterChef.

Já Moreno adquiriu a habilidade de lavar a louça como ninguém. Encostava uma cadeira na pia, organizava todo o equipamento de limpeza, panos, esponjas, avental, e tinha uma paciência e cuidado admiráveis, lavando uma louça de cada vez, no capricho, examinando se estava completamente limpa, colocando em ordem no escorredor. Depois, enxugava a pia e o chão.

Minha culinária era apressada e com temperos industrializados. Loro usava ervas da nossa horta na varanda (outra habilidade adquirida na pandemia), alecrim, manjericão, tomate-cereja, cebolinha... E eu lavava a louça bem na pressa, empilhava como dava, e por vezes agarrava talheres e colocava todos numa única torneira. Tinha (e tenho até hoje) problemas em usar detergentes, pois sei que são os maiores responsáveis pela poluição de rios. As espumas que aparecem por vezes em rios, especialmente no Tietê, são excesso de amaciante, xampus e detergentes que usamos e chegam ao leito formando uma química aterrorizadora, que lembra muito aquele filme B da minha infância, *A coisa*, uma gosma espumante que invade uma cidade do oeste americano, ganha vida e ataca as pessoas.

Mas minha birra, mesmo, é com máquinas de lavar. Não apenas o uso do poluente sabão líquido e dos venenosos amaciantes. Antes, eram botões analógicos, que aliás viviam soltando na mão. Bastava girá-lo numa minutagem escolhida pela intuição. Complicaram com o tempo. Digitalizaram. Mais fácil entender o painel de um Airbus do que o de uma máquina de lavar/secar. Que, por sinal, funciona na teoria, mas na prática o velho varal ainda é mais eficiente e econômico. O botão de girar agora é cheio de luzes, barulhinhos e opções que nem um nerd é capaz de entender: desodorização, sanitização, rápido 15', super-rápido. Lavagem do tambor do eco, o que é isso? Secar sintéticos. Mas misturei sintético com algodão, de roupa cujo algodão é misturado com sintético. Lã e algodão são diferentes? Eu só queria lavar a roupa suja do dia. Bem, quem se deu bem com ela? Acertou, Loro. A atividade doméstica passou a ser uma grande brincadeira, um passatempo, um desafio. Arrumávamos a cama juntos. E, diferentemente da maioria das crianças da idade deles, sabiam tomar banho, escolher a roupa e se vestir desde cedo. Sozinhos. A cada temporada, mudavam o estilo por decisão própria. Loro era prático e, se antes era vaidoso, ficou largado. Já Moreno... Dá gosto de vê-lo se arrumar. Seleciona a roupa com antecedência. Faz experimentos. Mistura cores. Alterna roupas. Quando amigas com filhos mais velhos nos doam, faz a festa, separa e usa tudo que chegou. O cabelo é um caso à parte: penteia, olha no espelho, passa gel ou creme, muda a franja de lado, coloca as medalhas que ganhou no campeonato de futebol. E é assim que vai dormir. Moreno fala demais. Tagarela, repete duas vezes a mesma informação. Não para de falar, com sua voz grave, rouca, roufenha. Por vezes, até gagueja, ansioso para contar e contar. Enquanto o irmão espichava, ele continuava com aquele ar de fofura, que nunca perdeu. Foi quando passei a chamá-lo de Moreninho.

Ao menos, liquidificador e aspirador de pó ainda trabalham com o clássico e óbvio botão liga-desliga.

Cometi meus exageros. Acompanhando o noticiário fora do Brasil e ouvindo amigos especialistas, especialmente minha irmã Vera, que trabalha com prevenção viral, eu achava que aqui estava calmo demais, e as pessoas otimistas demais, achando que o vírus não ia afetar seu dia a dia como afetava na Itália, nos Estados Unidos, em outros países. Lembravam da pandemia da Sars, que logo foi controlada, e da HINI, que entrou no calendário das vacinas de gripe. Afastei meus filhos da escola uma semana antes do determinado. Quando vi as cenas de pessoas na Austrália fazendo estoque de papel higiênico no supermercado, e o debate irônico sobre por que pessoas compram papel higiênico em alertas de catástrofes, não tive a menor dúvida. Fui a um supermercado atacadista e comprei rolos e rolos de papel higiênico, latas e latas de atum, ervilha, milho, molho de tomate, sacos de macarrão. Tudo que durasse o tempo de um verdadeiro holocausto nuclear. Meu armário da cozinha ficou abarrotado. Tinha vinte latas de atum. Depois, não sabia o que fazer com aquilo, porque não houve desabastecimento de comida. Minha irmã conseguiu uma cozinheira, que vinha de carro e passava um dia por semana na minha casa, fazendo comida que poucas cozinheiras conseguem: aquele feijão brasileiro que não pesa, mineiro ou baiano, não sei, que precisa de muito capricho. Quando ela olhou as latas de atum, me perguntou o que eu iria fazer com aquilo. Eu pensei num tuna fish, um sanduíche ótimo, e expliquei a receita. Me distraí por alguma razão no trabalho, e, quando vi, ela tinha feito as vinte latas. E minha geladeira ficou entupida, do congelador às gavetas de baixo, por tupperwares com tuna fish. Até hoje, quando vejo uma lata de atum, me dá enjoo. Como se eu fosse ser engolido por uma baleia.

Fazer supermercado era algo particularmente temeroso. Chegava em casa e tinha que lavar todas as sacolas com sabão, além de envelopes e embrulhos. Tinha que passar álcool em tudo. Ainda me lembro do dia em que meu abridor de vinho quebrou. Tive que pedir ajuda pro vizinho da frente. Ele entrou na minha casa sem máscara, usou seu abridor na garrafa, e eu falei para ele, apenas deixe aí em cima da mesa. Ele ainda tentou conversar um pouco, eu fazendo de tudo para ele sair. Quando saiu, fiz um mapa mental de onde ele tinha colocado a mão e esterilizei. A garrafa toda, a mesa, a maçaneta.

Parte da minha geração sente desconforto em cemitérios, talvez mal influenciada por Drácula, Zé do Caixão e Michael Jackson. Cheguei a melar um acordo imobiliário em Pinheiros quando notei que, da varanda, via parte de um cemitério. Me afligiu imaginar cortejos fúnebres, enterros, familiares chorando, e eu no café da manhã. Ironicamente, era o prédio em que Carla morava. Mas foi no cortejo, enterro, com familiares da minha mãe, que passei a frequentá-los.

Quando visitamos o "túmbulo" da minha mãe, meus filhos correm como se estivessem num parque. Eles examinam outros "túmbulos", veem nomes, datas, fotos. Loro se alfabetizava lendo epitáfios. O cemitério do Araçá tem uma paz e silêncio que eram bem-vindos naquela época. Tem história.

Mortos não assustam, mortos descansam. Para Moreninho, a cruz era uma espada. Perguntou se um dia vai morrer, se Jorge, seu melhor amigo, também, e se eles podem viver na casinha da vovó depois que morrerem, porque é "muito fofinha". Há um monumento de mortos em ação da Polícia Militar, uma construção moderna com três andares em mármore com elevador, vista privilegiada, estátuas em diversos uniformes e um policial de plantão. Perguntei a ele qual era o colega mais famoso enterrado ali. Ele não titubeou: tenente Alberto Mendes Júnior. Ele sabe da história do policial da Força Pública morto por Lamarca? Não, respondeu. Mas tem foto dele em todos os quartéis, explicou.

Começamos a pesquisar. No cemitério do Araçá, estão enterrados Assis Chateaubriand, Cacilda Becker, José Carlos Pace, Vicente Feola, parente dos meus filhos. Anarquistas como José Martinez, mártir da greve geral de 1917, estão lado a lado a Mário Kozel Filho, soldado morto numa explosão no Quartel do II Exército, atentado da VPR em 1968. Lá estava o ossuário que, de 2002 a março de 2016, abrigou ossadas de mortos e desaparecidos encontrados na vala clandestina de Perus. Foi depredado, e os ossos espalhados, e o retiraram de lá. No cemitério da Consolação estão Tarsila do Amaral, Flávio Império, Maria Esther Bueno, o líder integralista Plínio Corrêa de Oliveira, Washington Luís, Guiomar Novaes, Mário de Andrade, Monteiro Lobato, Ramos de Azevedo, Marquesa de Santos (que financiou a capela) e o mausoléu da família Matarazzo, de três andares. Oswald de Andrade, quando foi vereador, liberou verbas para a reforma. Tem guia turístico, ou melhor, tumular, e QR Codes em totens. Mas o nosso favorito era o cemitério São Paulo, vizinho à Carla. Uma vez, voltando da casa dela a pé, vi um ciclista delivery entrar nele. Imaginei que sairia do outro lado e fiz o mesmo. Era um ótimo corta-caminho para mim, com três quadras a menos. Estão lá o general Miguel Costa, comandante da Coluna Prestes, combatentes mortos na Revolução Constitucionalista de 1932 e os estudantes símbolos do movimento. No mausoléu, incríveis esculturas de soldados com rifles e baionetas. Esculturas de Brecheret, que está enterrado lá, num túmbulo modesto, com a foto dele e da esposa. Ossos e caixões não são retirados. Viram pó, me explicou o coveiro, Gérson, que conhece tudo.

— Caveira é coisa de cinema, tudo esfarela.

Fascina uma escultura na Quadra 4, que, da Cardeal Arcoverde, através da grade, parece um casal transando; um homem atlético nu sobre uma mulher nua. Beijam-se em tamanho natural. Seu traseiro é... escultural. Ilusão de ótica? Precisei entrar no cemitério e checar de dentro. Ilusão de ótica: um homem nu beija uma moça morta, mas não está sobre ela. *Último adeus*, de Alfredo Oliani, é uma polêmica e maravilhosa obra tumular. Sua história é incrível: Antônio Cantarella, rico comerciante italiano, morreu em 1942, e Maria, sua mulher, anos mais jovem, mandou esculpir, com as palavras: "Ó Nino, meu esposo, meu guia e motivo eterno de minha saudade e de meu pranto". Isso é mais que amor.

As leis de incentivo à cultura eram criminalizadas. Segundo o ativismo da nova direita, artistas e produtores afanavam dinheiro dos cofres públicos para fazer obras superfaturadas que não interessavam ou eram demasiadamente promíscuas. Por que a cultura entrou em rota de colisão com os ideais do poder? Por que as leis de incentivo eram o alvo preferido de uma campanha eleitoral para demonizar a classe artística? Porque, sim, incomodamos.

É vagabundo quem escreve, como Rimbaud, aos dezesseis anos: "Lá ia eu, de mãos nos bolsos rasgados, meu paletó também se tornava um trapo, sob o céu, Musa, eu fui teu súdito leal, caramba! A sonhar amores destemidos! O meu único par de calças tinha furos. Pequeno Polegar do sonho ao meu redor. Rimas espalho. Me hospedo sob a Ursa Maior. Os meus astros no céu me dão trovões…".

É vagabundo e andarilho o apaixonante Rimbaud, que não queria se casar, se enquadrar, fugiu da escola, andava seduzindo, provocando sem rumo, e namorou um homem bem mais velho. Revolucionou a poesia. Inventou o modernismo. E daí? Pilantra, pretensioso, vagabundo, inútil, devasso, desprezível. Fumou coisa proibida, cheirou todas, perturba a ordem, deve ser banido, censurado, exilado, queimado. Ressuscitem o inquisidor, desenterrem a guilhotina, acendam as fogueiras. Queimem tudo. Não suportamos o questionamento, a dúvida, o avesso. Nossa verdade sólida está em livros sagrados, nas escrituras. Queimem todo o resto!

Eventualmente, tinha farelos de esperança de que as coisas iriam melhorar para o meu lado. Começaram as fases dos projetos de séries com "dinheiro bom", como diziam, num termo depreciativo usado pelo setor. Dinheiro bom = dinheiro de grandes streamings, ou players. Passei a me especializar em escrever projetos. Por conta de ideias que eu levava para as produtoras, fui abduzido por uma grande produtora argentina. Elaboramos juntos dois grandes projetos, feitos na Argentina. Passei a fazer reuniões semanais via Zoom num inglês espanholado difícil de entender. Tanto que fiz aulas de inglês-espanholado, isto é, com uma professora venezuelana especialista em treinar produtoras associadas ao grande cinema argentino. Me sentia bem dialogando com eles. Não sabiam direito do valor da minha obra, mas apreciavam meus projetos, a construção de personagens, as tramas. Me senti um membro do premiado e fabuloso cinema argentino. Então, entraram americanos conosco. O empreendimento cresceu. Produtoras amavam as duas ideias, os dois projetos. Pesquisei como um doido. Li livros que não tinha no Brasil e me indicavam. Porém, a economia da Argentina ruiu, e foi tudo pra gaveta. O mundo dos streamings é instável como o mar no sul do continente. Uma nova corrente dominou os players, o de fazerem mininovelas. Uma nova geração ocupou os espaços, a de celebridades e influencers. Se antes a Netflix e os futuros streamings disputavam o cliente da videolocadora, depois da TV paga, queriam agora roubar a audiência da TV aberta. Vi com meus olhos ao sair de uma reunião da Netflix a produtora perguntar ao motorista que me levara se ele era assinante. Era. De que séries gostava. Falou umas três brasileiras que eu não conhecia. Lá estava um residente de Taboão da Serra, ao sul de São Paulo, periferia. Deixava de ver TV aberta para assistir à Netflix. Era ele agora que interessava aos players.

Eu, boicotado, os moleques em casa, e a mãe continuava a trabalhar sem parar, durante a pandemia, seguindo protocolos da prevenção. Quando o telefone tocava, eu sabia: era alguém me pedindo desculpas, pois "nosso" projeto tinha sido recusado na Ancine, na empresa xis, na produtora alfa e beta. Era um atrás do outro. O mercado estava se fechando. O público só quer comédia. O público não quer falar de política. Vamos retratar a vida da dupla sertaneja, não de ex-presidentes. Eram amigos que me imploravam para trabalhar em seus projetos que, depois, me ligavam cancelando, desfazendo acordos e contratos. Inacreditável. Produtoras de comerciais, filmes e séries não pararam durante a pandemia. Uma das séries, aquela filmada todas as noites numa escola abandonada, ganhou segunda temporada na sequência, era gravada durante a pandemia no Butantã. Meus projetos, engavetados. Os delas ganhavam uma segunda temporada e prêmios. Em certos períodos, ela conseguia ver os filhos apenas sextas e sábados, dias de folga. Nas folgas prolongadas, iam para a chácara dos seus pais e ficavam dias. Por vezes até faziam as aulas online de lá.

Eu dava linha, encorajava, pois era boicotado por gente que não queria ser associada a mim, gente que fingia não me conhecer, que pedia para tirar meu nome de projetos, e revivi a época do macartismo, em que escritores americanos perseguidos nos anos 1959, acusados de comunistas, estavam desempregados e escreviam com pseudônimos. Até escolas progressistas viraram as costas. Antes, me convidavam para falar de ditadura, literatura, presencialmente ou online, indicavam meus livros, minhas crônicas, mas em muitas meu nome foi apagado da história, por ser considerado inimigo de Bolsonaro, ser uma ponta do pêndulo da polarização, e precisavam respeitar a ala de pais bolsonaristas, que pagavam mensalidade. Como dizia um amigo meu, eram colégios que estavam sentados no holerite. Sem nenhum tipo de rancor, lamentando apenas que os alunos e alunas não teriam a chance de papear comigo, alguém que viveu durante a ditadura, que viu professor ser preso, foi a manifestações estudantis como secundarista, conviveu irmãmente com colegas cujos pais se associavam aos militares e sustentaram o regime, como a maioria dos empresários da Fiesp.

A mãe seguia trabalhando como figurinista e seguia bombando. E, então, ela deu a notícia, que mais parecia um susto. Anunciou que iria passar no mínimo sete meses no sertão da Paraíba, gravando a maior produção já feita no Brasil por um streaming, a Amazon, em parceria com a O2. Como figurinista, eu já sabia, seria uma das primeiras a chegar no Cariri paraibano, a duzentos quilômetros de João Pessoa. Como amante do Nordeste, do seu povo e cultura, fiquei feliz por ela. Mais feliz do que preocupado. Eu estava me virando. Suas noturnas da série global já tinham me colocado à prova. No mais, se fosse o contrário, eu que fosse convidado, num período da vida em que se contavam nos dedos as pessoas que ganhavam dinheiro naquela pandemia, especialmente na nossa área, não sei se eu deixaria de ir. Não parei de trabalhar nos jogos olímpicos, por exemplo, apesar de estar mais perto e vir todos os fins de semana, quando Loirinho tinha dois anos e Moreno estava para nascer. A diferença é que seu contato com os filhos seria online. Ela teria duas folgas, no Natal e no pós--Réveillon. De resto, estaríamos sós.

Ela foi, tinha uma conexão boa, ligava às vezes do restaurante do set ou do hotel. Mostrava os filhos pra equipe, mostrava a equipe para nós. Estava eufórica, saudosa, mas feliz. Conseguia até participar de algumas reuniões com a escola, dentistas e terapeutas. Teve uma insolação, o que nos deixou preocupados, foi hospitalizada e bem tratada pela produção. A gente se virou como deu.

O novo presidente, enquanto isso, proibiu uma propaganda do Banco do Brasil que retratava a diversidade e exonerou o diretor de Comunicação e Marketing do banco. Quando o IBGE divulgou dados que mostravam aumento no desemprego, o presidente desacreditou a metodologia. Foi exonerado o fiscal do Ibama que o multou em 2012 por pesca ilegal em área protegida. Foi exonerado o diretor do Inpe por divulgar dados que apontavam o aumento do desmatamento. Em três anos seguidos, determinou que quartéis fizessem comemorações no aniversário do golpe de 1964, contrariando parecer do Ministério Público Federal: festejar um golpe de Estado é incompatível com a Constituição e com o Estado democrático de direito. Pediu à Ancine um "filtro" nas produções de cinema. Pediu a empresários que não anunciassem em veículos que faziam cobertura crítica de seu governo e mudou a lógica de distribuição de verbas publicitárias para TVs abertas. Em junho de 2020, em reunião ministerial, disse: "Todo mundo quer fazer cumprir o artigo 142 da Constituição. E, havendo necessidade, qualquer dos Poderes pode, né? Pedir às Forças Armadas que intervenham para restabelecer a ordem no Brasil". Ao longo de quase um ano, Bolsonaro usou termos como "gripezinha", disse que não morreriam nem oitocentas pessoas por covid-19, chamou o Brasil de "país de maricas". Por que estou relembrando tudo isso? Porque era nesse ambiente inacreditável em que eu criava meus filhos. Precisava-se encontrar uma vacina para salvar o Brasil. Estávamos envenenados.

Depois da Delta e Gama, no final de 2021 chegou no Brasil a variante Ômicron, a mais transmissível. Dessa vez, a Anvisa pulou etapas e foram liberados, enfim, os primeiros autotestes feitos em farmácias. Foi um corre-corre. Os telefones viviam ocupados. Se fosse pessoalmente, só tinha vaga daqui a semanas. Alguém me passou a dica que uma farmácia na Granja Viana tinha o teste. Comuniquei a família e a Carla e fomos em três carros. Programa mais com cara de passeio. Então, a surpresa. Era uma farmácia pequena, familiar, vazia, no meio da Granja. A metade de nós estava contaminada, inclusive Loro e Carla. Ele se revoltou. Já de máscara:

— Por que eu?

Na volta, foi aquele luto. Ao chegarmos em casa, o coitado do Loro ficou em isolamento sozinho no seu quarto. IPad, TV, tudo liberado. No começo, curtiu a ideia de ficar sozinho. Porém, no meio da noite, ele apareceu na porta do meu quarto, enquanto eu e Moreninho dormíamos, chorando, implorando que não queria ficar sozinho. Eu tentava convencê-lo, mas só piorava. Até que ele decidiu ficar na porta, sentadinho no chão. Tinha sete anos, e a sensação de abandono, que tanto o aterrorizava desde a separação, voltava. Por favor, por favor, implorava. Paciência. Tive que deixar. Arrastou seu colchão para o canto do quarto e ficou proibido de tirar a máscara. Mas eu sabia que o estrago estava feito. Uma semana depois, fui contaminado, e depois o Moreninho.

Então veio o drama das vacinas. Chegaram, com polêmicas e boicote federal. Vacina só para idosos acima de oitenta anos. Acima de 78. Acima de 76. Era desesperador. Minha hora estava longe. Liberaram para o povo da saúde. Até psicólogos. Nem por ser deficiente, ou, como se dizia, ter comorbidade física, eu tinha direito. Teria que esperar como todos. Já o que rolava nos Estados Unidos, mesmo com um governo negacionista, seria um verão interminável: vacina sobrando, gente nas ruas, retomada de atividades sociais, turistas. O recordista mundial de mortes mudou de governo na hora certa, saiu Trump, entrou Biden. O Reino Unido, apesar da variante, teve média de sete mortes diárias na semana. Em Londres, nenhuma. No Brasil, a economia estava no buraco, não tinha vacina para todos, o pavor não tinha passado.

Aqui, o inverno foi longo e tenso. No futuro, eu pensava, a pandemia acabaria, e restaria uma lição: a importância de ficar mais tempo com os filhos e participar da educação deles. Vejo o meu mais velho cantando Ennio Morricone no banheiro e tenho um déjà-vu. Westerns, ou como dizíamos por aqui, filmes de bangue-bangue, eram parte da minha infância. Morricone era a trilha dos filmes de Sergio Leone e de intervalos dos cinemas, do hall, das salas, da fila do banheiro, da pipoca.

Os clássicos do cinema viraram nossa obsessão durante a pandemia. Minha e do Loro. Apesar de não ter colocado os pés nos Estados Unidos, Leone recriava o Velho Oeste na Espanha ou Itália, livrando seus personagens do maniqueísmo de Hollywood, em que o bonzinho era limpinho e vestia roupas claras, e o malvado era sujinho e vestia tons escuros. Em Leone, os personagens eram todos intempestivos, heróis e vilões. Em toda parte, ruínas, sintomas de uma civilização decadente e desigual. O diretor romano arrebentava nas bilheterias mundiais com uma estética própria, e depois muito imitada: closes, rostos suados com barba por fazer, planos longos, muitas externas, personagens solitários e complexos, moscas, sujeira, tiros com o famoso ricocheteio, que toda criança imitava. Seus cavalos eram impecáveis e sempre estavam em modo galope. O cenário, seco, árido, ensolarado, com animais peçonhentos em planícies cercadas por montanhas. Os personagens não tomavam água, mas uísque sem gelo.

A Trilogia dos Dólares, ou Trilogia do Homem sem Nome, era estrelada por um desconhecido, Clint Eastwood: *Por um punhado de dólares* (1964), *Por uns dólares a mais* (1965) e *Três homens em conflito* (1966). Os três se passam logo no final da Guerra Civil Americana. O país estava armado, sob um caos social. Civis tinham que sobreviver como podiam, no meio do fogo cruzado. Como nós, no Brasil daqueles anos.

Clint veste o mesmo poncho puído com uma estampa indígena em todos os filmes, tem sempre uma cigarrilha no canto da boca. Ninguém tem residência fixa, família, apenas o cavalo e habilidades com um revólver Colt. Todos estão de passagem, são forasteiros e de caráter dúbio. Depois, Leone fez aquele considerado o maior western de todos os tempos, *Era uma vez no Oeste* (1968), com Henry Fonda, Charles Bronson e Claudia Cardinale, a protagonista, prostituta de New Orleans que arruma um casamento à distância, se mete no meio do nada, descobre que o marido que nem conheceu morrera, mas fica na sua terra e defende-a da especulação, manipulando os cowboys ao redor. O filme de três horas e cinco milhões de dólares virou cult. Foi um fracasso de bilheteria nos Estados Unidos, mas um baita sucesso na Europa. Só a bilheteria francesa rendeu três vezes o orçamento. No filme seguinte, *Quando explode a vingança*, de 1971, ele tomou partido: cowboys participam indiretamente da Revolução Mexicana. O filme começa com uma citação de Mao Tsé-Tung: "A revolução não é um jantar social, um evento literário, um desenho ou um bordado, não pode ser feita com elegância e cortesia. A revolução é um ato de violência".

Indiretamente, ele explica a sua estética, rechaçada pelo público americano. Na primeira cena, em close, cupins numa madeira podre são atingidos por um jato de mijo. Bandidos atacam e humilham líderes religiosos. Me lembrou o ditado do meu avô italiano: *O se sei cattolico o comunista, e alcuni si odiano* (ou se é católico ou comunista, e uns odeiam os outros). Que bom que a pandemia me deu a chance e tempo de rever os filmes de Leone. Especialmente porque houve uma interrupção nas produções durante a pandemia, e streamings descobriram os clássicos. Loro ficou fã dos westerns spaghetti. Naquele tempo, se perguntassem qual seu filme favorito, nada de *Rei Leão* ou *Frozen*.

— *Il buono, il brutto, il cattivo* — dizia em italiano.
— Que filme é esse?
— *O bom, o mau e o feio* — traduzia.

Que no Brasil se chamou *Três homens em conflito* e tem a música mais famosa do Velho Oeste, aquela mesma que você está pensando.

Ficamos momentaneamente impedidos de viajar, ver, observar, xeretar, virar os olhos e o pescoço para escolher: direita ou esquerda? Nos atrofiamos no dia a dia. O corpo e pouco a pouco a mente.

Mesmo assim, numa cidade com as ruas desertas, num cenário apocalíptico, eu pegava os dois e saía sem rumo. Ou pendurados na minha cadeira de rodas ou disputando corrida. Examinávamos fachadas de casas e dos prédios. Foi o momento de colecionar folhas ou pedras. Por vezes, um inseto. Moreninho se apegou a um tatu-bola. Deu o sugestivo nome de Lua. Era seu animal doméstico, passava o dia preocupado com ele. Eles deixavam insetos passearem pelo corpo, era bonito isso. Esse contato com a natureza era reflexo dos tempos na chácara da família da mãe, em que ficavam soltos e explorando, evitando apenas escorpiões, uma praga no interior de São Paulo por conta da expansão agrícola, que eliminava seus predadores, os pássaros. Sabiam reconhecer qual escorpião era perigoso (o amarelo, o *Tityus serrulatus*, é mais venenoso do que o preto ou marrom, o *Tityus bahiensis*, e mata crianças e velhos em dez minutos com seu veneno altamente tóxico).

Andar com os moleques agarrados a mim foi uma técnica desenvolvida a três. Convivo com toda espécie de profissional do transporte público, pedestre e passageiro. Busão, conheço as linhas, as conexões, e sempre fui muito bem tratado. É rápido e confortável. Cadeirante, sou na verdade embarcado. Quando tem plataforma, que chamamos de elevador, todos esperam o motorista operá-la. Em São Paulo, na minha área, predomina o piso baixo, acessível a cadeirantes. No mundo rico, são rampas automáticas amarelas, operadas pelo motorista, que apitam quando abrem, estendem ou fecham. Em São Paulo, a solução é o improviso. Nada de rampas automáticas amarelas caras e de difícil manutenção. São tábuas amarelas, estendidas pelo motorista ou pelo personagem que só tem no Brasil, o cobrador. Faço o sinal no ponto. Param no lugar ideal, são atenciosos, solidários. Sentem orgulho de prestar serviço ao cidadão com necessidades especiais. Ainda atam meu cinto, perguntam onde desembarcarei. Passageiros nunca reclamam da demora. E por vezes são os passageiros que abrem a rampa. Loro sempre queria ir no primeiro assento, ao lado do motorista. Observava tudo como se fosse ele o motorista. Moreninho fazia o estilo conversador, sentava em lugares diferentes, conversava com as pessoas. Deixava-os livres para interagir, enquanto ia atado no meu lugar. Na hora de descer, descíamos juntos, quase grudados. A mesma coisa no metrô. Se estávamos apenas nós três no vagão, apostávamos corrida. Porém, na estação, nos sentávamos, e eu os agarrava. Certa vez, peguei um ônibus sem ar-condicionado. Era um verão abrasador, as janelas do busão estavam abertas, todos sofriam de calor. Conversei com o motorista sobre como trabalhar naquele calor. Uma semana depois, fiz sinal para um ônibus, o motorista desceu a rampa sorridente e disse:

— Hoje o ar-condicionado está funcionando.
— Ah, é você!

Sorriu por me rever, e eu, por saber que ele trabalharia dessa vez com mais conforto. Numa segunda-feira, voltando sozinho do programa de rádio *Rock Bola* que eu fazia na Paulista, a prova da bondade humana se revelou. Sempre temi que algo acontecesse na entrada do vagão do metrô, em que tenho que, com a cadeira de rodas em velocidade, ultrapassar o vão e subir ou descer degraus que, às vezes, chegam a dez centímetros. Mas o problema veio ao embarcar num busão, às 23h num ponto da avenida Paulista, numa noite com cara de chuva. Minha cadeira motorizada quebrou no meio da rampa. Motorista, cobrador, pedestres me ajudando, e nada. Travou. Pensei rápido. Vou até a esquina de casa e lá me viro. Melhor que ficar travado numa avenida sem a menor chance de me locomover. Pedi para colocarem a cadeira motorizada em modo manual. Ela fica pesada, difícil de empurrar, mas fui encaixado no espaço. Cinto atado, partimos. Liguei para um jovem sobrinho boêmio, vizinho, que, milagre, estava de bobeira em casa. Me encontre no ponto de ônibus. Ao chegarmos, o motorista me perguntou qual melhor lugar para descer. Na farmácia, depois do ponto. Ele subiu o enorme modal na calçada, me desembarcou com passageiros ajudando, me deixaram na calçada. Pedestres anônimos me deixaram no estacionamento, na superfície plana. O sobrinho nem acreditou; me esperava no ponto. Em casa, troquei de bateria, a cadeira funcionou. As pessoas se odeiam no trânsito, seguram seus volantes como baterias antiaéreas, usam a buzina como o botão que dá a partida num míssil. Mas, no fundo, as pessoas são boas. E sou testemunha.

 Em trem, já fui carregado por um indiano que nunca mais vi. Desconhecidos me subiram e desceram escadas, e não pediram nada em troca. "Quer uma ajuda?" é um mantra com que todo deficiente se habitua rotineiramente. Já tive carro quebrado, no meio do nada, em que alguém me ajudou a consertar. O ódio existe, sempre existiu. Algumas pessoas se odeiam na internet, discordam umas das outras, usam argumentos que consideram ofensivos como "vai ler", "vai estudar", expõem um racismo incutido, uma homofobia e misoginia desmedidas. A não ser psicopatas, que não são poucos, algumas pessoas, se flagradas, arrependem-se, choram, pedem desculpas, são fotografadas de cabeça baixa, tristes.

O ser humano no geral tem empatia. Tem capacidade de sentir (e até prever) o que o outro sente. A filosofia moderna disse que o altruísmo é uma condição humana. Poucas vezes, caí da cadeira de rodas numa calçada. Sempre aparece gente para ajudar. Não me machuco, pois caio devagar. Mas me colocam de volta na cadeira. Se ela desmontou, remontam. No começo da paternidade, Loro chegou a cair duas vezes do meu colo, na calçada. Bobeada minha e dele. Imediatamente, apareceu alguém do nada para ajudar. Um cara parou o carro na rua e veio ajudar. Quem estava atrás dele esperou pacientemente.

Durante muito tempo, eu os buscava na escola e sugeria as alternativas: voltar de busão, metrô ou a pé. Escolhiam a terceira. Loro desde pequeno adorava correr e andar. Moreno gostava de conversar. Muitas das famílias da escola cruzavam conosco oferecendo carona. Obrigado, queremos caminhar. Cruzávamos a praça Horácio Sabino, point do Sumaré. Encontrávamos amigos, cachorros conhecidos. E seguíamos pela ciclovia da João Moura, conversando. Era nosso grande momento de colocarmos o papo em dia. Eu os ensinava a respeitar os outros, os perigos da rua, a sinalização, a sempre prever o que pode acontecer, a andar alerta, até aquilo virar automático. Tem pais que agarram as mãos dos filhos quando estão nas ruas. No nosso caso, andamos lado a lado. Por vezes, eles seguram no braço da cadeira, quando se sentem inseguros, como se fossem minhas mãos. Quando eram pequenos, um ia com os pés na base da cadeira de rodas, agarrado à minha camisa, e outro atrás, sobre as baterias, se segurando nas minhas costas. Hoje, caminham sozinhos. Sabem onde devem se sentar, como se comportar. Quando algum pai ou mãe deixava meus filhos no prédio, eu dizia, nem precisa subir, deixa na portaria que eles se viram. Muitos ligavam depois para confirmar se tinham subido. Sim, subiram. Depois, nem ligavam mais. O pai cadeirante os obrigou a um comportamento diferente, assim como um pai morto me obrigou: a crescermos mesmo enquanto somos crianças. De novo, não me pergunto se foi certo ou errado, se arrisquei desnecessariamente a vida das crianças. A mãe deles diz que eu deveria ser mais precavido. Não adianta. Era parte da minha filosofia de vida dar autonomia. Que, para mim, tinha um significado: liberdade. Mas pode ter sido um grande erro. Preciso sobreviver, encarar minha deficiência, ser louco nas ruas, na vida. Eles tinham que me acompanhar. Era a sina deles.

Na volta da escola, parávamos na Ria Livraria, comíamos pastel com suco de laranja. Tinha uma ótica ao lado da Ria, a Joy Division, com centenas de modelos de óculos. Moreninho era amigo deles e aparecia cada vez com uns óculos diferentes. Papeavam com os garçons, outros fregueses. Dançavam as músicas que colocavam. Folheavam livros, ajudavam na cozinha. Eram adorados pelos funcionários. Loro jogava no jogo do bicho, na esquina. Da primeira vez, ganhou. Cravou pavão. Costumava cravar pássaros. Tudo isso a duas quadras de casa. Parávamos na padoca e na farmácia, e lá todos os cumprimentavam. Quando eu aparecia sem eles, era inevitável:

— Veio sozinho hoje?

Chegávamos em casa no começo da noite exaustos. E eu me sentia um pouco mais próximo deles.

Taciana Barros bolou um projeto que nos colocaria na luta, no palco, no front de batalha, o Poema Combate, em plena pandemia, em pleno governo Bolsonaro. Juntaríamos músicas combativas com poesia. Poetas de todas as correntes declamariam suas próprias obras. Eu leria uma tradução de "The Revolution Will Not Be Televised", em homenagem a Gil-Scott Heron, poeta que declamava ao som e fúria de uma banda de funk. No mais, a pedidos da banda, eu lia trechos de meus livros. Gravamos um show em estúdio para... o YouTube. Fizemos shows no Sesc. Meus filhos faziam aula de música e cantavam na banda dela, Pequeno Cidadão. A pandemia não nos entediava, até que nos enriquecia culturalmente. Comecei a tocar gaita na banda, algo casual que mudou a minha vida. Fui um violonista clássico razoável e virtuoso entre os catorze e vinte anos, até sofrer o acidente e ter dificuldades com os dedos das duas mãos. Eu era daqueles que estudavam escalas uma hora todo dia. Tocava de Villa-Lobos, rock progressivo a Jards Macalé. Porém, todo esse conhecimento musical, ritmo, timbre, timing, foi hibernado por conta de uma tristeza que senti ao perder os movimentos plenos das mãos. Virei escritor, e a vida seguiu. Fiz letras de música, e a vida seguiu. Até minha irmã Nalu, da França, enviar presentinhos de Natal para os moleques, entre eles, uma gaita. Ao colocá-la na boca, fiz um som. Posso voltar a tocar! Fui numa loja na Teodoro, rua das lojas de instrumentos, e comprei uma em dó. Passei a assistir aulas online. Passei a tocar mais e mais, a fazer exercícios; escalas, como há quarenta anos. Depois tive aulas particulares e comecei a tocar. Encontrando Bina, que fazia uma jam semanal na Ria Livraria, veio o convite para tocar com eles. Rolou e ganhei cachê. Bortolotto me convidou para tocar na banda de blues rock dele, Saco de Ratos. Fizemos vários shows. Comecei a aprender com eles a respeitar o solo da guitarra, não tocar em cima da voz do roqueiro, e qual o momento da gaita. Até então, eu tocava em três bandas, até reencontrar um amigo com quem eu tocava nos anos 1970, eu violão, ele flauta.

— Vamos fazer um som.

Ensaiamos. Bob Dylan ganhou o Nobel de literatura pelo que tinha por trás de suas letras. Passei a traduzi-las. E investigar letras de músicos poetas, ou poetas músicos, como Lou Reed, Jim Morrison, Patti Smith, Neil Young, Tracy Chapman, Nick Drake. Montamos uma banda, Projeto Lost in Translation, com seu sobrinho Arthur e amigos.

Eu mesmo fiz o release, os flyers, divulguei e passei a marcar shows em locais que eu frequentava. Passamos a tocar em bares e casas noturnas lotadas. Ou temos muitos amigos e amigas, ou família grande. Ou a divulgação foi boa, ou de fato o projeto intrigou:

> Nossa banda quer cantar e propor um mergulho nas letras que nos emocionam, nos fazem pensar, nos intrigam. Muitas delas rendem debates acalorados, como "Perfect Day", de Lou Reed. Seria uma letra sobre drogas ou uma canção de amor? E como traduzir "Walk on the Wild Side", que narra a história de marginalizados que vão a Nova York? Quais são as referências bíblicas de Johnny Cash em "The Man Comes Around"? "Me and Bobby McGee", imortalizada por Janis Joplin, é uma road music de amor homoafetivo?

Por que não paro quieto? Livro, televisão, peça de teatro, roteiro de cinema, série, mais livros, mais peças, musical, livro infantil, dirigir peças de teatro, tocar gaita e, por fim, cantar, declamar num palco para centenas de pessoas. Por que não paro? Porque elaboro os horrores do passado e dilemas do presente através da arte. Jogo pra fora, reparto. Como faço agora.

* * *

Com sua lógica incomum, Moreno chamava Godzilla de Gordzilla. O que fazia mais sentido, pois o monstro japonês não é nada magro. Dizia todo o tempo:
— Quando eu iro tomar banho...
A conjugação do verbo ir seguia uma lógica própria. Sei que está errado, mas não o corrigíamos. O show do Anhangabaú virou Amambabaú. Cereal era celelal. Se secar é se queçando, o que fazia sentido, pois ao se secar se aquece. A fofura dele era tamanha que ríamos até quando ficava bravo. Era daqueles que sabemos quando mente, tamanha a pureza da sua alma. Quer o bem de todos. Ficou eufórico com dois peixes bonitos enormes que meu cunhado pescou em Barra do Una. Moreno tirou fotos dos dois de olhos abertos, esbugalhados; por conta da pressão, quando peixes do mar são puxados a bordo, os olhos saltam. Mas quando um deles foi derrubado sem querer, ele entrou em desespero, disse que podia se machucar. Estavam mortos há horas. E achamos melhor não contar que virariam o sushi da festa de fim de ano.
Por vezes, sumia pelo condomínio, e eu tinha que mandar mensagens no grupo do prédio: "Se alguém vir o Moreno, pede para ele voltar pra casa". Alguém de quem eu nunca tinha ouvido falar me informava que tinha dado jantar a ele e voltaria logo.
Ficou indignado na feira porque cortam as cabeças dos peixes.
— A natureza não permite!
Logo depois da barraca de pastel, parada obrigatória das quartas-feiras, uma ambulante boliviana vendia peixes ornamentais, em sacos plásticos claustrofóbicos de dar dó. Achei que eram peixes dos Andes, ou da Amazônia boliviana. Foi a

primeira e última vez que a vi. O peixe que compramos dela ficou conosco por muito tempo. Se Moreno tinha gosto por comida, e dá gosto vê-lo comer, Loro tinha por cores, pintar, esculpir na madeira e montar estruturas. Os peixes da boliviana eram de um azul, verde e roxo de destaque, alguns com a cauda maior do que o corpo, o que chamou a sua atenção. Ele escolheu um roxo macho com a maior cauda. Ao chegar em casa, logo descobrimos que se tratava de um betta, o "lutador siamês", e que vive em poças e arrozais da Tailândia, não em rios ou lagos andinos. O siamês é solitário, pois é um peixe de briga que mata seus oponentes, até a fêmea com quem procria, se ela der bobeira e não cair fora após o abraço nupcial. Tem um gênio assustador, que intrigou meus filhos, meninos sociáveis, que cultivavam amizades como ninguém.

Para mim, bastariam uma jarra de vidro, água da torneira e migalhas de pão e ele sobreviveria uns dias, e todos nos esqueceríamos dele. Que nada. Numa loja pet franquiada, quando sugeri isso, quase fui preso pela inquisição ambiental. Pão tem fermento, eu o envenenaria. Ele só comeria, então, ração balanceada própria de 33% de nível proteico e alta digestibilidade, bolinhas minúsculas, alimento extrusado e balanceado de carnitina, vitamina C e caratenoides, que cheira a ração de cachorro. Vive na água que deve ser limpa mensalmente, por conta dos excrementos (como não pensei nisso?), precisa de um jato eventual de Protect Plus de "alto rendimento", que "não faz espuma" e "não deixa cheiro", coloide orgânico que forma uma capa protetora sobre o muco natural do peixe, neutraliza compostos nocivos a ele, como metais pesados, cloro, e diminui o estresse. A vendedora vigilante da loja me orientou que o peixe não podia ficar mais que dois dias sem comer, e só poderíamos dar no máximo três bolinhas por dia. Um betta azul da amiguinha do Loro era sem rabo. Uma mutação? Não. Ele comeu o próprio rabo, pois ficou uma semana sem ração.

Lógico que eu sempre dava cinco bolinhas ao nosso; sou de origem italiana.

Vizinhos tinham a missão de alimentá-lo quando viajávamos. Ele é carnívoro. Chegamos a catar aranhas e insetos vivos para atirá-los no aquário, que agora é profissional, e vê-lo em ação. Não sou bom para nomes de animais. Tive gatos que se chamaram Biro Biro, Kátia Flávia, Deise, Otavio, Mário, Hugo, Fábio. Meu amigo Otavio Frias Filho quis conhecer o Otavio, quando soube que eu tinha um gato homônimo. E sempre perguntava dele. Foram apresentados. Mas nunca contei que meu Otavio depois caiu do décimo primeiro andar da janela em que eu morava nas Perdizes. Mário também desabou e morreu. Depois disso, gatos só com redes nas varandas e janelas. Como sou pouco criativo para nomes, deleguei a tarefa de nomear o betta carnívoro ao Loro. Escolheu Fly-in.

— Flying?
— Não Flying. Fly-in.

Pronunciava-se "flai in". O exótico nome pegou. Uma vizinha que ficou com ele numas férias o chamava de Fly-in Rubens Paiva. Na maior parte do tempo, ele ficava no meu escritório, num aquário modesto. Acontece que Fly-in me reconhecia. Quando eu chegava, ele ficava feliz. Abanava a cauda, grudava no vidro. Se colocava a mão, ele se aproximava. Ninguém acreditava em mim. Se colocássemos um parente dele na água, ele matava. Uma namorada, matava. Fly-in me amava. Peixes reconhecem faces humanas com uma precisão surpreendente. A experiência foi feita com um peixe-arqueiro (*Toxotes chatareus*) pela Universidade de Oxford. Mostraram um rosto e deram comida. Depois, mostraram quarenta outros rostos ao lado do que significava comida. Ele só borrifava água no que dava comida.

"O estudo não apenas demonstra que o arqueiro tem impressionantes habilidades de discriminação, mas também fornece evidências de que um vertebrado sem neocórtex e sem prerrogativa evolutiva de discriminar rostos humanos pode fazê-lo com alto grau de precisão", publicaram no *Scientific Reports*.

E eu o amava. Me via na sua solidão. Ele estava na estante de meu escritório, me via escrever, o gesto solitário e camuflado de se comunicar com milhões: roteiros, crônicas, posts, mensagens, livros, peças.

Moreninho sempre fugia de casa. Encontrá-lo pelo condomínio de cinco blocos, e duzentos e sessenta apartamentos, duas quadras de esporte, duas piscinas, parquinho, brinquedoteca, salão de jogos, academia, demandava tempo, planejamento e paciência. Certa noite, passava das 22h, quando sei que as luzes das quadras são apagadas, me perguntei onde estaria Moreno. Na garagem do prédio, vi um vulto de umas seis crianças fazendo poses no escuro. Vinham em minha direção para me assustar, de braços abertos. No meio delas, Moreno. Apesar de ser o mais baixo, parecia liderá-las.

— Moreno, já pra casa!
— Já?
— Você nem tomou banho ainda!
— Já vou, pai, um minuto, falta assustar o pessoal do bloco cinco
— Estamos brincando de "gangue zumbi" — me explicou uma das meninas, a mais alta de todos.

Seguiram em frente, enquanto fiquei apalermado como um zumbi.

Tempos depois, ficou obcecado por fantasmas. Baixou um aplicativo (pilantragem, mas que ele levava a sério) que detectava a presença de fantasmas ao redor. E caçou fantasmas na nossa casa, na da minha irmã, pela rua. Mostrava, quando encontrava algum. E, se zombássemos, ele respondia seriamente, com estas palavras:

— Cada um com a sua crença.

E ainda perguntou, desafiando: se fantasmas não existem, para onde vai a alma das pessoas?

Sempre fiz um tremendo esforço para não dar palmadas. Violência zero na minha casa e fora. Porém, criança, obedece! Às 21h25 de uma terça-feira, mandei Moreninho fazer a lição atrasada, mas ele, malandro, aos sete anos, fugiu secretamente. Pior que me lembrou tanto a mim mesmo… Eu fugia quando minha mãe me obrigava a estudar, e ia para a rua jogar bola. Era flagrado pela janela, em que ela se debruçava e gritava:

— Vigarista, já pro seu quarto!

Peguei o Moreno no flagra na casa do amigo Davi 2. Voltamos para casa, obriguei-o a fazer a lição na minha frente, corrigi, ensinei, chamei Loro, que mostrou a sua já feita (sempre faz assim que chega), falamos da importância de aprender aquilo, da escola, do conhecimento, da vida. Mandei tomar banho, escovar as denta, que virou o comando banho-denta--beijo-cama, mas ele veio por trás e me deu um comovente abraço apertado. Ali estava o agradecimento pelo limite estabelecido. Ele me agarrou feliz por ter alguém que o protegia, colocava fronteiras entre o permitido e o proibido, conversava, demonstrava preocupação, aprendia junto. Não sou um gênio. Foi meu amigo Leo Jaime, que tinha um filho mais velho, quem me ensinou que eles adoram limites, precisam deles. Foi algo de bom que aprendi com amigos. Agora mesmo, molhado do banho, me abraça por trás e pergunta:

— Está escrevendo um livro?
— É.
— O livro novo.
— É.
— Como vai chamar?

Na dúvida, falei:

— *O novo*.
— Quantas páginas tem?
— Olha aqui no canto, está vendo? Pelo editor de texto, cento e trinta e três páginas.
— E quantas palavras?

Abri o contador do Word.

— Olha aqui. Cento e uma mil palavras, e sabe quantas letras? Quinhentas mil.
— Meio milhão?
— De caracteres, letras, números, pontuação, símbolos.

E saiu, perfumado do banho tomado, repetindo:

— Meio milhão. Loro, papai escreveu meio milhão de caracteres...

Morei em casas diante do mar até os catorze anos, até me mudarem para prédios diante de prédios. E passei férias numa fazenda que tinha um lago barrento, uma piscina tomada por lodo e sapos e um rio limpo de forte correnteza. Aprender a nadar era fundamental, quase um fundamento de sobrevivência. Nossos pais nos ensinavam, sem qualquer didática ou manual. Meu pai colocava a mão nas minhas costas e dizia:

— Boia.

Depois, me mandava mexer os braços, depois as pernas, depois me levava nas costas até o fundo do mar e dizia:

— Agora, nade até a praia.

Nunca na minha vida tive uma boia nos braços ou coletes infláveis coloridos com reproduções de personagens da Disney. Hoje, as crianças fazem natação. Que se chama Adaptação ao Meio Líquido, detalhe a ser considerado, pois é mais barata que natação e focada num projeto lúdico de ensinar bebês a sobreviverem numa piscina, ou melhor, caso caiam numa. Os pais têm ou alugam imóveis com piscinas e conhecem muito bem as estatísticas: afogamentos são a segunda causa de morte e a oitava de hospitalização por acidente entre crianças até catorze. Segurança infantil não era prioridade no passado. Jogávamos bola na rua. Só o goleiro usava proteção. Ao descer uma ladeira num carrinho de rolimã sem freio, que pais e tios construíam, ou ruas num skate que também construíamos com placas de compensado e rodinhas parafusadas, não se usava capacete nem protetores nos cotovelos e joelhos.

O que não se deve ser vangloriado nem imitado. Quantos amigos não se arrebentaram em quedas e não sofreram danos irreversíveis? Preservar a vida não era uma obsessão social. Prédios não tinham redes de proteção nas janelas. Também, nada recomendável. Mas não estou aqui para teorizar se uma geração mais cuidadosa é mais infeliz do que uma mais imprudente. Apenas para constatar a diferença de apego à vida. Meu pai metia os cinco filhos crianças no banco de trás de um Opala, sem travas nas portas para bebês, dirigia como um alucinado por seiscentos e cinquenta quilômetros, quatrocentos pela Dutra, duzentos e cinquenta pela Régis, da nossa casa no Rio de Janeiro para a casa de fazenda do meu avô, em Eldorado Paulista, e ninguém usava cinto, muito menos bebês confortos.

    Lá, aprendíamos a cavalgar com cinco anos em pangarés que dormiam ao relento com cobras e morcegos. Nós mesmos os encilhávamos, com equipamentos laceados, improvisados, e a ajuda de um primo mais velho, sob o olhar atento do único vaqueiro, oriundo do bando de Lampião, rezava a lenda. Se um alimento caía no chão, nos devolviam e diziam: "O que não mata, engorda". Quase todos os primos tinham vermes. Competíamos para ver qual verme era maior. Todos tinham cicatrizes nos supercílios e joelhos: uma das brincadeiras era ensaboar o chão com sabão em pó e escorregar de joelhos. Beliches não tinham protetores laterais. Por vezes, alguém acordava no chão. Passava-se Merthiolate, dividindo a pazinha da tampa, sem conhecermos a data de validade, incomum nos rótulos dos remédios e alimentos da época. Se ardia, assopravam. Não existia comida light, diet, café descafeinado, pão sem glúten, leite sem lactose. Tios e avôs morriam cedo, estatelados por enfarte (não tinha sinvastatina), num acidente de carro (não tinha airbag). Muitas tias e avós morriam de câncer no útero, ovários ou mamas (não tinha medicina preventiva). O normal era que tivessem de cinco a sete filhos. Quatro, na média. Dois, pouco. E muitas perderam um filho na gravidez.
    Contei tudo isso a um vizinho argentino, enquanto olhávamos atentos nossos filhos se arriscarem sem boias numa brincadeira de moleque, a um fio de saírem do controle, na piscina do prédio. Contei que nenhum dos meus primos morreu ou teve acidente com sequelas antes de completarmos dezoito anos. E contei que um primo rolara uma cachoeira uma vez.
    Meu primo, biólogo, também vizinho, me corrigiu:
    — Rolei duas vezes.
    Professor do ensino médio, falamos de escolas com câmeras, seguranças, catracas, da vigilância dos pais, que criam

grupos em redes sociais. Lembramos que, na adolescência, quando viajávamos de carona, navios de carga ou busão pelo Brasil profundo, ficávamos semanas sem dar notícia aos pais. Nos desconectávamos completamente. Eventualmente, mandávamos um postal. Ligar? Caríssimo. Nathy me contou que uma vez passou meses em Caraíva, na Bahia, na época em que não tinha luz elétrica, e o único telefone era um orelhão no meio da praça. Só que se esqueceu de dar notícias aos pais, e a temporada se estendeu. Um dia a chamaram, pois alguém no orelhão queria falar com ela. Era seu pai, preocupado, que a tinha encontrado por milagre. Éramos assim. Se minha mãe, por exemplo, reclamasse, eu dizia:

— Mãe, se não liguei, é porque está tudo bem. Notícia ruim chega logo.

Hoje, estamos atentos nos parques ou numa rede social de vigilância e proteção, que indica até a localização de cada um. Foi ele quem fez a comparação: viramos uma sociedade cardume, superprotetora, que nada como um único indivíduo, para se proteger de predadores.

Fiquei exultante quando, durante a pandemia, pude voltar a nadar na academia. Era algo que eu fazia desde 1982, no início da minha reabilitação física. Apesar de ter quebrado o pescoço num lago, era ex-surfista e nadador amador, e nunca deixei de nadar, mesmo tetraplégico. Afundava, nadava de costas, peito e, num acordo com meu fisioterapeuta, retomamos a natação durante a pandemia, numa academia semideserta. Eu levava Loro e Moreno comigo e, assim como meu pai, eu servia de prancha para eles, que subiam em mim e mergulhavam. Eu dava dicas de como boiar (sempre com os braços abertos e para trás) e, ao mergulhar, nos encontrávamos no fundo. Eu não os forçava a ir comigo; eles queriam. Fernando, meu fisio, que tinha uma menina da idade do Loro (casamos na mesma época, tivemos filhas e filhos juntos, viramos dois grandes confidentes, conselheiros e amigos), não só deixava como se divertia com os dois, brincava com eles, enquanto eu fazia meus quarenta minutos de nado contínuo. Ali, fui pai como meu pai foi comigo até os onze anos. Até levei-os para andar a cavalo, numa aula de equitação na Granja Viana. A tríade estava completa: piscina, cavalo e estádio de futebol. Foram os grandes programas que meu pai conseguiu fazer comigo, incluindo shows em ginásios. Me realizei como pai. Me esbaldei. A vacina contra a covid finalmente chegou para nós. Tanto Fernando como eu fomos da primeira leva de vacinados, no que ia virar rotina: duas Coronavac, uma Pfizer, uma Moderna, mais duas Pfizer, as bivalentes.

PARTE V

FOLA! Um movimento espontâneo começou a fazer o pesado ar mais respirável. A toxidade foi trocada pela, enfim, indignação. A lógica começou a ofuscar a loucura. A bondade, a maldade. A verdade, a mentira. Vieram os protestos nas varandas e janelas contra Bolsonaro. No meu prédio, uma meia dúzia puxava o coro agendado em redes sociais. Gritar "fora Bolsonaro!" batendo panela passou a fazer parte da rotina. Uma vizinha de frente tinha um "Fora Bolsonaro" tão alto que cobria todo o condomínio e quadras ao redor, era um lindo e harmônico longo "Foooora Bolsonaaaaaaaaarooooooo". Conheci a figura. Apesar da potência da voz, era magra, calma, e vivia percorrendo o bairro de bicicleta; essa talvez fosse a força motriz de seu fôlego. Os protestos ganharam adeptos. Entre eles, meus filhos.

— Fola Bolsonalo!

Que emendavam com palavrões nada dignos de uma família paulistana. Moreno perguntou certa vez se Bolsonaro queria invadir o prédio. Explicava a situação sempre colocando vovô Rubens, aquele das estátuas em Brasília e no Rio, como personagem da narrativa do Fola Bolsonalo.

Veio a Vaza Jato, a grande verdade sobre a operação que prendeu Lula e abriu caminho para a eleição de Bolsonaro, com uma manipulação de provas e testemunhas da Vara de Curitiba, e da qual muitos da imprensa sabiam. Numa manifestação, fui convidado para falar: era um protesto organizado na Faculdade de Direito da USP contra a tentativa de expulsão do jornalista Glenn Greenwald do Brasil. Ele publicara no Intercept as conversas vazadas entre o juiz e a promotoria da Lava Jato, e Bolsonaro ameaçou prendê-lo. No evento, eu seria o segundo a discursar. Tinha pensado em algo comovente. Eu tinha dois minutos. Fiz associações com o que vivíamos e um Estado autoritário. Falei, terminando:

— Abaixo a ditadura!

Ninguém entendeu, ninguém aplaudiu, e o que para mim fazia muito sentido, para eles pelo visto não tinha nada a ver. Não sou bom em comícios. Não sei empolgar com um microfone na boca. Num comício das Diretas Já, no Anhangabaú, enquanto meus colegas de palanque urravam, diziam frases de efeito, modulavam a voz para dar dramaticidade ao discurso, eu, que não sei gritar, entrei e, na minha vez, comecei "Fala aí, pessoal!". Falava como se estivesse numa palestra sobre literatura numa biblioteca. Tinha centenas de milhares de pessoas à minha frente. A maioria não me deu a menor importância. Mais um motivo para virar gaitista.

Fola Bolsonalo ganhou adjetivos extras, ladrão, genocida, assassino e, claro, palavrões caprichados, aqueles que, sabiam, só eram permitidos em jogos de futebol, porque, depois de um árduo trabalho para evitar palavrões no dia a dia, a primeira ida ao estádio derrubou todo o planejamento léxico, pois não apenas a totalidade de quarenta mil corintianos xingava em coro como a família acompanhava, para espanto e diversão dos dois moleques. Aprendiam que até adultos quebram combinados. Péssimo exemplo que dávamos, nessa catarse chamada partida de futebol.

Loro aos oito anos começou a ficar irônico. Quando reparei que ele usava desodorante antes do banho, me respondeu:

— Sei que sou um cara diferente, não sigo as normas, passo desodorante antes do banho, como doce antes do salgado, faço a lição de casa na hora do recreio, e vou para o pátio escondido na hora da aula.

Ele e seu melhor amigo, João, eram idênticos. Não paravam de conversar. Rebeldes, fugiam da aula e iam ao banheiro observar escondidos o movimento da escola pela janela. Quando João fez nove anos, Loro não quis ir à sua festa. Fiquei perplexo.

— O João entende. Eu não gosto de festas — se justificou.

Perguntei se acharia legal se o João não fosse à sua festa de nove anos.

— Eu não quero mais dar festa de aniversário. Acho um desperdício de dinheiro. Todo ano eu faço aniversário. Acho que só darei quando fizer quinze anos. Vou dar aniversários só em ocasiões especiais, assim não precisamos gastar dinheiro com bobagens.

Tentei convencê-lo de que todo ano é um ano especial, nove, dez, onze...

— Não adianta. Eu disse que eu sou diferente.

Acabou indo na festa do João e era o mais empolgado, ajudou na churrasqueira, jogou bola, nadou, explorou a mata vizinha e, lógico, foi o último a ir embora. Nos dez anos, de fato, não quis festa. Convidou dois amigos para passar o dia com ele. Vieram seis. Porque às escondidas telefonei aos pais. Ficaram pelo prédio, brincaram, cantamos parabéns... Mas não foi um aniversário oficial, com convite mandado a grupos da escola ou do prédio. Nem salgados tinha. Nem refrigerantes. Minha irmã me zoou, disse que não sei dar festas de aniversário. Mas tinha dois bolos, DOIS! E velas, que comprei de última hora. Brigadeiro era pedir demais.

Tal rebeldia do Loro não era fácil. Era rebeldia dentro e fora de casa. E, principalmente, na escola. Não quero, não vou, me deixa em paz, começaram a virar uma constância. As brigas e brigas, idem. Era agressivo comigo, até com a Carla. Saía da chamada segunda infância. Um mês, dois meses, três meses, quatro meses sem a mãe começavam a ter um preço emocional sobre ambos, ou melhor, sobre nós três. Incerteza sobre o futuro é o maior pesadelo que uma criança pode viver. Esperava que nós, adultos, garantíssemos um projeto estável, que inexistia, especialmente em casais separados. Escreveu Bob Dylan em 1964, quando seu sucesso o torturava:

Não conheço respostas ou verdade para vivalma
Não darei ouvidos a ninguém que me venha com lição de moral
Não existe moral, e eu sonho bastante

Nós três, muito sós, no fim da pandemia, isolados, sem família por perto, passamos a viver uma rotina de medo e tensão. Quando Loro atacava alguém, eu tinha que segurá-lo como conseguia, puxando-o pelo pescoço, num leve mata-leão. Sua relação com Moreno tensionava. Que de fofo passou a revidar, por vezes surtado. Era estranho ver Moreno furioso. E ele ficava. Menor, mais magro, voava sobre o irmão. Era tão desigual, que por vezes Loro ria e acabava a briga, enquanto eu tentava segurar Moreno. Não foi um período fácil. Conversamos hoje muito sobre aquela época. Loro me pergunta se eu o enforcava. Eu digo que, por conta da minha condição física, era a única forma de segurá-lo. Por vezes, rolava aquela palmada interrompida. O braço ia, o cérebro comandava "Não!", o braço desacelerava. Se acertava um tapa de leve, o braço passava dias com uma dor fantasma, que ia da ponta dos dedos à nuca. Eu cruzava todo o reservatório de culpa que existia na minha mente. Minhas irmãs diziam que minha mãe nunca nos bateu. Opa. Na adolescência, levei alguns tapas na cara. Curioso. Foram pouquíssimos, mas inesquecíveis, surpreendentes e reveladores, como todos os tapas na cara.

Por sorte, as aulas voltaram presencialmente, e a escola "dividiu" comigo toda a tensão (provavelmente de uma geração). Fiquei transtornado, dobrei a terapia. Em contrapartida, a mãe ligava sempre e parecia feliz e iluminada, como a luz do Cariri. Descobri que, se no começo as desavenças são consideradas travessuras infantis, divertidas, com o tempo passam a se tornar problemas de alguém que crescia. O ar desligado de Moreno, o astral leve, pouco reativo, começou também a se tornar um problema. Seus erros de português se acumulavam. O que era fofo espelhava o que acontecia dentro dele: imaturidade, dificuldade em crescer, em deixar de ser bebê. Na escola, perdia tudo, casacos, material escolar, réguas, esquecia de fazer a lição de casa. Certa vez, perdeu a mochila, que foi encontrada na van no dia seguinte. Esqueceu meu iPad na quadra de futebol do prédio. Quebrava telas, porque, desajeitado, sempre deixava derrubar tablets, notebooks. Até uma TV ele derrubou sem querer. Moreno dava um prejuízo danado. Certa vez, quebrou uma tela, mandei consertar e quebrou novamente no dia que chegou da assistência.

Sempre ganhavam dinheiro do avô Roberto. Loro guardava numa gaveta ou numa conta previ que abrimos para ele. Moreno deu uma vez cinquenta reais a um amigo e, meses depois, uma nota de duzentos reais a uma colega. Sua mãe me ligou assustada à noite. Ambos devolveram. Não adiantava explicar ao Moreno o valor das coisas. Levou para a escola o álbum de figurinhas Pokémon do irmão (!) e distribuiu as premiadas entre amigos. Help. Eu não dava conta. E os conselhos que ouvia não me convenciam. Nós três teríamos que encontrar uma alternativa de cessar-fogo na guerra contra a família padrão. Não éramos. Teríamos que nos conformar e nos adaptar.

Porém, na maioria do tempo, a paz estava entre os três. Loro, ranzinza, mal-humorado, virou piada familiar. Ríamos dele; era o que o desarmava. Rir é a maior arma no duelo do desentendimento. E Moreno me dobrava sempre. A mim e a todos. Na escola, ele foi o Rei Sol num banquete grego. Cada criança escolheu seu personagem. Ilumina. Ele é doce e carinhoso. Aprendi com ele a passar um bisturi no coração endurecido pela vida. Toda noite, ele me dizia:

— Boa noite, papai, te amo.

Me causava uma tontura existencial. Na minha família, ninguém dizia que amava alguém. Um superior mandava, um inferior obedecia. Passei a dizer que também o amava. O beijo dele é dos mais verdadeiros. Passei a dizer te amo e exigir um beijo. Passei a dizer o mesmo para o Loro, o pragmático e lógico. Ia bem na escola. Dizia que era tudo muito simples, bastava prestar atenção na aula. Me contaram que muitas vezes ele voltava a explicar o que a professora dizia na linguagem dos e das colegas. A curiosidade desde o dia em que nasceu só aumentava. E seu repertório era surpreendente. Depois de ler a versão do livro *Sapiens* em história e quadrinhos e o livro *Implacáveis*, que contam a história (ou aventura) da humanidade, ele foi blasé e me disse que lia um livro mais importante. Quando perguntei qual, ele tirou da mochila escolar uma edição do Primeiro Testamento. Tinha até um marcador de página. Já tinha lido umas trinta páginas. Era um exemplar da biblioteca da escola, e, sem que percebessem, daqueles doados por pastores da Igreja Universal, que colocam sua foto na capa, nessa nova e obscura fase em que as pentecostais renegam o Novo Testamento e adotam apenas o primeiro, a estrela de davi e a bandeira de Israel.

Durante a ausência da mãe, mirei o coração do Loro, para que não sentisse uma gota de abandono. Se antes ele tinha dificuldade de me abraçar, andava agressivo, passou a dar um abraço apertado e um beijo com verdade e amor. Ele também passou a repetir, antes de dormir, te amo. A intensidade da verbalização de afagos disparou. Passei a perguntar todos os dias, antes de irem à escola e dormir:

— Quem é o melhor pai no mundo?
— Você.
— Quem?
— VOCÊ!

Após cantar uma música que passou o dia na praia compondo, no Réveillon de 2022, Moreno me perguntou se dei vida a ela, já que eu filmara. Não entendi. Tentou contornar e perguntou se ela existia agora. O amigo dele, Luigi, me explicou. Queriam saber se postei no YouTube ou TikTok. Só assim a música passaria a existir. Não tenho conta em nenhuma dessas redes. Tenho uma fajuta que uso pouco no Insta. Dei vida à música e postei um story. Outro dia, ele soltou uma boa, mais uma para seu léxico pessoal: "Vaso solitário". Como ele é daqueles que ficam um bom tempo sentado concentrado no vaso sanitário, às vezes lendo, às vezes com um iPad, tem toda lógica chamá-lo de vaso solitário: é seu momento de reclusão.

Fly-in morreu. Sobreviveu por mais de dois anos num aquário sem qualquer estrutura adicional. Passou por toda a pandemia, em que milagrosamente pet shops continuaram abertas, como um serviço fundamental. Fizemos um enterro digno de um herói da pátria. Nosso guerreiro companheiro da pandemia. Fiz um caixão, com uma caixa de fósforo enfeitada, uma lápide, uma cruz, apagamos as luzes, e fizemos com velas um culto com cânticos até a varanda, onde o enterramos no maior vaso. Comprei outro betta, dessa vez azul. Durou poucos meses. Comprei mais um betta. Dessa vez, fêmea e toda colorida. Durou dias. Parti para um projeto mais ousado. Comprei um aquário maior, com respirador, termômetro, uma decoração mais caprichada, com areia e algas, e incluí oito peixes, duplas de cada raça, que escolhemos em consenso. Tinha até o chamado peixe-palhaço, famoso pelo filme *Nemo*. Ficou uma beleza, um aquário dinâmico, com vida, ecossistema variado. Em cada mês, morria uma dupla. Até morrerem todos. Se, no começo, sofríamos com a morte de cada um, passou a ser rotina os encontrarmos boiando ou parados no fundo. Loro passou a ser o agente funerário da família, enfiava a mão sem o menor constrangimento na água e recolhia o cadáver. Que ia para a privada, para a longa jornada até uma cova no esgoto.

Me informaram que esses peixes de pet shops já vêm doentes e me indicaram uma loja especialista em peixes ornamentais no bairro vizinho, a Pompeia. Pra quê? Conhecemos um paraíso dos amantes de peixes ornamentais. Vários tipos de pedras e areias, plantas e enfeites, peixes de água salgada e doce, tubarões, moluscos, estrelas e, o melhor de tudo, uma profissional especialista em decorar e fazer a manutenção de aquários. Além de tudo, eles faziam aquários sob medida e mais baratos do que os das grandes lojas. Medi minha estante e fiz um aquário enorme. Misturei muitos peixes. Coloquei outros no aquário antigo. Passávamos horas do dia limpando, checando temperatura, pH, a respiração deles, controlando rações saudáveis.

Cheguei a comprar um equipamento que, programado, alimentava os peixes de tantas em tantas horas, ideal para viagens. O ecossistema agora tinha briga. Por vezes, um peixe corria atrás de outro, mordia a barbatana. Eventualmente, um peixe voava para fora do aquário e era encontrado morto no chão, quando não o pisávamos ou atropelávamos. Num feriado prolongado, fez um calor anormal em São Paulo. Ao voltarmos da casa da minha irmã na praia, encontramos todos mortos, numa água morna, cuja temperatura estava bem acima da indicada, devido à imprudência do aquecedor não ter sido desligado. Os peixes foram cozinhados. Uma tragédia. Eram mais de vinte. Abandonei o hobby. Encerrei o capítulo peixes ornamentais, doeu tudo, nunca mais pensei em passar perto de uma pet shop ou loja especializada. Foi um luxo que nos demos na pandemia, assim como a horta orgânica na varanda. Quem se deu mal foi a Carla. Ela adorava meus peixes. Adora bichos. Se diverte com pássaros, com cachorros e gatos, com vídeos na internet. Dei para ela um betta, e sua paixão se tornou obsessão. Passou a frequentar a loja da Pompeia rotineiramente. Em poucos dias, tinha cinco aquários espalhados pela casa, dezenas de espécies, peixes procriavam, respiradores, luzes, termômetros, tipos diferentes de rações. Tínhamos que tornar a vida durante a pandemia menos solitária e entediante. Carla passou meses nessa. Pesquisava, trocava ideias, enfeitava os aquários com paisagistas profissionais. Para piorar, passava horas relaxando olhando seus novos hóspedes. Melhor que Netflix, dizia.

Voltando com os dois do supermercado, programa que adoravam, rolou o papo, sempre puxado pelo tagarela existencialista, Moreninho.

— Pai, por que morremos? Não é maldade a gente morrer?

— Todo animal morre, somos animais.

— Pensei que a vida era do bem. Quem mata a gente, a natureza?

— Alguns dizem que é Deus. Outros, que não morremos totalmente, mas reencarnamos em pessoas e bichos, como afirmam budistas.

— Viramos insetos?

— Alguns budistas acham que podemos, sim. Acreditam.

— Buda tem a cabeça de elefante, porque seu pai cortou a dele — informou Loro, o sabe-tudo.

— Foi a mãe — corrigiu Moreno.

— O pai!

Há tempos que reconheci neles um interesse por Buda. Há tempos falavam da cabeça de elefante nele. Só então num passeio confirmei: num restaurante indiano da Vila Madalena, os dois notaram a estátua do homem com cabeça de elefante e debateram sobre ela, enquanto eu estava mais interessado no cardápio.

— Como vocês sabem disso?

Responderam uníssono:

— Nosso professor de ioga ensinou.

De volta pra casa, pesquisamos juntos. Não é o Buda barrigudo, sentado, que para chineses medita sobre uma tartaruga, e que, se tem o umbigo coçado, traz sorte. É Ganesha, removedor de obstáculos, deus da sabedoria, intelecto e fortuna, na tradição religiosa védica do hinduísmo. Primeiro filho de Shiva e Parvati, e adorado por homens e mulheres negociantes, está relacionado à boa fortuna: é uma estátua amarela ou vermelha, com cabeça de elefante e corpo de ser humano, com uma grande barriga, quatro braços e montado sobre um rato.

O arquétipo de Ganesha é tocante. A cabeça de elefante indica fidelidade, inteligência e poder discriminatório; ter uma presa apenas indica a habilidade de superar as formas de dualismo; ele retirou sua outra presa para escrever os Vedas; as orelhas abertas indicam habilidade de escutar pessoas que procuram ajuda, sabedoria, assimilar ideias, conhecimento; a tromba curvada indica o potencial de distinguir o real do irreal; na testa, um tridente, os três estados de consciência, ou três modos da natureza material: bondade, paixão e ignorância. A barriga de Ganesha simboliza benevolência da natureza e equanimidade, a habilidade de Ganesha de sugar os sofrimentos do Universo e proteger o mundo; a posição de suas pernas indica a importância da vivência e participação no mundo material, assim como no mundo espiritual, a habilidade de viver no mundo sem ser do mundo; os quatro braços representam os quatro atributos do corpo: mente, intelecto, ego e consciência. A mão segurando uma machadinha é símbolo da restrição de todos os desejos, que trazem dor e sofrimento. Complexo, protetor, benevolente. Tudo do que precisávamos. Comprei um Ganesha para a casa, e instalei ao lado do são Jorge. Que Xangô, presente, nos abençoe.

Loro ia se aprimorando na cozinha. Começaram com os bolos, misturas inusitadas, mas que faziam sentido. Certa vez o vi cozinhando às 22h, pão com creme de alho, bacon e ovo. Panquecas viraram outra especialidade. Dava orgulho vê-lo na cozinha, trepando em armários e lendo rótulos (usava um aplicativo, Desrotulando, que lê rótulos e indicava o quão saudável era cada alimento, dando notas de zero a cem). Berinjela virou inimiga dos dois, mas comiam saladas, evitavam alimentos hiperprocessados como salsichas, ou macarrão feito apenas no alho e óleo. Loro adquiriu um hábito questionável: dava uns goles em vinho. Como tem italiano em mais de 75% da ascendência dele, controlávamos, mas deixávamos em festas. Minha avó Olga tomava vinho desde os quatro anos, era alimento. Descobri na pandemia que Loro pegava as garrafas vazias que eu e Carla deixávamos ao lado da lixeira, colocava um pouco de água e bebia. Certa vez, tinha mais que dois dedos na garrafa. Ele tomou um gole e veio falar comigo com as bochechas rosadas, rindo sem parar. Perguntou como é estar bêbado. Saquei no ato que ele estava. Dizia que sentia um calor gostoso no peito e ria sem parar. Tinha nove anos. Eu deveria ser interditado e preso. Depois dessa, eu levava pessoalmente as garrafas de vinho usadas para o lixo reciclado, na garagem do prédio.

Com seus melhores amigos, montou um business lucrativo, o empreendimento Lápide Verde, que tinha até página no Instagram. No Halloween do meu prédio, os vizinhos dão uma enxurrada de doces, e eles correm em todos os andares, com Moreno no térreo como receptador. Deixam passar alguns meses, quando sabem que as crianças esgotaram seus estoques de doces e estão ainda sob o vício do açúcar, e saem vendendo pelo prédio, na escola, na esquina. E aceitavam PIX (o meu, claro). Num ano, faturaram mais de quinhentos reais. No outro, mais de mil. Dinheiro repartido entre eles, quatro amigos, mais o Moreno. Que não gastavam: sonhavam em comprar uma pequena mercearia de uma porta ao lado da escola. Geração Jeff Bezos.

Já Moreno fazia o estilo saudável. Sua comida favorita era fruta. Quando estava com fome, não beliscava bobagens, que não tinha na minha casa, mas comia maçã, pera, banana e o que mais amava, melancia. Era chegado num ketchup, seu grande defeito. Tivemos o momento McDonald's e KFC na pandemia. Mas passou e o forte virou pizza de calabresa. Como nada é definitivo, tal paladar se inverteu. Loro se tornou um obcecado pela saúde. Moreno continuou com um paladar infantil por muito tempo, cometendo heresias escondidas como misturar macarrão com ketchup.

Pensava muito na volta da mãe, como ela reencontraria seus filhos, os hábitos adquiridos, e eu sabia que certamente não iria ser execrado por toda a sua família, chegada num doce e em chocolates.

Moreninho adquiriu outro hábito. Inventava histórias, contava com talento os seus feitos, numa narrativa que prendia, cativava. E isso era com todos e todas. Conversava com faxineiras do prédio, com as pessoas da padoca, da sorveteria, na escola, com os pais, na família, não parava de falar em viagens para a praia, eram três, quatro horas tagarelando com sua voz rouca, poderosa. Certa vez, ficamos no carro tão irritados que proibi ele de falar. Foi um alívio seguirmos em silêncio. Ao chegarmos na praia, meu cunhado Avelino agarrou Moreno, saudoso, perguntou as novidades, e o garoto estava mudo. Avelino insistiu, estranhou, até ouvir baixinho:

— Estou proibido de falar.

Enfim, a mãe voltou pro Natal. Ficou junto com os filhos, e me deu aquele vazio de ninho sem nada, quando me dei conta de que tinha vida também, amigos, bares, uma banda... Que eu escrevia, lia, estudava... E logo depois ela foi passar o fim de ano no Cariri, continuar sua saga com a produção milionária da série.

O tema do Bloco Augusta de 2022 foi profético: *Vai Passar*. Tinha que passar. Vivíamos no fundo do poço. E foi nesse começo de ano, do Sertão, que num call, a mãe falou com os

filhos, na saudosa doçura comum dela, pediu para eu fechar a porta que queria falar a sós. Aí vem. Gelei. O que será dessa vez? Veio:
— Olha nos meus olhos.
Fixei os olhos na tela.
— Estou grávida. De uma menina.
Fiquei sem reação. Nem sabia que ela estava numa relação. Estava. Com um ator da série, pernambucano, ator e músico. Pensei que tinham se conhecido lá, mas ela me disse que já se conheciam dos bares de São Paulo. E até tínhamos amigos em comum com a comunidade pernambucana que nos rodeia em São Paulo, músicos, poetas, jornalistas, atores, cineastas, diretores... Anunciou que viriam morar numa casa em Perdizes que comprara com a ajuda da família, não mais a duas quadras, mas razoavelmente perto da minha. Então chamei os filhos, e ela contou.

Acostumados a tantas mudanças na rotina, não ruminaram por completo a informação. Quando ela voltou a São Paulo, semanas depois, já tinha uma barriga aparente. Conheci então o novo pai, padrasto dos meus filhos, marido e residente das Perdizes. Nos demos muito bem. A família cresceu. Uma irmãzinha... Que nasceu e foi amada por todos. A guarda dos meninos foi então inteiramente compartilhada, metade dos dias da semana com cada um. Ela tinha agora estrutura e, mesmo se entrasse num projeto de filmagem intenso, tinha cobertura, esquema. Revezávamos os fins de semana, assim como as férias. A filhinha virou um sucesso. Pirralha curiosa, atenta, de cabelo encaracolado, falante e muito bem tratada pelos dois moleques. Vai ser bom para eles essa menina, eu pensava. Para todos. Lá vinha eu de novo me preocupando com o que seria bom para eles... À medida que a menina crescia, aumentava o amor entre eles. Em pouco tempo, virou uma tagarela divertida que, num sotaque pernambucano indisfarçável, soltava às vezes uns palavrões. Tinha dois anos:

— Eita, porra...

Segundo Loro, ela amava repetir pela casa "puta que o pariu". O problema era ser banida da creche do bairro. Eles negam, mas claro que foram os irmãos quem a ensinaram. Que vez por outra soltavam um delicioso e pernambucano "ôxe". Esse padrasto começou a nos fazer um bem danado.

O futebol entrou casualmente na vida deles, e foi uma bênção. Vi num sábado de manhã um vizinho, Enzo, da idade do Loro, chegar com o pai com um uniforme vermelho e branco de um time, o Musashi. Ele treinava no Clube de Medicina da USP, a uma estação de metrô de casa. Não precisa ser sócio. Três campos gramados eram sublocados pelo Paris Saint-Germain. Uma quadra de futsal, para um grupo de professores que mantinha dois times, o de sábado, em que tinha que chegar às 7h30, e um de terças e quintas, o Clube da Bola, com um uniforme azul e amarelo semelhante ao do Boca Juniors, num horário menos indecente (no grupo da idade deles, 9h30). O amigo deles, Enzo, fazia aula integral, por isso, os treinos no sábado. Mas meus filhos, não. Estudavam à tarde, e os matriculei no Clube da Bola.

Fui logo avisado: aparentemente, um dos treinadores parece severo, mas é empolgado e as crianças o amam. Eram dois, Lu e Cris. E treinavam jogadas, posicionamento, explicavam táticas e especialmente fundamentos (chute, desarme, defesa, drible) às crianças, que iam de cinco a quinze anos. Meus dois jogavam no sub 9. Moreno, canhotinho, se destacou no ataque. Uma pulguinha, não deixava o adversário em paz, até desarmá-lo. Loro era bom no chute de longe. Primeiro, como volante. Depois, começou a se destacar no gol e virou goleiro. Ganhou luvas e uma calça apropriada de goleiros de futsal. Era tão bom que jogava no sub 7 e no sub 9. Enfim, começaram os campeonatos, organizados por vários times e franquias da cidade. Jogos sempre aos domingos. E lá ia toda a torcida de mães, pais e parentes.

O Clube da Bola tinha uma raça e uma técnica peculiar, nunca se entregava. Já vi estarem perdendo de 5 × 1, lutarem até o final e virarem no último segundo. Vi meu filho defender o pênalti decisivo de uma final de campeonato. Comecei a torcer como um alucinado, a chamar juiz de ladrão, reclamar de faltas não dadas. Jogavam em quadras menores, de grama sintética, com torcida contra, em outras cidades, na periferia. Ganhavam todas. Sempre com sofrimento, com viradas épicas no último minuto. A adrenalina era tamanha que passei a ver os jogos ao lado dos técnicos, no banco, como um cartola, e por vezes passava instruções. Entrava na quadra e dizia ao nosso batedor de faltas oficial:

— O goleiro deles é um pirralho, chuta pra cima.

Gritava, empolgava, dava ordens, dava força. Uma ética esportiva nascia como um grande ensinamento. Ganhadores e perdedores (sempre chorando) ganhavam medalhas, parabéns. Se um jogador fazia uma falta, ele quem erguia o colega caído e pedia desculpas. Nada de palavrão, briga. Nada de xingar juiz, jovens estagiando para serem árbitros. Dia de campeonato era um fim de semana em que não conseguíamos dormir direito. Todos nós levávamos muito a sério, porque assim era o time, o Clube da Bola. Alguns começaram a se destacar e partiam para uma jornada mais profissional. Nos seis campeonatos de 2023, eles ganharam todos. Estavam invictos há mais de dois anos. Inclusive, ganharam do Musashi, o time do amigo vizinho, também numa partida decidida no último minuto.

Porém, em 2024, a situação se inverteu. Meus filhos começaram a fazer escola integral. Só poderiam participar do Musashi, o time que treinava nos sábados às 7h30. Logo na primeira partida, contra o sub 9 de uma franquia do São Paulo, num campo estranho de grama sintética, sob um calor de 38°C, num time sem entrosamento ainda, perderam de lavada. Loro não quis mais jogar no gol. Foi a primeira grande derrota com cheiro de humilhação. Assim é que se aprende. É uma escola de futebol, mas também uma escola de dramas e superação.

Duas semanas depois, o novo time deles, o Musashi, iria jogar contra o antigo, o Clube da Bola. Os dois iam rever ex-colegas, ex-treinadores e certamente levariam uma lavada, afinal o Musashi era freguês do Clube da Bola. Chegamos cedo. Foram encontrando os ex-colegas, se abraçavam saudosos, emocionados. Todos os craques do Clube da Bola, por quem passei anos torcendo, estavam lá. Enquanto nem sabíamos quem era quem no time novo.

A magia do futebol começou no apito do juiz. O garoto no gol era um craque. Seguro, era o maestro do time. Moreno foi para o ataque, Loro como segundo volante. O Musashi logo fez 1 × 0. Foi tão inusitado que nem comemoraram. O adversário era muito melhor, mais treinado, mais entrosado, sua bateria entrou em ação, e parava numa raça surpreendente nos jogadores do Musashi. O nervosismo tomou conta do time adversário. Logo, fizemos 2 × 0. Veio o intervalo. Passamos a acreditar numa possível vitória. Substituições eram feitas, seguindo o regulamento (um jogador só poderia jogar três quartos do tempo, para dar chance aos outros, afinal, é uma escola). Os reservas mostraram uma disposição fora do comum. O Clube da Bola diminuiu o placar, e a torcida deles se empolgou, o time cresceu. Mas Loro fez 3 × 1, um golaço em que driblou pela esquerda e bateu de primeira. Ganharam!

Comemoramos como nunca. Com direito a sorvete para todos. Os antigos técnicos fizeram festa com meus filhos. Elogiaram. Pode ser que meus filhos se esqueçam desse momento, mas eu jamais! Passei horas para baixar a adrenalina. Ser pai é um sacrifício. É ser um torcedor.

O futebol foi um projeto coletivo de desintoxicação de telas. Passaram a fazer parte de muitos times. Na praia, no Litoral Norte, jogavam com os locais, ao lado da escola municipal. Moreno virou o xodó. Por conta do cabelo, do seu tamanho, do estilo de jogo, da camisa 10 da Argentina, que não tirava, e carisma, virou Little Messi, ou Messinho. Num jogo com muitos adolescentes mais velhos, o escalaram. E não é que o moleque fez um golaço no final do jogo? A quadra toda, que tinha uma arquibancada, vibrou, correram e comemoraram com ele, jogaram ele pro alto e gritaram "Little Messi, Little Messi!". E por toda a vila, andando com ele, sempre saudavam.

— Olha o Little Messi.

Como todo pré-adolescente, ele e o irmão vislumbraram seguir na carreira de futebol. Passei por isso nessa idade, sei que é fase. Colegas da escola também reclamavam que perdiam tempo estudando, que deveriam estar jogando. O esporte tem esse poder, é uma droga que cura vícios, como redes sociais, video games, ser mimado, criança reclamona. Ensina a ética da coletividade, saber ganhar e perder, acreditar até o fim, se recompor, obedecer a um técnico, o seu posicionamento, aprender a passar, a ser solidário.

Nas férias seguintes, em 2023, a grande decepção do Moreno. Ninguém mais se lembra do Little Messi. Reclamou que ninguém mais o saudava. Mais uma lição que a escola futebol ensina: os heróis são esquecidos.

* * *

O tema do bloco daquele ano, que voltou a desfilar com todo o seu esplendor (para usar uma expressão digna de um samba-enredo), foi uma homenagem à amada Gal Fatal: *Atentos e fortes*. Precisávamos estar. Porque uma história não acaba num ponto-final. Se o tema do ano anterior foi profético, *Vai passar*, é porque no fim do ano comemoramos aos gritos e choros de alívio a derrota do bolsonarismo. Meus filhos podem ter a esperança de um mundo melhor. Se bem que, pensando bem... De que adianta planejarmos o mundo que nossos filhos terão? De que adianta temermos ou torcermos pelo futuro deles? Jamais será como o imaginamos. Nem de perto acertaremos as previsões. O mundo do futuro será o mundo deles, e se minha mãe teve um avô anarquista fugitivo na Itália, se tive um pai exilado e morto no Brasil, se tive uma mãe que desenvolveu Alzheimer aos setenta e quatro anos, se meus filhos tiveram um pai cadeirante, essa será a história deles, irão se adaptar a ela e terão seus transtornos, como todo mundo. Minha mãe jamais imaginou que eu viraria o que virei. Jamais acertarei o que meus filhos virarão. O mundo é deles. O mundo é complexo. O mundo é terrível e belo, tem luz e trevas. O mundo é um mundo de coisas.

Estamos em 2024, e dez anos aqui narrados se parecem cem. E surpreendentes. Meus filhos viraram gozadores. Moreninho não falava mais Gordzilla, nem Amambabaú. Cereal continuou celelal por farra. Não precisava mais gritar da janela Fola Bolsonalo. E começou a fazer judô. Loirinho começou a treinar boxe e, nas férias, a trabalhar numa loja de brinquedos. Estagiar, na verdade. Quando queriam a minha atenção, se deitavam na minha frente, como um bloqueio de manifestantes diante de um tanque. Ou faziam barreiras com almofadas. A forma como os eduquei pode ter sido um fiasco. Forçá-los, desde pequenos, a tomarem decisões, foi uma maneira de sobrevivermos à pandemia, mas não sei se criança não deveria ser criança por mais tempo. Dava o comando: banho-denta-cama. Desde pequenos. Moreno ia primeiro, depois Loro. Não ficava em cima vigiando, nem passava pente-fino para caçar piolhos, nem checava o quanto gastavam de sabonete, ou se escovavam bem os dentes. Não separava as roupas do dia seguinte, nem o uniforme da escola. Banhados, vinham enrolados em toalhas para uma fiscalização que eu não exigia. Vinham para provar que cumpriram o dever de pequeno cidadão. No quarto, eu lia história ou víamos um filme, ou apenas os aconchegava na cama, checava se estavam com calor ou frio, checava o material escolar, as mochilas, explicava a rotina do dia seguinte, quem iria levá-los para a escola, quem os buscaria e onde dormiriam nas noites posteriores, comigo ou com a mãe. Desligava a luz e fechava a porta. Contava que não ligassem a TV. Por vezes, numa insônia, um deles ligava.

    Nos primeiros dias da nova escola, acordávamos todos juntos às 6h30. Se era Nathy quem os levaria, eu descia para ver a amiga e a Teté, sua filha. Se Nathy não podia, eu levava. A mãe tinha agendado uma van escolar, que poderia estar à minha disposição. Na casa dela, chegava às 6h46, segundo Loro. Na minha, mais perto da escola, chegaria 6h50. Resolvi testar. Numa emergência, tinha uns dez pais e mães no prédio, cujos filhos estudavam na mesma escola.

    No primeiro dia de van, expliquei como funcionaria, que ela chegaria às 6h50, que dava tempo para o café da manhã, que não esquecessem de ir de tênis (era proibido ir de sandálias ou crocs para a escola, calçado favorito dos dois), de vestir moletom (se estivesse frio), e que a van os pegaria na saída de veículos, que não se preocupassem. Coloquei meu despertador junto com o deles. Prudentemente, dormiam já de uniforme; moletom com camiseta.

Para testar, de manhã não saí da cama, acordei-os, ouvi a movimentação dos dois, um dando broncas no outro por conta do atraso. Moreno entrou no quarto.

— Pai, são 6h38, o que eu faço?
— Tomou café da manhã?
— Não.
— Dá tempo de sobra para tomar seu cereal com leite, comer uma banana. Desce às 6h50.

Ele saiu do quarto, fechou a porta e dormi. Me acordou:
— Pai, são 6h42, o que eu faço?
— Tomou café da manhã?
— Não.
— Então toma e desce às 6h50.

Fechou a porta. Ouvi Loro o apressando. Naquela fase, Loro era sempre o apressado da dupla, o certinho, Moreno o negligente, o atrasado. Desceram enfim, silêncio. Dormi. Minutos depois, os dois entram esbaforidos:

— Pai, a van não nos esperou, foi embora.
— Eu vi ela dobrando a esquina, queria ir atrás, o porteiro não deixou.
— Mas era a van de vocês? Aquela branca com o tio Giovanni?
— Não, era outra.
— Então era van de outra escola. Desçam esperem a de vocês, ele deve estar chegando.

Fecharam a porta. Não dormi, alerta e checando as mensagens no zap. Dois minutos depois, subiram de novo.

— Outra van foi embora, vimos ela partindo.

— Eu chamei, gritei, ela nem parou.

— Não era a van de vocês, desçam e esperem ela, deve estar atrasada!

Devem ter umas dez vans transportando a molecada do condomínio às escolas da zona oeste, até as dos Jardins. Era um entra e sai de vans. Confiei que eles reconheceriam a do tio Giovanni, ou pelo menos lessem seu nome na lataria. Acabei indo com eles, descalço, de camiseta. E nada da van. 7h13. Nada da van. Será que eles estavam certos? Vi sair do prédio o pai de um menino que estuda na escola em frente à deles. Daria tempo, as aulas dos meus começam às 7h30. Nem precisei pedir, ele ofereceu carona. Todos no prédio conhecem as crianças pelo nome, os filhos são amigos. Partiram. Quando dobraram a esquina, estacionou a van do tio Giovanni.

Moreno tinha ainda sete anos. Não sei se afanei sua infância. Devo ter passado a eles uma insegurança que só os angustiava. Na primeira semana das aulas do segundo semestre, iriam com o tio Giovanni, que a essa altura estava chegando às 7h10. Mesmo assim, os dois ficaram insones na noite seguinte. Ansiosos, acordavam de hora em hora. E de manhã foi novamente um estresse. Na noite seguinte, Moreno acordou no meio da noite e ligou a TV. Loro pulou para o meu quarto reclamando. Na noite seguinte, Moreno garantiu que colocaria o despertador para as 5h.

— Pra quê?!

— Para dar tempo de fazer tudo.

— Não precisa!

Calculamos juntos minuto a minuto, checamos as mochilas, tiramos os excessos, chequei o clima do dia seguinte, frio de manhã, calor à tarde, acordariam às 6h20, pronto, teriam todo o tempo.

— Desce às 7h em ponto, que dá.

A escola ficava a dez minutos de casa. Eles eram os últimos a serem pegos. Dormi propositalmente sem marcar o despertador. Dormi profundamente. Acordei às 7h01 com o barulho da porta da casa se fechando. Não ouvi brigas, gritarias, não sei como dormiram, como acordaram. E não voltaram desesperados. Deu certo. O único porém foi a mãe me mandando mensagem de manhã dizendo que Loro ficou curtindo suas fotos na madrugada. Ficou insone, coitado. Me senti péssimo. Acho que deveria comprar um despertador à moda antiga e recolher o celular à noite.

Me sentir péssimo era comum na minha vida de pai. Na minha guarda, Loro caiu da bicicleta e quebrou um dente de leite, caiu no futsal e quebrou um definitivo, tomou sol na praia sem protetor e ficou três dias sem poder colocar camisa, ardendo de dor. Moreno quebrou a clavícula, caindo da cama, e quebrou o braço, correndo ao redor da piscina. Eu em casa ouvi o que minha mãe ouviu, quando foi me visitar na UTI, depois de quebrar a quinta cervical aos vinte anos:

— Desculpe.

Já a mãe checava unha encravada, cáries, incentivou uso de aparelhos, ajudava a escovar os dentes, às vezes dava banho, falava em cremes, pomadas, lembrava das vacinas, estava sempre atenta e precavida. Uma galera do prédio ia sair de bike, com um pai que é biker, pelas ciclovias do bairro. A mãe estava nos visitando. Loro, com dez anos, tinha acabado de ganhar uma bike nova. Queria ir junto. Ela não deixou, pois era a única criança sem capacete. Eu teria deixado. Ele esperneou e praguejou o dia inteiro. A mãe foi embora, fiquei sem ação. Mas com uma certeza: ela tinha razão.

Loro sempre convidava os mesmos amigos da escola para passar o fim de semana em casa. Garotos que eu vi crescer, cujos pais e mães eram íntimos. Já Moreno... Na fase Alecrim, convidava amigas, apenas amigas. Eu não entendia nada. Ele tinha seis, sete anos. Certa vez, convidou três. Os pais me zapearam. Elas estavam animadíssimas. Ele se arrumou todo, passou gel no cabelo, arrumou a casa. Parecia um galã de cinema antigo. Andava muito vaidoso na época. Chegaram juntas. Ele estava encostado na porta da sala, com uma cara sedutora. Todas arrumadíssimas. Foram direto pro quarto dele. Lá ficaram por um bom tempo e depois desceram para o prédio (mesa de pingue-pongue, quadras, pebolim, lanchonete). Não me meti, pois ele muito seriamente disse:

— Tenho que tomar conta delas.

As meninas voltaram, fizeram uma baita bagunça. Os pais vieram buscar ao anoitecer. E teve troco. Ele passou a ser convidado para dormir na casa delas, e ia. Fazia sua mochila, penteava bem o cabelo, passava gel, colocava algumas medalhas que ganhava nos campeonatos de futebol, uns presentes e ia, com a cara e a coragem. Numa festa do pijama de quatro meninas do prédio, Moreno foi o único rapazinho a ser convidado. Na fase da escola nova, convidou só amigos. Ele entrava naquela fase infeliz da vida de menino de achar meninas chatas.

Outra fase foi a de professor. Passou a fazer exames orais com toda a família, de matemática e conhecimentos gerais, e a dar nota. Pesquisava na internet problemas matemáticos difíceis. Escrevia boletins e dava recados:

— Precisa estudar mais.

A vontade de se tornar professor (ou imitar os tios) se estendeu para a escola. Passou a dar provas aos colegas. Em aula. Inventava contas com raiz quadrada. Chegava em casa cheio de papéis, provas, e ficava corrigindo, dando notas, escrevendo observações, "precisa estudar mais", "você está roubando". Me mostrava quem colou, as respostas absurdas. Escrevia bilhetes e assinava professor Moreninho. Aos sete anos, se vê no direito de ensinar, apesar de ser o mais novo da classe. De suas expressões, a que mais fazia sentido foi "tocovelo", ou seja, cotovelo, que na verdade é um toco. "Engordecer" ele falou por um tempo.

Nos calorões da nova era, viver apenas de ventilador de teto em São Paulo virou uma piada, como sempre foi aos cariocas: só aumenta a circulação de ar quente. Instalar ar-condicionado no meu apartamento me obrigou a ocupar uma das varandas, já que o prédio foi construído nos anos 80 por uma construtora que não imaginava que a cidade da garoa viraria a da estufa. Colocar dois ares-condicionados, impossível. Loro era rápido e vinha sempre dormir no meu quarto, comigo, que tinha ar-condicionado. Moreno nunca queria dormir junto. Desde bebê, era o cara que preferia o isolamento do seu quarto, só para ele e seus bichinhos e fantasmas. Mas se rendeu. Ou melhor, o calor o obrigou. Num verão, dormimos os três juntos, um em cada lado. Aquilo me emocionava tanto... Eu abraçava um, depois o outro. E conheci algo que não sabia. Antes de dormir, Moreno faz carinhos em quem está ao lado. Para se tranquilizar, se acalmar, pegar no sono, ele acaricia a cabeça, o pescoço, o ombro do vizinho. Para dormir, precisa demonstrar seu amor. Para apagar, precisa afagar. De onde vem gesto tão grandioso e belo?

Em finais de semana, enquanto debatíamos qual programa faríamos, se rolasse uma discórdia, ele vinha com a máxima:

— Tem duas alternativas, procurar ou não fazer nada. Tem muito tempo pela vida ainda, e vocês ficam se incomodando com isso?

Quando percebia nossa irritação em busca de uma vaga no estacionamento do shopping, sugeria respirarmos até cinco.

Escreveu num trabalho de escola que chorar faz parte da vida, e, se você está triste, pode deixar a tristeza passar. Quando conversei com ele sobre o trabalho, ele me explicou sua técnica: se estou triste, penso numa coisa boa, e a tristeza passa. A observação era influência do livro *Ombela*, do escritor angolano Ondjaki, sobre a deusa negra, que, quando chove, as lágrimas caem na terra, e ela aprende a chorar de tristeza e felicidade. Em umbundo, *ombela* significa chuva. No livro, dá nome a uma jovem deusa, em uma jornada de descobertas de seus sentimentos em que, chorando e sorrindo, suas lágrimas banham e regam a terra.

Na apresentação do fim de ano da escola, num teatro na Vila Madalena, debatendo onde comer, andando a pé pelo bairro, em todo lugar aparecia um problema, ou era caro, ou não tinha acesso a cadeira de rodas... Eu pensava em voz alta, atrás de outro local, será que vai estar cheio... Moreno, com sua inteligência emocional, dizia:

— Pode estar cheio, como pode estar vazio...

Já Loro, aos dez anos, encontrou uma paz interior que o transformou num garoto carinhoso e solidário. Vejo ele sempre andar abraçado a amigos, falando no pé do ouvido. Um deles, da nova escola, era mais velho e tinha Down. Conversavam numa intimidade de dar inveja. No segundo jogo do novo time, Musashi, antes do aquecimento, o vi abraçado a um garoto saindo para conversar pelo Clube de Medicina da USP. Era o craque do time. Os dois fizeram a dupla de volantes. Depois do jogo, perguntei o nome do garoto, ele disse:

— Sei lá.

Para propositalmente envergonhá-los, passei a almoçar de vez em quando na nova escola. Com eles. Flagrei Loro almoçando numa mesa com três novos amigos. Moreno, adivinha, estava com duas amiguinhas. Os puxei para se sentarem comigo, e claro que todos e todas vieram. E começou o usual inquérito na nova escola:

— Por que você anda de cadeira de rodas?
— Para que serve esse botão?

Caí da cadeira duas vezes em casa, com Loro presente. Ele ouviu o barulhão de um cadeirante de um metro e oitenta e sete caindo, veio me acudir, e nas duas vezes sorriu:

— Ai, pai... — e me gozou.
— Liga no interfone pra portaria e chama um QAP (porteiro, segurança, qualquer um).

Ele prontamente obedecia. Em Paris, em janeiro, aonde fui com ele quando fez dez anos, me ajudava em tudo, a passar o cartão, arrumar a mala, sair da cama... Andara exercitando os braços e as pernas na academia do prédio, antes da viagem. Com a ajuda de uma personal e meu sobrinho, Juca, estava muito forte. Parrudo. Imagino que ele tenha calculado que precisaria dos braços para a viagem de presente de dez anos: Paris e Normandia (o que nos fez assistir antes a todos os filmes e séries que abordassem o Dia D).

Já Moreno tinha um sono pesadíssimo. Ele era um toquinho. Tarde da noite. Eu tentava ir para a cama e escorreguei. Não cheguei a cair, mas um movimento em falso e eu cairia. Loro não estava. Eu chamei Moreno aos gritos, várias vezes. Meus braços fraquejavam. Eu iria cair. Como num milagre, ele acordou e veio. Não conseguia ainda operar o interfone.

— Tira do gancho, disca o 9.
— Mas não acontece nada.

Então, tive que implorar. E ensinar.

— Vai descer sozinho no elevador. Aperta o T. Vai abrir a porta, e logo ali tem sempre um segurança.

Ele não operava elevador sozinho ainda. Mas fez tudo direitinho. Imagine dois seguranças enormes verem aquele catatau de uns quatro anos se aproximar no meio da madrugada e anunciar:
— Meu pai precisa de ajuda.
Subiram todos. Ele no meio, orgulhoso. Me ajudaram. Passei a semana contando a todos e o chamando de "meu herói". Consegui criar dois filhos solidários.

Loro, durão, foi baixando a guarda com o tempo. E também porque aprendi a lidar com ele, a quebrar suas defesas. Tinha dez anos, mas era uma criança dentro da aproximação da pré-adolescência. Percebia ele se divertindo ainda com *Peppa Pig*, ou acompanhando os desenhos que Moreno, mais infantilizado, assistia. Numa noite, ele entrou no quarto e disse que não conseguia dormir, que não sabia dormir. Mandei se deitar ao meu lado. Ele fritava de um lado para o outro. Pedi para ele ficar quieto e disse:
— Quando você era bebê, eu te fazia dormir assim...
Comecei a passar a mão na sua barriga devagarinho, quase sem encostar, pra lá e pra cá. Ele dormiu em dez segundos.

Mais uma do Moreninho:
— Pai, acabei de pensar. Se eu bebo álcool, sou alcoólatra, se bebo Fanta, sou fantástico?
Outra:
— Pai, não tem nada de bom na geladeira.
— Claro que não! Não tem doce nesta casa.
— Estou falando de comida boa. Não tem maçã, pera, banana...

Mais outra:

— Quer saber de uma que nem a Nasa sabe responder? Por que novembro não é mês nove, e dezembro não é mês dez?

— Caramba, por quê, Moreno?

— Mas se nem a Nasa sabe, como vou saber?

Em 2024, completavam-se sessenta anos do golpe de 64. Dez anos depois de Loro nascer, e um ano depois de outro golpe quase ter acontecido, na virada de 2022 para 2023. No dia 31 de março, a Quarta Caminhada do Silêncio, organizada por várias entidades, como OAB, UNE, Anistia Internacional e a Comissão Justiça e Paz (com minha irmã Veroca), desceria no fim da tarde do antigo DOI-Codi de São Paulo — o maior centro de tortura do estado, comandado pelo coronel Ustra nas costas da sede do Segundo Exército, onde meus professores e amigos foram presos e torturados, e morreram mais de cinquenta ativistas — até o Parque do Ibirapuera, no monumento dos Mortos e Desaparecidos. Dessa vez, fui com Loro, dez anos, e Moreno, sete. Levamos flores e uma grande faixa com a foto e o nome do vovô Rubens. Fazia uma tarde linda, num domingo de Páscoa.

Moreno escreveu no asfalto, com giz, "onde está meu vovô assinado Moreno". Saímos da rua Tutoia e descemos a parte de trás do II Exército, e começou o inquérito do Moreno, o mesmo que Loro fizera anos antes: por que prenderam e mataram seu vovozinho, por que sumiram com o corpo, por que não acham ele... A caminhada descia em silêncio, num astral leve, pessoas se reencontrando, quando diante da entrada de um quartel, onde uns dez soldados armados estavam de guarda, um sujeito numa bicicleta surtou e começou a gritar o famoso lema de Ulysses Guimarães:

— Ódio e nojo! Ódio e nojo!

Jogou a bicicleta contra a calçada da entrada. Moreno se agarrou em mim e disse que estava com medo. Ali todo mundo era veterano de manifestações. Apenas esse sujeito tinha se exaltado. Uma das organizadoras veio e deu uma dura:

— Esta é uma caminhada do silêncio.

— Controle-se, rapaz — ordenou outro da velha guarda.

Ele não se controlava. Parecia um agente infiltrado. Seguimos reto, ignorando. Ao meu lado, apareceu o Eduardo Suplicy. Falei para os meus filhos:

— Esse daí luta boxe, derruba dez soldados se precisarmos.

Edu de fato é alto, forte, com os ombros largos, e confirmou. Guardas do DSV bloqueavam o trânsito. Motoristas furiosos buzinavam. Era fim de tarde de domingo. Muitas vias bloqueadas para uns dois mil manifestantes com cartazes. A cada guarda que bloqueava, eu agradecia. No Ibirapuera, foi um inferno o buzinaço. Tinha Guarda Municipal e DSV, todos solidários e gentis, mas os motoristas estavam se lixando para a nossa causa, queriam passar. Bloqueamos uma pista bem diante do Obelisco, onde tem o Memorial dos Mortos e Desaparecidos. Anoitecera. Muitos acenderam velas. Conversava com os soltados da Guarda Municipal. Pareciam ter paciência com os xingamentos. Um carro gritou:

— Viva Bolsonaro! — e passou.

— O próximo que gritar, vou bater com o cartaz.

Loro me repreendeu:

— Mas não é uma democracia? Se fosse uma manifestação do Bolsonaro e você falasse contra, ia querer que batessem no seu carro?

Então chegou a PM, e o humor mudou. Encostaram suas viaturas bem diante da manifestação e um desceu com um rifle maior que o Loro. Interpelei o soldado a razão daquele rifle. Ele nem olhou para a minha cara. Uma outra PM filmava todos nós, como no passado, quando agentes filmavam os manifestantes contra a ditadura. De um lado, o ambiente hostil da PM, do outro, vítimas da ditadura, muitos torturados, professores, estudantes, familiares, jovens com velas, crianças cantando.

Na volta, ao passarmos pelo QG do Exército, Moreno retomou todo o inquérito da ida. Dizia que queria saber onde estava seu "vovozinho". Chegando em casa, eu organizava a janta, banho, as mochilas da escola, uniformes, lancheiras, tínhamos chegado da praia naquele dia. Moreno estava com o meu notebook e começou a me chamar com urgência. Ele foi dar um Google para saber onde estava seu vovozinho e acabou encontrando. Me mostrou. Era a estação de metrô Engenheiro Rubens Paiva, no Rio de Janeiro. Ao lado da Vila Rubens Paiva. Não encontrou seu vovozinho, mas um dos muitos lugares nomeados em homenagem a ele.

Dessa vez, foi Moreninho quem ganhou as manchetes no dia seguinte, na *Veja*. Na matéria "O menino que fez mais que o governo, o STF e o Congresso nos 60 anos do golpe", o repórter Matheus Leitão flagrou Moreno escrevendo a giz no asfalto em frente ao antigo DOI-Codi. Publicou o repórter sobre o pouco-caso do governo nos sessenta anos de ditadura:

> Se vivo fosse, Ulysses Guimarães, que ergueu a Constituição, veria, sessenta anos após o golpe, o neto de Rubens fazendo mais que um ex-líder sindical [Lula], um advogado [Luís Roberto Barroso, presidente do STF] e um já não tão jovem rapaz que tinha um ano a mais que o filho mais jovem de Marcelo Paiva em março de 1964 — e que hoje preside o Congresso Nacional [Rodrigo Pacheco, presidente do Senado].

Rápido mesmo — e corajoso — é o menino Paiva, de sete anos, filho de Marcelo, escrevendo "Quero o corpo do meu vovô".

Uma história não acaba num ponto-final, mas numas reticências...

Uma semana depois, fomos convidados para a entrega de um colar in memoriam a Eunice Paiva na Assembleia Legislativa de SP. A linda edição de *Heroínas desta história* seria relançada, livro que homenageia todas as esposas que buscaram justiça por familiares mortos pela ditadura. Era uma sessão solene de outorga da medalha de honra ao mérito à minha mãe, Clarice Herzog e Ana Dias, viúva de Santos Dias, operário morto em 1976 pela mesma equipe que matou Herzog e levou a uma crise no Exército, que foi o estopim da lenta e gradual redemocratização.

Moreno colocou uma roupa chique toda preta. Loro foi com a roupa que ele considerava importante para a homenagem à vovó, sua melhor roupa, o uniforme oficial do time árabe Al-Nassr de Cristiano Ronaldo, que ele ganhou da tia Nalu. A sessão estava ainda no movimento Ditadura Nunca Mais, nos sessenta anos do golpe. Eu discursaria em nome da minha mãe.

Chegando lá, reconheceram a deputada Monica Seixas, do Psol, para quem fizemos campanha na eleição um ano e meio antes, cujo filho brincou muito com Moreno. Perguntei ao Moreno onde ele queria ficar.

— Com você.

— Quero ir com você.

Fui com Moreno para subir até a mesa. O locutor anunciou com sua voz pomposa a presença de Marcelo Paiva e seu filho. O moleque, que já deu show no Anhangabaú com o

Pequeno Cidadão, reagiu com naturalidade, saudou a plenária, com gente da Comissão dos Direitos Humanos, da Anistia, Igreja, Tortura Nunca Mais, deputados e deputadas, imprensa, numa sessão transmitida ao vivo pela TV Alesp, e ficou muito sério durante toda a sessão de pé ao meu lado. Loro sentou-se na última fileira e preferiu observar o movimento de longe. Mandei um zap sutilmente para a mãe.

— Estamos ao vivo na TV.

Ela respondeu em seguida, que estava assistindo e emocionada. Foi uma noite para homenagear sua vovó, sua família, a nossa luta. Foi um momento em que se revelava mais um Paiva na luta política. Com o passado escrevendo o futuro deles.

Uma semana depois, morreu, aos sessenta e sete anos, de enfarte, o vovô Roberto, tão apegado a eles. Foram ao velório em Americana. Viram o corpo do seu avô materno no caixão. Foi a primeira coisa que repararam, em como ele estava magro, em como era pequeno e afinava nos pés. Se um não teve velório, o outro mereceu toda a atenção. Me deu uma tristeza imensa saber que não teria aquele grande aliado, da minha geração, ex-Unicamp, fã de Led Zeppelin e Mazzaropi, que fazia aniversário no mesmo dia que eu, que mostrava um mundo rural e rico para meus filhos, que trazia abacates, bananas, ovos, mangas e até lichias da chácara de São Pedro, e era o médico da família, passava receitas, trazia amostras grátis. Os dois ficaram arrasados, cada um à sua maneira. Depois do velório, dormiram comigo. Loro fritou para os lados na minha cama, sem sono, até finalmente adormecer depois da meia-noite. Moreno tentou dormir sozinho, apareceu no meu quarto duas da matina, ficou do meu lado, acordando e dormindo a noite toda, se levantando, assustado com os barulhos do vento outonal, ligava e desligava a luz, o ar-condicionado. Acordaram às 6h30 bem desanimados para a escola. Moreno teve febre de manhã, ligaram para a mãe, e o padrasto foi buscar. É, Moreninho, difícil acreditar que o mundo é bão...

Num mesmo mês, abril, me procuraram para fazer uma ópera baseada no meu primeiro livro, dois grupos de teatro queriam montar peças minhas e quatro produtoras de cinema, as grandes, me procuraram. Almocei com três delas. O boicote aparentemente acabou. Não sei o que vai rolar, mas almoço pago por grandes produtoras em restaurante caro já valeu o ano. Ganhei um edital de roteiro da Spcine. Vendi os direitos de uma série encalhada. E, enfim, fui convidado para ir aos festivais de cinema de Veneza, Toronto, San Sebastián, Nova York, Londres, Biarritz... Junto com a equipe do filme *Ainda estou aqui*. As coisas rolaram mais do que o esperado.

Sábado, dia quente e ensolarado. A casa, uma bagunça, louça empilhada, com cheiro de mijo nos banheiros. Receberíamos à noite dois produtores do filme baseado no meu livro, *Ainda estou aqui*, que estrearia em meses no Festival de Veneza. Chamei os dois e decidimos o que fazer. Loro, dez anos, se comprometeu a limpar os banheiros, Moreno, oito anos, a arrumar os quartos, e eu fiquei com a louça e a cozinha. Gastaram tubos de Veja. Loro terminou antes e veio me ajudar. Daniela Thomas chegou com uma cópia do filme. A casa, um brinco. Assistimos na TV do meu quarto, pois, como minha mãe, não tínhamos TV na sala. Bebemos vinho durante o filme, sem as crianças. Chamei-os no final, nos créditos, em que apareciam as fotos da família. Loro pediu pizza e pôs a mesa no capricho. No dia seguinte, domingo, emocionado com o filme, me tranquei no escritório e decidi finalizar a revisão deste relato. Até receber um convite irresistível dos dois, às 20h.

— Vamos jogar bola?

Não era uma afirmação, mas uma pergunta. Eles queriam que eu descesse. Como nos tempos da pandemia, lá fomos nós para uma das quadras do prédio, a maior, que estava vazia. Como nos tempos da pandemia, eles chutariam, e eu ficaria no gol. De lado, assim "defendo" com a cadeira de rodas, oferecendo a maior parte da estrutura, e vou para a frente ou para trás.

Defendi mais chutes do que eles imaginavam. Me aprimorava. Como pai cadeirante, até que dá para brincar com os filhos de dez e de oito. Loro, destro, chuta de bico. Moreno é ambidestro, mas fizemos um teste, ele acerta mais pênaltis com a esquerda. Loro joga descalço. Moreno, palhaço, faz mil rituais antes de bater na bola.

Já joguei com eles no gol. Já joguei basquete com eles também. Fizemos diversas competições, quem acerta mais a cesta, quem chuta mais longe, mais forte, mais alto... Todo meu conhecimento de vinte anos jogando bola, e bem, nas areias do Rio e de Santos, no gramado e quadras dos colégios Andrews, Tarquínio e Santa Cruz, na Cruzada e Jornaleiros, no clube Paissandu do Leblon e no Parque Pelezão, da Lapa, desceu no espírito do moleque Marcelo, que era o batedor de falta oficial da escola. Porque eu vivia treinando sozinho nas garagens dos prédios em que morei, fazendo de pilastras uma barreira, desviando a bola numa trivela, ou com a chapa (e o joanete proeminente) da minha direita.

Parei Loro. Ensinei-o a bater na bola com ambos os lados do pé. Como Zico, Marcelinho Carioca, Neto. Quem olhava aquilo pensava o que um cadeirante que não movimenta os membros inferiores ensina a dois garotos que treinam duas vezes por semana no Clube da Bola. Mas, sim, tenho o que ensinar, assim como meu pai teve o que me ensinar. "Ele disse que foi bom batedor de falta e acredito, e vou aprender com ele", devem ter pensado, devem ter confiado. Sou cadeirante, mas fui moleque como eles. Se ensino algo que não sou mais capaz de fazer, eles devem acreditar, porque Moreno me pediu para ensinar a andar de skate, e ensinei.

Paro o que estou fazendo para viver esse momento com eles, quantas vezes me pedirem. Porque isso é o mais refinado amor. Eles não têm ideia de como foram generosos em me convidar. Não têm ideia de como foi importante para mim participar fisicamente daquela brincadeira, ensiná-los a andar de skate (andei na adolescência nas ruas de São Paulo, sabia o básico, a colocação dos pés, a manobra "batida", como segurá-lo). Eles não sabem que, ao prestarem atenção no que ensino, estão fazendo o maior gesto de reconhecimento e amor que recebo. Consegui, penso comigo. Conseguimos. Eles têm uma boa vida.

Nesse ano de 2024, passaram férias no sertão de Pernambuco pela segunda vez, com a grande família do padrasto, que exerce seu papel com autoridade e à sua maneira, com respeito, amor e apoio. Meus filhos conviverem com um autêntico sertanejo ("Antes de tudo, um forte") só me honrava. Fomos a Barra do Una algumas vezes. Numa delas, nas férias de julho, levamos seis colegas: João, Jorge, Pedro, Gabriel, Tom, Tomé. Todos com bikes, que rodavam pela vila dia e noite, exploravam matas e praias. Chegaram a montar um time e jogaram bola com as garotas locais. Deu empate. Loro foi comigo a Paris, no inverno em que nevou, e Moreno a Paraty, em janeiro. Pescaram na baía de Angra na lancha do Tio Avê, e na Baixada Santista na lancha do Tio Beto. Moreno aprendeu a andar de skate, Loro, de bike com aro 29. No final de agosto, embarcamos nós três para Veneza, para a estreia do filme *Ainda estou aqui*, dirigido pelo amigo da família Walter Salles. Minha família toda nos encontrou em Veneza, minhas irmãs Veroca, Babiu e Nalu, os tios Avê e Daniel, os primos Chico e Juca, com seu marido Márcio, mais amigos e agregados. Depois de quatro dias na Itália, fomos todos de volta a Paris. Deixei de ir ao Festival de Toronto para ficar com eles em Paris. Dessa vez, verão. Depois, veio o Festival de San Sebastián. Mas voltei sozinho com eles de avião, e os deixei com a mãe. Logo depois, fui ao Festival de Nova York com a Carla. Ficamos num hotel em frente ao Central Park, com sol todos os dias, convidados pelo festival. Lá estavam eu, Waltinho, Fernanda Torres e Selton Mello falando para mais de mil pessoas, em cinemas lotados. Soubemos que o filme ganhou o prêmio do público de melhor filme de Toronto, de um festival da China. Meses depois, estreou na Mostra de São Paulo. Ganhou também o prêmio de melhor filme pelo voto do público. Recebi o prêmio com o Waltinho na Cinemateca. No final do ano, foi indicado ao Globo de Ouro de melhor filme estrangeiro. O livro *Ainda estou aqui* virou febre na juventude, ficou em primeiro lugar na lista dos mais vendidos, e o livro *Feliz ano velho* foi redescoberto e também entrou na lista. Chegaram a relançar o filme *Feliz ano velho*, de 1987, nos cinemas. *Ainda estou aqui* começou a ser traduzido. Editoras europeias passaram a me convidar para o lançamento. Como aconteceu com o livro *Feliz ano velho*.

Ainda estou aqui estreou nos cinemas brasileiros exatamente no dia do nascimento da minha mãe, 7 de novembro, no dia em que faria noventa e cinco anos. Virou um fenômeno.

Lotava. Era aplaudido no final. Muitos adolescentes iam em turma, faziam selfies com o cartaz do filme. Em San Sebastián, Biarritz, Londres, a mesma reação: lágrimas e aplausos no final. Foi para sessões na Califórnia. Virou comoção. Virou um acontecimento cultural. Havia um detalhe que passava despercebido, pois ocorria quando o público se levantava para aplaudir durante os créditos e se preparava para sair, com as luzes dos cinemas acesas. A última foto dos créditos durante a projeção é de Loro no colo da minha mãe: o herdeiro.

A primeira vez que viajei para Nova York e Europa, eu tinha vinte e cinco anos. A primeira vez que vi neve, tinha trinta e cinco. Os dois moleques já viveram isso. Têm duas famílias presentes. São amados. Têm um vidão. Ganharam cicatrizes, traumas, cruzamos transtornos. Conquistaram tolerâncias e manias, virtudes e defeitos. Consegui. Conseguimos. Acho que foi assim que tudo aconteceu.

1966. Minha família se mudou para o Rio de Janeiro depois que meu pai voltou do exílio. A casa que alugara estava ainda em reforma e, como engenheiro, ele mesmo tocava a obra. Mas, como em casa de ferreiro o espeto é de madeira, a reforma nunca acabava. Minha mãe e irmãs se espalharam por casas de amigos. Fiquei sozinho com meu pai no Hotel Glória, prédio belíssimo, enorme, clássico. Não tinham começado as aulas. Eu passava o dia sozinho pelos corredores do hotel. À noite, dormia com meu pai, na grande cama de casal. Via seu barrigão branco respirar. Era muito confortável deixar a cabeça nela. Subia e descia. Era lisa, branca, quente. Me sentia tão honrado e protegido por estar sozinho com ele... Depois do susto do que aconteceu dois anos antes, de ficar sem poder sair, com seus amigos, numa embaixada em Brasília, de perder o cargo de deputado federal e de mudarmos de cidade repentinamente, e de escola, estava em paz ali com ele, estava tudo tão calmo. No hotel, todos já me conheciam, cuidavam de mim, eu tinha direito a comer o que quisesse, passava horas na piscina. Eu tinha a idade que o Moreno tem agora. E como ele circula no condomínio com a maior desenvoltura, almoça na lanchonete do prédio, nada, joga bola, eu circulava pelo antigo hotel. Certa tarde, entediado, vi um botão vermelho de emergência ao lado do elevador, no meu andar. A curiosidade foi mais forte. Apertei o botão, só para ouvir como era. Acontece que estourei o alarme do hotel, e por mais que eu apertasse de novo, ele não parava. Corri em pânico de volta para o quarto e, ciente de que fizera algo muito errado, me escondi debaixo da cama. Vi pela fresta da porta um corre-corre de hóspedes e funcionários. Achei que, por algum motivo, estavam atrás de mim. Sabiam que era eu, aquele garoto, que tinha feito a molecagem. Conseguiram desligar o alarme, e a calmaria voltou. Acabei dormindo ali, debaixo da cama, sobre o grosso carpete. Que alegria me deu quando, muito mais tarde, vi meu pai ajoelhado, me olhando, me oferecendo os braços para sair debaixo dali. Estava com a roupa de trabalho, ainda. Nem perguntou nada. Caímos junto na cama. O abracei. O calor do seu corpo, sentir sua respiração, sua mão nas minhas costas, me deu a segurança de um escudo. Nunca me senti tão protegido na vida. Quero muito que meus filhos sintam o que senti nesse dia. Quero que eles sintam isso todos os dias.

1ª EDIÇÃO [2025] 1 reimpressão

ESTA OBRA FOI COMPOSTA PELA ABREU'S SYSTEM EM ADOBE GARAMOND
E IMPRESSA EM OFSETE PELA LIS GRÁFICA SOBRE PAPEL PÓLEN DA
SUZANO S.A. PARA A EDITORA SCHWARCZ EM ABRIL DE 2025

A marca FSC® é a garantia de que a madeira utilizada na fabricação do papel deste livro provém de florestas que foram gerenciadas de maneira ambientalmente correta, socialmente justa e economicamente viável, além de outras fontes de origem controlada.